中國謀術 全书

最全面　最系统　最权威

中国古代积淀下来的经典谋术是中华文化中不可或缺的重要组成部分,是我们取之不尽、用之不竭的宝贵财富。虽历经数千年,仍闪耀着光辉夺目的智慧之光,对于我们现在的工作和生活,仍有很强的借鉴意义。

一部谋略学的精典读本

中國謀術

全书

司马志 ◎ 編著

中国古代积淀下来的经典谋术
是中华文化中不可或缺的
重要组成部分，
是我们取之不尽、
用之不竭的宝贵财富。
虽历经数千年，
仍闪耀着光辉夺目的智慧之光，
对于我们现在的工作和生活，
仍有很强的借鉴意义。

外文出版社
FOREIGN LANGUAGES PRESS

中华民族是一个长于思辨、善于筹谋的智慧民族，翻开中国古代史，煌煌大中华，绵绵数千年，一部中国古代史，从某种程度上来说就是一部王朝更替史、一部权力角逐的战争史。阳谋、阴谋与政变贯穿始终，次数之频繁，手法之多样堪称举世无双。

中国古代，无论帝王将相，还是凡夫俗子，无不倚重智谋去用心、斗智、出奇、弄巧，以达到预想的目的。从治国兴邦到用兵打仗，从统御下属到对外交往，从官场升迁到为人处世，无时无处不展现着智谋的力量。那些在历史上留下浓墨重彩者，依靠的不仅仅是武力的强大，更重要的是凭其智高一等、谋胜一筹。

中国古代积淀下来的经典谋术，是中华文化中不可或缺的重要组成部分，是我们取之不尽、用之不竭的宝贵财富。虽历经数千年，仍闪耀着光辉夺目的智慧之光，对于我们现在的工作和生活，仍有很强的借鉴意义。

《中国谋术全书》一书对中国自古以来有关智谋韬略的经典历史案例和著名故事进行了全面梳理和归纳，甄选了上百个最具典型性的智谋故事，本书内容丰富多彩，妙趣横生，涉及社会生活的方方面面，从多个角度清晰、完整地呈现了中华谋略文化的全貌，生动地再现了古代人们在治国理政、行军打仗、外交谈判、应对危难及处世交往等方面的智慧与谋略。希望本书不仅能成为读者增长智谋的参考书，更能成为读者在实践中运用智谋解决具体问题的工具书。

一、谋夺天下——王霸谋略

　　成大事者,必有大谋略。那些在皇帝宝座上长袖善舞者,依靠的不仅仅是武力的强大,更重要的是凭其智高一等、谋胜一筹,凭借其"治大国如烹小鲜"的谋略和智慧才能在群雄逐鹿中君临天下、王霸四方。那些有为君主王霸谋略,可谓集中华民族最高智慧之大成者,虽历经数千年,仍闪耀着光辉夺目的智慧之光,对那些心怀大志者来说,仍有很强的借鉴意义。

二、统御有术——用权谋略

　　统御下属是古今中外每一个领导者每天都要面对和解决的问题,统御下属的核心就是要让下属尽其所能地发挥其长处,同时又能有效地控制他而不至于遭其反叛。振臂一呼,万众响应,是每一位领导者都梦寐以求的境界。不能够轻松有效地统御下属,就无法做好各项工作,也不可能成为一名出色的领导者,因此领导者充分运用智谋控制和驾驭下属,使其为己所用,就显得尤为重要。中国古代就有很多统御下属的高手,

他们统御下属的手段和谋略令人拍案叫绝，相信对于我们在工作和生活中作好管理会有很大的启迪作用。

三、知人善任——用人谋略

任用、管理下属，是领导者的一项长期性工作，用人得法，就能充分发挥下属的作用，用人不当，往往会导致事业的失败。而用人之道，首在识人。清代思想家魏源曾经说过：不知人之短，不知人之长；不知人长中之短，不知人短中之长，则不可用人。知人是用人的前提。因此，领导者要运用智谋，练就一双识别人才的火眼金睛，善于发现和使用人才，把最合适的人安排在最合适的岗位上去。

四、出奇制胜——军事谋略

自古以来，"兵无常势，水无常形"，"用兵之道，在于因敌变化而致胜"，谋略是用兵制胜之王道，在人类社会的发展史上起到了重要的作用，特别是军事谋略的运用对一个民族、一个国家的生存与发展有着不可低估的作用。历史上从来不乏用兵打仗依靠卓越策略出奇制胜的谋略家及相关战例。

五、纵横捭阖——外交谋略

外交谋略是指国与国之间在交流和交往过程中根据各国不同情况,在某一段时间之内,以维护本国利益为出发点,而制定的方针、路线、方略。外交的实质是追求国家权力的极大化,即国家利益,高明的外交手段可以在相当程度上弥补一国实力的不足。正因为如此,为了利益,在国家之间会有团结互助的一面,也有互相竞争乃至排斥的一面。《论语》中说:"出使四方,不辱君命。"我国古代有很多外交使节以自己的勇敢和智慧出色的完成了自己肩负的使命,最大限度的维护了国家的利益和尊严。利益是永恒的,但绝没有永恒的朋友。要在互存戒心、相互防范的本性下搞好对外交涉,是对人类智谋的一个永恒考验。

六、升迁有道——官场谋略

官场历来就是斗争最为复杂、竞争最为激烈的地方,明枪暗箭、尔虞我诈、钩心斗角等所有的阴谋、阳谋和斗争手段,在官场中表现最为明显和突出。稍有不慎,不仅会导致升迁无门、前程尽毁,而且还会遭受杀身之祸。因而要想获得升迁,就要参透官场的要领或玄机。官场谋略不一定是搞阴谋诡计,而是要有做人的智慧、做事的技巧,要选择或把握好时势。只有如此,才能在官场中游刃有余,才是调整位势的上上之策。

七、处变不惊——应变谋略

处变不惊,就是指处在变乱之中,能够沉着应对,一点儿也不慌乱。自古以来,凡能成大事者,无一不是能够在大动荡、大波折中泰然自若、随机应变的人物。善于谋略者,常常是根据具体情况,从当时、当地的客观实际需要出发,作出特殊的处置,不拘常法,随机应变,或随敌变而己变,或以不变应万变。处变不惊很重要,又很难做到。说它重要,重要在不惊才能应变;说它难,难在人对变总始料不及,总缺乏准备,一旦有变自然会惊。事变是这样,人变是这样,情变是这样,理变也是这样。

八、方圆有度——处世谋略

《红楼梦》中有这么一句话："世事洞明皆学问，人情练达
即文章。"也就是说只有对社会上的各种事情都了解透彻了，
才算是学问；处理人情世故的时候干练而通达，才能算得上
是心中有锦绣文章。为人处世，需要方圆有度，该圆就圆，该
方就方，做到千变万化，才可圆润通达。刚为方，柔为圆，方是
以不变应万变，圆是以万变应不变。无论做事还是做人，无论
对人还是对己，都要圆内有方、方中有圆；都要方中做人，圆
中归真。这就是方圆之道，这就是处世哲学。

九、明察善断——断案谋略

古人断案和现代人不同，现在我们可以借助高科技的力量查明真相，但古人只能用他们自己的智慧去听讼断狱。古人断案要想做到不枉不漏，就要对涉及全案的每一个细节都思考进去，准确把握涉案人的心理特点，只有这样方能去伪存真。断案最需要的是明察的智慧。事实没有查明，就不可能看到事物的本来面貌，而断案经验和本领则来自于实践。古人在刑侦破案时的硬件技术，虽然不是很发达，但却能以高超的智慧明辨案件之真伪，其手段之高明，也足以令人敬佩。

十、灵舌急智——说辩谋略

有时候,一个说客的力量可以胜过百万大军,一句巧言的力量更能胜过世间最锋利的刀剑,灵舌巧辩历来被当做是智慧的象征。中国历史上有很多闻名于天下的雄辩家,他们谈起话来旁征博引、出口成章,他们绝妙的口才、妙语如珠的佳话流传至今。我们可以通过一个个精美绝伦的雄辩故事,学习他们高深的智谋,让自己也成为一个说辩高手。

【一】
谋夺天下——王霸谋略

　　成大事者,必有大谋略。翻开中国古代史,煌煌大中华,绵绵数千年,经历了多少次兴亡更替、易姓改朝?在历史的大舞台上,曾有多少人粉墨登场,有多少次权力争夺?围绕着皇权这个魔杖,有多少人曾殚精竭虑,多少人明谋暗算?从皇帝轩辕到清朝末代皇帝溥仪,中国出现了162个国王和397个皇帝,真正是你方唱罢我登场。

　　一部中国封建王朝更替史从某种程度上来说就是最高政权的争夺史,阳谋、阴谋与政变贯穿始终,次数之频繁、手法之多样堪称举世无双。那些在皇帝宝座上长袖善舞者,依靠的不仅仅是武力的强大,更重要的是凭其智高一等、谋胜一筹,凭借其"治大国如烹小鲜"的谋略和智慧才能在群雄逐鹿中君临天下、王霸四方。那些有为君主王霸谋略,可谓集中华民族最高智慧之大成者,虽历经数千年,仍闪耀着光辉夺目的智慧之光,对那些心怀大志者来说,仍有很强的借鉴意义。

励精图治，秦孝公推动变法成霸业

经过春秋时期诸侯间的连年战争，到战国时期，一百多个诸侯国只剩下了二十多个，其中又以齐、楚、燕、韩、赵、魏、秦七国最为强大，号称战国七雄。这几个大国为了实现富国强兵，以便在兼并战争中争得霸权地位，纷纷开始了各自的政治变革运动。这其中，又数秦国的政治改革最为成功。

在战国七雄中，秦原本是一个比较落后的国家，被称为西戎。"六国卑秦，不与之盟"，就连权力被架空的周天子都不愿意答理秦国。在秦献公当政之前，秦国频繁更换君主，君臣之间明争暗斗，朝政腐败，国势日衰，士无斗志，民不聊生，百姓怨声载道。几乎同时，中原大国晋国被卿大夫韩氏、赵氏、魏氏三家所瓜分，韩、赵、魏合成"三晋"，势力极其强盛，三晋中的魏国乘机夺去了秦国河西的土地。面对三晋咄咄逼人的气势，秦国前途暗淡。

在外忧内患的压力下，秦国也开始寻找改革以图强的发展道路。

秦献公即位后，面对秦国的衰败落后，大胆地将其在魏国所学得的政治经验用于秦国，秦得以迅速停止下滑的颓势。公元前361年，秦献公去世，他的儿子渠梁继位，这就是历史上赫赫有名的秦孝公。孝公即位时年仅21岁。

秦孝公即位之后，看到秦国外受强邻的欺压，内有贵族的专横，感到无比悲愤，决心奋发图强，改变国家的落后面貌。他向全国颁布招贤令说："现在秦国内忧外患，各诸侯国也都看不起秦国，耻辱没有比这更大的了。宾客和群臣中有谁能献出高明的计策，使秦国强盛起来，我将让他做高官，分封给他土地。"

正是在秦孝公招贤令的感召下，当时在魏国得不到重用的商鞅"闻是令下"，西入秦国求见孝公，并很快得到了重用。

商鞅姓公孙，名鞅，大约生于公元前390年，因为是卫国人，也称卫鞅。后来受封于商(陕西商县东南),号为商君,所以又称为商鞅。

商鞅到了秦国,打听到秦国有个叫景监的人很受秦孝公的宠爱,就用重金贿赂他,托他引见秦孝公。据说,在景监的引见下,商鞅一共四次拜谒秦孝公。

第一次拜谒时,商鞅对秦孝公大谈尧舜"帝道"。结果说得秦孝公直打瞌睡,一句也没听进去。第二次拜谒时,商鞅大谈周文王、周武王的"王道",孝公虽然没有睡觉,但仍然对商鞅的话题不感兴趣,只听了一半儿就听不下去了。第三次拜谒时,商鞅对秦孝公讲述了春秋五霸以武力强国的道理,这一次,他们谈得比较投机,但孝公也没表示要任用他。

等到第四次拜谒时,当商鞅向国君谈及霸道之时,秦孝公一下子听得入了迷,有时,甚至忘了君臣礼节,不知不觉地一次次将坐席向前移,两人交谈三日三夜,秦孝公还是觉得不过瘾。在以后的两年里,商鞅成为孝公宫廷中最受欢迎的人。他们经常在一起彻夜长谈,富国强兵的政策也成熟了。

公元前359年,孝公授权商鞅正式推行变法。

改革必然要触及既得利益,必然会遭到方方面面的反对。甘龙、杜挚是反对派的代言人。秦孝公没有采取强制压迫的办法,而是把大臣们召集在一起辩论,以理服人。于是,在改革的前夜,在秦国的宫廷,发生了一场激烈的大论战。秦孝公既让主张改革的商鞅发表自己的见解,也让反对改革的甘龙、杜挚陈述反对变法的理由,各自把自己要说的东西都讲出来,看看谁更有道理。直至商鞅以无可辩驳的事实,使反对派哑口无言,才称之为"善",才任命商鞅为左庶长,"卒定变法之令"。

于是历史上著名的商鞅变法开始了。一系列新法措施相继出台。

新法颁布之前,为了测试一下民众对变法的态度,更为了取信于民,以便新法能顺利地贯彻、实施下去,商鞅派人把一根三丈长的木头放在闹市中,下令说"谁能把木头搬到北门去,就奖赏十金",老百姓纷纷来看,但都抱怀疑的态度,无人去搬;商鞅把赏金加到五十金,大家更加猜疑:秦国可是从来没有出这么重的奖赏的。有一人不信邪,心想:虽然没有这么多的奖金,但总有一些吧。他扛起木头,搬到北门,跟随的观众很多。商鞅如数地兑现了奖金,大家这才相信:商鞅出令必行!

第二天,商鞅颁布新法,并使新法顺利地实施了下去。

商鞅的新法令赏罚分明,规定官职的大小和爵位的高低以打仗立功为标准。贵族没有军功的就没有爵位;多生产粮食和布帛的,免除官差;凡是为了做买卖和因为懒惰而贫穷的,连同妻子儿女都罚做官府的奴婢。

在商鞅变法之时,秦孝公对他信任始终如一。在变法前商鞅曾要求秦孝公答应他三个条件,其中之一就是要求对他必须深信不疑,不能受外界挑拨离间的干扰。否则,不仅自己不得善终,变法也无法贯彻实施,最终只能前功尽弃。秦孝公欣然答应,并说:"300年来,变法功臣皆死于非命,此乃国君之罪也。你我君臣相知,终我一世,绝不负君!"孝公果然言行一致,在商鞅改革之初,"百姓苦之";商鞅相秦十年,"宗室贵戚多怨王者",秦孝公始终没有动摇对商鞅的信任,甚至孝公在病重时,曾打算把君位让给商鞅。正是因为这样的信任,才使商鞅能放开手脚推行改革。

孝公的可贵之处还在于以实际行动支持商鞅的改革。改革前,孝公就允诺商鞅,执法不避权贵。新法一旦推行,全国上下唯法是从,即便是宫室宗亲,如果违反了法律也和庶民一样治罪。新法实施以后,遭到了一些旧贵族的强烈反对,这些旧贵族暗暗串通太子的师傅公子虔和公孙贾,挑动太子驷犯法,企图打开一个缺口,破坏整个变法事业。商鞅毫不动摇,对秦孝公说:"法之不行,自上犯之。"建议秦孝公处罚太子,以儆效尤。秦孝公完全同意。考虑到太子是国君的继承者,不能用刑,便处罚了太子的老师公子虔和公孙贾,一个割了鼻子,一个脸上刺了字。从此,再也没有人敢公开反对新法了。

新法推行了十年,秦国百姓都非常高兴,路上没有人拾别人丢的东西为己有,山林里也没了盗贼,社会秩序相当安定,家家富裕充足。农业生产增加了,军事力量也强大了。人民勇于为国家打仗,不敢为私利争斗。其政治、经济等各方面都得到飞速发展。秦国越来越富强起来,各方面的实力都赶上或超过了东方六国,秦国一跃而成为头号强国。周天子打发使者送祭肉来给秦孝公,封他为"方伯"(一方诸侯的首领),中原的诸侯国也纷纷向秦国道贺。魏国不得不割让河西土地给秦国,把国都迁到大梁(今河南开封)。从此,秦国称雄于东方,为秦始皇统一六国奠定了坚实的基础。

智谋点评:

秦孝公初立之时,对秦国的落后现状痛心疾首,他能顺应时代潮流,知人善用,大胆改革。秦孝公的发愤图强是商鞅变法的前提。可以说,没有秦孝公的图强图变,就不可能有后来的商鞅变法。孝公四见商鞅,表现了他求贤若渴的心态,也表现了他的宽容和耐心。同时还可以看出,秦孝公是一个讲究实际的人,不喜欢那种空洞无物的大道理。他用毕生精力追求富国强兵,可以说是秦国在危急存亡之秋适时而生的天才领袖,是秦国国政变法图强的最大推动力,是夯实整个秦帝国基石的君主。

迷惑对手,齐桓公急智诈死夺王位

春秋时期,齐国的第十四个国君也就是齐襄公当政(公元前697年—686年)时,荒淫无道,政治腐败。他因与自己的亲妹妹文姜私通,成为诸侯之间人人相传的丑闻,而且两人还谋杀了文姜的丈夫鲁桓公;他整天狩猎游玩,不理国政,滥杀无辜,赏罚不明,搞得国内人人自危,百姓饥寒交迫,怨声载道。

齐襄公有两个弟弟,一个就是公子小白,另一个是公子纠,他们由一对好朋友分别做他们的师傅,公子小白的老师叫鲍叔牙,公子纠的老师叫管仲。

管仲的祖先曾经是名门望族,后来家道中落,到管仲这一代时已经贫困潦倒。管仲有位好朋友叫鲍叔牙,两人友情很深,合伙在一起做生意。后人常用"管鲍之交"形容友情的不一般。

管仲和鲍叔牙又都是有政治远见的人,不甘于做个微贱的商人,于是相约弃商从政,分别辅佐公子纠和公子小白。一对好友,给两个公子当师傅,成为当时的美谈。

眼见得当时齐襄公滥杀无辜,国内朝政混乱,民不聊生,管仲和鲍叔牙预感到齐国会大乱,因害怕两个公子受到他们的兄长齐襄公的迫害和株连,就带着他们分别逃亡到其他国家避难。公子纠的母亲是鲁国人,管仲和召忽就带着公子纠到了鲁国。公子小白的母亲是卫君的女儿,但卫国离齐国太远,为了能更及时了解国内局势,鲍叔牙就带着公子小白到了离齐国很近的莒国。

几年后,齐国果然爆发内乱。齐襄公十一年(公元前687年)秋,襄公令大夫连称和管至父率兵戍守葵丘(今山东淄博西)。临行前约好,今年瓜熟时去,明年瓜熟时替回。可是一年过去了,齐襄公却不发兵替换。连称、管至父几次请求代换,都遭拒绝。于是连、管二人便利用戍卒的不满情绪,联合襄公的叔伯兄弟公孙无知,发动兵变,打回临淄,杀了齐襄公,公孙无知立为齐君。次年,公孙无知又在雍林被人杀死。

齐国无君,一片混乱。大臣们紧锣密鼓地开始策划拥立新君。逃亡在外的两个公子听到消息后,也都设法回齐国,夺取国君的宝座。公子小白和齐国大夫高傒交情深厚,于是就急忙派人和高傒取得联系,并联合另一个大夫国氏,准备回国继位。为了争取时间,鲍叔牙和公子小白就借了一辆兵车,日夜兼程地往齐国赶。

鲁国国君鲁庄公听说无知被杀,也发兵送小白的哥哥公子纠回国,为了阻止公子小白,管仲自请先行,亲自率领30辆兵车,在莒国通往齐国的路上拦截公子小白。兵车在即墨附近埋伏了下来。当公子小白的车走近时,管仲举起手中的箭向公子小白射去,只听"嗖"的一声,小白应声倒地,兵士四处捉拿刺客。管仲以为小白已死,马上撤退。

管仲怎么也没有想到,他那一箭只是射在了小白的铜制衣带钩上,但小白急中生智,顺势倒地装死,不仅躲过了劫难,而且还麻痹了敌人。

管仲离开后，为了更能迷惑对手，公子小白命属下发布死讯，自己则藏身车中，飞速地向齐国挺进。管仲则向鲁庄公报告小白已死，于是公子纠一行就松懈下来，行路的速度也放慢了。6天后，等公子纠到达齐国的时候，公子小白已在高傒等人的拥护下，继立为新君，这就是后来赫赫有名的齐桓公。

公子纠悔恨不已，只好悻悻地回了鲁国。鲁庄公非常恼怒，于是就派兵攻打齐国，齐桓公沉着应战，结果，鲁国被打得落花流水。齐国的军队，一直打到鲁国的汶水南岸，把鲁国汶阳的50里土地都据为齐国所有。

齐桓公地位稳定之后，准备请鲍叔牙出任齐相。鲍叔牙却向他推荐管仲，齐桓公说："你明明知道管仲是我的仇人，我还要报那一箭之仇哪，怎么能重用他呢？"鲍叔牙就劝齐桓公道："我本是个平庸之人，幸运地跟从了您，现在您成为了国君。如果您只想治理齐国，那么有叔牙和高傒就够了。如果您想成就天下霸业，那么非管仲不可。管仲有五点比我强。宽以从政，惠以爱民；治理江山，权术安稳；取信于民，深得民心；制订礼仪，风化天下；整治军队，勇敢善战。管仲到哪个国家，哪个国家就能强盛，您千万不可以失去他。"

齐桓公听从了鲍叔牙的建议，他写了一封信派人送给鲁庄公，说："公子纠是我的兄弟，我不忍心杀他，请您替我杀了他，管仲和召忽是我的仇人，请您把他们送来，我要把他们剁成肉泥。如不从命，将要出兵讨伐鲁国。"鲁庄公跟群臣商量之后，觉得鲁国实在没有力量继续跟齐国抗衡，只好逼公子纠自杀了。又不听大臣要杀死管仲的劝告，把管仲装在囚车里，送回了齐国。

管仲到齐国之后，齐桓公听从鲍叔牙的劝告，果然不记杀身之仇，特意挑选了一个吉日，迎接管仲，不计前嫌任用管仲做身边的近臣。一次，他没有听从管仲的劝告，执意要攻打鲁国，结果被曹刿打得大败。他后悔没有听管仲的话，便找到管仲向他认错。管仲深受感动，决定忠心辅佐齐桓公，齐桓公就拜他为相国，而且放手让他管理国家。

管仲做了相国后，又向齐桓公推荐了一些人才。根据管仲的意思，齐桓公对他们一一量才而用。齐国的有识之士一天天地多了起来。为了加强国君的权力，管仲建议国君掌握生、杀、富、贵、贫、贱这六大权力,同时实行对有功者赏、有罪者罚的政策。通过一系列改革,齐国政治得到巩固,军事得到加强,经济也空前繁荣,渐渐成为实力最强的国家之一。

管仲根据当时的形势,为齐桓公制定了一项"尊王攘夷"的政策。所谓"尊王攘夷",就是尊重周朝王室,承认周天子至高无上的地位,各诸侯国联合起来共同抵御蛮、夷、戎等部族对中原的侵害。这期间,周庄王驾崩,周僖王即位。与此同时,宋国发生了内乱。国君宋闵公被杀,公子游即位后又被闵公的弟弟公子御说借兵杀死。利用这个机会,管仲向齐桓公出了个可以称霸中原的主意。齐桓公高兴地照办了。

周庄王名义上是各诸侯国的首领,实际上已名存实亡,所以,在他去世时,没有一个来吊丧的。周僖王即位后,也没有来贺喜的。周僖王感到很不是滋味。正在这时,有人来报:"齐国派使臣带许多贡物来祝贺新天子即位。"周僖王喜出望外,立即接见。

席间,齐使向僖王奏明:宋国内乱不止,影响很坏,至今国君还没有定下来,希望天子下令,选一个诸侯国牵头,召集其他诸侯国,商定一下宋国的国君,以便平息宋国内乱。

周僖王原本也想找个机会提高一下自己的威望。如今齐使的请求大大满足了他的虚荣心,于是连连答应,并立即写了一道由齐侯出面邀请诸侯"商讨宋国君位"的命令交给齐使。

齐使圆满地完成了出使任务,这一切都在管仲的计划之中。

齐桓公接到周天子的命令,当即让管仲写召集会议的通知给各国送去,同时又到北杏去布置会场。

会期到了,原定的十几个国家只到了邾、宋、陈、蔡四国。

会议开始了,主题是商定宋国的国君,当然不能跑题。于是规定公子御说为宋国国君,五国一致同意,主要问题轻轻松松地解决了。齐桓公接着说:"现在王室衰微,为了扶助王室,共创大业,需推选一位领头人,请诸侯考虑一下人选。"齐桓公实际上是在告诉大家选一位盟主。

论理,宋国的资格比较老,是公爵国,也就是一等诸侯国。但是,由于内乱不断,国力被折腾得软弱不堪,已经没有能力当选了。齐国虽然是侯爵国——二等诸侯国,但国力强是有目共睹的,陈国的国君陈宣公卖了个顺水人情,说:"既然本次会议是齐侯召集的,那就选他为盟主吧。"众人附和。齐桓公正中下怀,便半推半就地接受了推选,又同到会的四国签订了扶助王室、抵御外侮、平定内乱、帮助弱国的盟约,同时商定,如有违约者,共同讨伐。

公元前681年,齐桓公登上了中原霸主的位置。

智谋点评:

在公子小白与公子纠从国外赶回齐国争夺君位的较量中,速度决定着一切。鲁国人在护送公子纠回国的同时,派管仲带兵在公子小白回国的路上设伏,其目的就是要杀死公子小白或迟滞公子小白回国的速度。公子小白则使用了一招出神入化的"诈术",在千钧一发之际急中生智,假装被管仲射死,使公子纠和鲁国人放松了警惕,从而放慢了赶往齐国的速度,而公子小白则暗中加快了行进的速度。一慢一快之间,一个人距离君位远了,另一个人距离君位近了。就这样,公子小白赢得了速度之争的最终胜利,为自己赢得了君王的权力。

忍辱负重，晋文公历尽磨难成大业

晋文公是春秋时期晋国的国君，姓姬，名重耳，他是继齐桓公之后，真正建立起霸业的霸主，由于他经历曲折，倍遭困厄，即位后励精图治，政绩显赫，所以关于他的事迹，历来为史家所称道，并广为流传。

晋文公，生于周桓王二十三年（公元前 697 年），卒于周襄王二十四年（公元前 628 年），名重耳，春秋时期著名的政治家，晋国国君，与齐桓公齐名，为春秋五霸之一。

公元前 676 年，晋武公的儿子姬诡诸继承了君位，号称晋献公。在晋献公做太子时，武公为他娶妻贾姬。贾姬无子。后来他又娶过两位夫人，一个叫狐姬，是大戎主的侄女，生子重耳，一个是小戎允姓女子，生子夷吾。献公的父亲武公晚年时，又娶了个年轻夫人叫齐姜，是齐桓公的女儿。这齐姜青春年少，过门不久，就和姬诡诸勾结上了，到武公死后，诡诸干脆把他的继母娶了过来，做了夫人，后来还生了两个子女。男的就是申生，女的就是后来嫁给秦穆公的那个长女，名叫伯姬。这样，献公就有了三个儿子——重耳、夷吾和申生。如果根据年龄说，申生最小，但因为申生的母亲是齐桓公的女儿，所谓"子以母贵"，因此申生被立为太子。

公元前 671 年，晋献公率兵攻打骊戎（即西戎族）。经过这次战争，献公又得到两个美女：一个叫骊姬；一个叫少姬，她俩是一对姐妹。姐姐骊姬长得非常漂亮，同时又会花言巧语，因此极受献公的宠幸。

过了几年，骊姬生下儿子奚齐。献公就废掉齐姜，立骊姬为夫人。

到了快要把奚齐立为太子时，骊姬早已和中大夫有了预谋。骊姬对太子申生说："国君梦见了你母亲齐姜，你一定要赶快去祭祀她。"太子到了曲沃去祭祝，把祭祝的酒肉带回来献给晋献公。晋献公在外打猎，骊姬把祭祀的酒肉在宫中放了六天。晋献公打猎回来，骊姬在酒肉中下了毒药献给献公。晋献公洒酒祭地，地上的土凸起成堆；拿肉给狗吃，狗被毒死；给宫中小臣吃，小臣也死了。骊姬哭着说："是太子想谋害您。"太子逃到了新城，晋献公杀了太子的师傅杜原款。

有人对太子说："您要申辩，国君一定会辩明是非。"太子说："君王如果没有了骊姬，会睡不安，吃不饱。我一申辩，骊姬必定会有罪。君王老了，我又不能使他快乐。"那人说："您想出走吗？"太子说："君王还没有明察骊姬的罪过，我带着杀父的罪名出走，谁会接纳我呢？。"

十二月二十七日，太子申生在新城自杀。

重耳和夷吾听说申生死了，就前往晋都询问。

骊姬又向献公挑拨说："申生撒毒药，看来重耳、夷吾是知道的。"

两公子得知骊姬又在暗算他们，就悄悄回到了各自的封地。多疑多忌的献公见两公子不辞而别，越发信以为真。立即派出军队，兵分两路，去追捕重耳和夷吾二人。

追兵来到蒲城，进入宫中，抓住重耳。一个名叫履鞮的小官逼着重耳自杀。重耳挣脱束缚，翻身逃跑，履鞮举刀便砍，结果只砍下了重耳的半截衣服袖子。

这样，重耳便开始了十几年的流亡生活，当时他已 42 岁。由于重耳平时能"好善不厌，父事狐偃，师事赵衰，而长事贾佗"，颇有贤名，所以即使在流亡过程中，跟随他的人也很多，甚至如介子推曾在晋文公绝粮的时候"割股啖君"。

重耳先到狄国。他为什么要逃到狄国呢？据《史记》载，狄，其母国也。也就是说狄国是重耳母亲的祖国。狄国国君热情好客，听说晋国公子重耳和一帮有名望的人到了，特意用厚礼接待，把这一伙"难民"安排得舒舒适适，狄君还把征服咎如(赤狄别名，隗姓)时，收纳的两个漂亮女子嫁给他们，小的叫季隗，嫁给了重耳，生下两个儿子，取名伯鲦、叔刘。大的叫叔隗，嫁给了赵衰，生了个儿子取名赵盾。他们找下这个好靠山，一住就是十二年。那时，重耳觉得自己已经是个五十多岁的老头子，一定不会有出头的日子了。

就在第十二个年头，狐毛、狐偃兄弟收到重耳的舅父、狐氏兄弟的父亲狐突写来信，上面说，晋惠公从秦国回到晋国后，立即下令，把韩原没有救驾的庆郑斩首，他又把宠臣隙芮叫到身边，认为重耳在外面笼络诸侯，迟早是晋国的祸害，不如趁早把他们除掉，邵芮推荐勃抵除掉重耳。

重耳事先得知了这一消息，于是向齐国逃去。当时重耳在狄国已滞留十二年之久。到齐国后，齐桓公厚加礼待，为他娶妻，并送他马匹。第二年，齐桓公死，齐国发生内乱。重耳贪图安逸，不想离开，又接着住了三年。赵衰和狐偃等人最后说服了重耳离开齐国，前往楚国，以寻找靠山，另觅合适的时机归国。沿途备尝艰辛屈辱，到达楚国。楚成王雄才大略，是具有远见的政治家，他把重耳当作贵宾，还用招待诸侯的礼节招待他。楚成王对待重耳好，重耳也对成王十分尊敬。楚成王在宴请重耳的时候，开玩笑地说："公子要是回到晋国，将来怎样报答我的知遇之恩呢？"重耳对楚王说："要是托大王的福，我能够回到晋国，我愿意跟贵国交好，让两国的百姓过太平的日子。万一两国发生战争，在两军相遇的时候，我一定退避三舍。"（"三舍"即九十里。）楚成王听了并不在意，却惹恼了旁边的楚国大将成得臣。他对楚成王说："重耳说话没有分寸，将来准是个忘恩负义的家伙。还不如趁早杀了他，免得以后吃他的亏。"楚成王却认为"晋公子敏而有文，约而不谄，三材侍之，天祚之矣。天之所兴，谁能废之？"楚成王没有采纳他的意见。

后来秦穆公邀请重耳去秦国，楚成王便将他送去，穆公待他甚厚。

原来秦穆公曾经帮助重耳的异母兄弟夷吾当了晋国国君。没想到夷吾做了晋国国君以后，反倒跟秦国作对，还发生了战争。夷吾一死，他儿子又同秦国不和。秦穆公才决定帮助重耳回国。

公元前636年，秦国护送重耳的大军过了黄河，流亡了十九年的重耳回国即位，是为晋文公，这时他已62岁。

晋文公重耳，是个聪明贤达、老成持重的人，长期的流亡生活，磨练了他的意志，增长了他的才干。

晋文公重耳做了国君后，以超人的胸怀广纳贤士，使国势越来越强。他大加奖赏有功人员，就连逃亡途中有仇于他的勃鞮、头须等，也被重用。所以，晋惠公时期的大臣纷纷解除顾虑，入朝为晋文公卖力。晋国大治，从而成就了春秋霸业。

智谋点评：

　　重耳之所以能成为春秋时代显赫一时的霸主，跟他在国外流亡19年的经历中所遭受的磨难有很大的关系。在这个过程之中，忍耐是最起关键作用的因素。在逃亡的19年里，各种挫折、不幸、苦难、绝望、屈辱、恐惧等一应俱来，他一一承受着、忍耐着，其中的毅力与坚韧可想而知。如果作个历史假想，重耳一开始就成为一国的国君，是不合适的。那时候他不过是一个浮躁而目光短浅的贵族公子，如果顺利地登上王位，估计也会作为一个碌碌无为的君主，被淹没在历史长河中。正是他的流亡过程使他逐渐成长为一个坚强的君主，在流亡过程中苦心志，劳筋骨，饿体肤，动心忍性，增益其所不能，逐渐拥有了一代霸主的风范。

不鸣则已，楚庄王韬光养晦"一飞冲天"

　　楚成王时，楚国的国力发展到第一个高峰，在他当政的46年中，屡次北进，在召陵受到齐桓公霸权的阻挡，城濮又遭到晋文公的打击，晚年想改立继承人不成，被迫自杀。他的儿子穆王逼死父亲自立，造成内部分裂，在穆王短短的12年政权中，无所作为，国内一些强宗大族势力兴起，互相争夺，使楚政治上出现危机。楚庄王就是在这种困难环境中即位的。

　　楚庄王（？—公元前591年），芈姓，熊氏，名侣，春秋中期楚国杰出的君主，继齐桓公、晋文公、晋襄公、晋成公后，再度称霸中原，将楚国的国力推向历史的巅峰，一度打破晋国对中原霸权的长期垄断，也大大加速荆楚与中原文化的大融合，为中国先秦文明的发展作出了突出的贡献。

　　但刚刚即位时的楚庄王并未像其他新君上任那样雷厉风行地干一些事情，

而是不问国政,只顾纵情享乐。他有时带着卫士、姬妾去云梦等大泽游猎,有时在宫中饮酒观舞,浑浑噩噩,无日无夜地沉浸在声色犬马之中。每逢大臣们进宫汇报国事,他总是不耐烦地回绝,任凭大夫们自己办理。他根本不像个国君,朝野上下也都拿他当昏君看待。

继位三年以来,楚庄王整天喝酒、打猎,不问政事。更为甚者,他为了耳旁的清静,干脆在宫门口立一木牌,上书:"有敢谏者,死无赦。"

禁令虽严,却并不能吓退忠贞之士。大臣伍举在经过深思熟虑后来谒见楚庄王,只见庄王在宫中左拥郑姬,右抱蔡女,醉醺醺地观看歌舞,看见伍举来见,他眯着眼问道:"爱卿来找我,是想跟我一起喝酒呢?还是想陪我一起欣赏歌舞?"伍举答道:"有人请我猜一谜语,我怎么也猜不着,特来请教大王。"庄王笑道:"是什么谜语?快说来听听。"伍举于是不慌不忙地说:"楚都有一只大鸟,五彩缤纷,艳丽无比,挺神气地在高坡上,三年来,不飞不叫,令满朝文武猜不透是只什么鸟。"楚庄王听完了这段话,思考了一会儿说:"这可不是普通的鸟。这种鸟,不飞则已,一飞冲天;不鸣则已,一鸣惊人。"

伍举听后,知道庄王心中有数,非常高兴,就又趁机进言道:"还是大王的见识高,一猜就中,只是此鸟不鸣,怕猎人会射暗箭啊!"楚庄王听后身子一震,随即就叫他下去。

过了几个月,楚庄王这只大鸟依然故我,既不"鸣",也不"飞",照旧打猎、喝酒、欣赏歌舞,一如既往,不仅没有改过,反而越发不成体统了,苏从见状实在无法再继续忍耐下去,就闯进宫去对庄王说:"大王身为楚国国君,即位三年,不问朝政,如此下去,恐怕会像桀、纣一样招致亡国灭身之祸啊!"庄王一听,立刻竖起浓眉,露出一副暴君的形象,抽出长剑指着苏从的心窝说:"你难道没听到我的命令,竟敢辱骂我,是不是想死?"苏从沉着从容地说:"我死了还能落个忠臣的美名,大王却落个暴君之名。如果我死能使大王振作起来,能使楚国强盛,我甘愿就死!"说完,面不改色,请求庄王处死他。

楚庄王等待多年,竟无一个冒死诤谏之臣,他的心都快凉了。这时,他盯着苏从许久,突然扔下长剑,抱住苏从激动地说:"好哇,苏大夫,你正是我多年寻找的社稷栋梁之臣!"庄王说完,立刻斥退那些惊恐莫名的舞姬妃子,拉着苏从的手谈起来,两人越谈越投机,竟至废寝忘食。

苏从惊异地发现,庄王虽三年不理朝政,但对国内外事无巨细都非常关心,对朝中大事及诸侯国的情势都了如指掌,对于各种情况也都想好了对策。这一发现使苏从不禁激动万分。

原来,这是庄王的韬光养晦之策。他即位时十分年轻,不明世事,朝中诸事尚不明白,也不知如何处置,况且人心复杂,尤其是若敖氏专权,不明所以,他更不敢轻举妄动。无奈之中,想出了这么一个自污以掩人耳目的方法,静观其变。在这三年中,他默默地考察了群臣的忠奸贤愚,也测试了人心所向,他颁布劝谏者死的命令,也是为了鉴别哪些是甘冒杀身之险而正直敢言的耿介之士,哪些是只会阿谀奉承、只图升官发财的小人。如今,三年过去,他年龄已长,经历已丰,才干已成,人心已明,他也就露出了自己的庐山真面目。

于是,楚庄王开始着手整理朝政,"所诛者数百人,所进者数百人"。国人欢悦,楚国大治。庄王任命了苏从、伍举等一大批德才兼备的大臣帮助他处理国家大事,公布了一系列的法令,还采取了削弱若敖氏的措施,诛杀了一批罪大恶极的奸臣以安定人心。

从此,这只一鸣惊人的"大鸟"开始励精图治,争霸中原,继齐桓公、晋文公、秦穆公之后,也当上了霸主。

智谋点评:

当天将降大任于楚庄王时,也注定一个大国从此崛起。在历代楚王中,庄王极富个性:既有刚烈勇猛一面,又有深谋远虑的一面,在他治国的 23 年中,展示出一代霸主风采。从即位之初的"无为"到"三年不鸣,一鸣则惊人"的"有为",无不显出其智谋与胆识。因为楚庄王的韬光养晦并非在受到失败与挫折时才被迫进行的,而是为了更好地掌握未来而主动地进行的,这尤其需要耐心、修养、智谋和胆识。

卧薪尝胆，勾践忍屈含辱为复国

春秋后期，诸侯争霸的重点转移到了长江流域下游和浙江流域。这里的吴国和越国互不相容，互相攻伐，吴王阖闾当政期间，得到大臣伍子胥和著名军事家孙武的辅佐，国势日益强盛。公元前496年，勾践刚刚继位为越王，国内局势相当不稳定，吴王阖闾认为有机可乘，大举进攻越国。当时越王新立，部署未定，按照实力和当时的形势分析，吴胜越败是显而易见的事情，谁料战争的结果竟是吴军一败涂地。

战争中，勾践挑选一批死士，赤裸上身，手执利刃，列成整齐的队伍，一边高喊口号一边挺胸阔步地向吴军阵前推进。吴军被这种气势完全给镇住了，呆立在那里不知所措，等他们缓过神来，越国的死士们已来到吴军阵前，不是与他们开战，而是一个接一个当着吴军的面刎颈而死。吴军将士被吓得目瞪口呆、胆战心寒，完全失去了抵抗能力。越军趁势排山倒海冲杀过来，吴军招架不住，一路败退下去，吴王阖闾的右脚，也被越军大将灵姑浮的长矛刺中，回国后不久就因伤重而死。

临终前，吴王阖闾嘱托他的儿子夫差，一定要剿灭越国，为父报仇。夫差继位后便积极地在太湖训练水军，并在姑苏灵岩山下建立"射棚"，以娴熟战技，又在自己的寝宫门前，设立专人，随时厉声向自己提醒："夫差！你忘记越人杀死你父王的仇恨吗？"每次夫差都敬谨庄肃地回答："不敢忘记！"

公元前494年，率兵北上的勾践与吴国在今天江苏太湖决战。结果越国大败，勾践率残部逃到了越国。吴王夫差率大军追到越国都城（今绍兴）。勾践被迫求和，向吴国称臣纳贡。

公元前492年5月，勾践采纳大臣范蠡的意见，率妻子和范蠡亲去吴国做人质，伺候夫差。抵达吴都后，夫差有意羞辱他，把他囚禁在一个石室里，要他住在阖闾坟前的一个小石屋里守坟喂马，有时骑马出门还故意要他牵马在国人面前走过。勾践忍辱负重，自称贱臣，对吴王执礼极恭，吃粗粮、睡马房、服苦役，胜过夫差手下的仆役。这让夫差大起怜惜之念，以为勾践真正臣服了自己，慢慢放松了对他的警惕。

有一次，夫差病倒了，而且病得很重，感染寒疾三个月未愈，拉出的粪便臭不可闻，就连伺候他的人都不愿意待在跟前。这时勾践前来求见，毛遂自荐道："臣在东海，曾习医理，观人粪便，可知病情。"说完取过夫差的粪便就尝，在嘴里品味了一会儿，然后向夫差恭喜道："大王的病已大为减轻，七天后就会好转！"到期果然痊愈。吴王夫差大为感动，认为勾践已经彻底臣服于吴国，不会与吴国为敌了，于是摆下酒宴招待勾践，并准备把勾践放回越国，伍子胥劝谏道："勾践下尝大王之粪，他日一定上食大王之心，大王现在放他回去，无疑于放虎归山，将来一定会给吴国带来致命祸患，大王一定要警惕呀。"夫差哪里听得进去忠臣的劝告？不久就将勾践亲自送出城，赦他回国。

勾践回国以后，以文种治理国政，以范蠡整顿军旅，为了牢记战败的耻辱，将国都迁到会稽，筑城立廓，作为复兴堡垒。他一面奖励农桑，厚植经济基础；一面整军经武，加强雪耻复仇力量。为了时刻牢记在吴国所受的耻辱，勾践一改帝王生活习惯，每日粗茶淡饭，穿粗布衣服，与农民一起劳作，除了自己亲自耕作外，夫人也自己纺纱织布。勾践还睡在用柴草铺成的床上，并在床头挂了一个猪苦胆，每天吃饭和睡觉前，都要尝尝苦胆，并告诫自己："勾践，你忘掉亡国的耻辱了吗？"以此刻苦自励、发愤图强。这就是著名的"卧薪尝胆"的故事。

勾践向文种询问对付吴国的办法，文种提出对内积草屯粮、操练兵马，对外使用贿赂、美人计、离间计等七条建议，勾践依计而行。

越国的雪耻计划在七年后已经卓有成效，但是表面上仍然低声下气地讨好吴国。在吴国当人质期间，勾践亲眼目睹了胜利者的堕落。夫差再也没有了进取之心，只顾贪图享乐，整日与女人嬉戏。于是，勾践就利用夫差这个弱点。除了春秋两季照例进贡以外，还把大批的建材源源不断地从越地运往姑苏，协助吴国建造华丽的宫殿，还命令手下在全国搜罗珠宝美女，送到吴宫，促使吴王夫差在声色犬马中自溺其志。吴王夫差得到西施，立刻被她天仙般的容貌迷住了，对她宠爱备至，言听计从。

伍子胥明白西施是越国的美人计，劝吴王远离西施，并举出夏桀之于妹喜、殷纣之于妲己的例子。夫差心里很不痛快。西施也暗暗吃惊，觉得此人不除，对越国不利，伯嚭为了当上相国也有恨他不死的意思。

一天，越国向吴国借粮，这也是文种的计策之一，目的是弄空吴国粮库。关于借与不借的问题，伍子胥与伯嚭又起了争执。吴王心烦便离朝回到后宫向西施说了此事。西施举出当年秦穆公、齐桓公向敌国难民借粮受到好评终成霸业的例子，劝说吴王同意。吴王当即决定借粮给越国。

由于伯嚭所做的事大多遭到伍子胥的反对，除掉伍子胥的想法更加强烈，于是造出谣言：伍子胥要投降齐国。

吴王得到消息很生气，也不调查，只派人送给伍子胥一把"属镂"宝剑，辛苦一生、帮助吴王奠定基业的伍子胥含泪自刎而死。伯嚭如愿以偿地当上了相国。

为了消耗吴国实力，西施劝吴王争夺中原霸主之位。吴王决定进攻齐国。太子友知道，吴国伐齐，越国必会乘机攻吴，便用"螳螂捕蝉，黄雀在后"这种借喻的方式劝阻吴王。吴王此时哪里肯听，还劳师动众花费大量财力、物力挖掘了中国第一条大运河——邗沟。公元前485年，吴、鲁联军通过运河讨伐齐国，这也是中国历史第一次大规模海军作战。

公元前482年，吴、鲁、齐、晋在黄池会盟，尊吴王夫差为霸主。回国的路上，听说越王率军攻吴，太子友已阵亡。吴王再想调兵遣将，已是有心乏力了。此时他才想起伍子胥、太子友平时所说的话，但后悔已来不及了。

万般无奈，吴王夫差派伯嚭备足厚礼向越王求和。

又过了四年，越国大规模进攻吴国，吴国大败。吴王夫差请求讲和，一如当年勾践臣事吴国的故事，勾践想答应吴王。

范蠡说:"会稽的事,是上天把越国赐给吴国,吴国不要。今天是上天把吴国赐给越国了,越国难道可以违背天命吗?再说君王早上朝晚罢朝,还不是因为吴国吗? 谋划伐吴已 22 年了,怎么能放弃呢? 难道您忘记会稽的苦难了吗?"

勾践说:"我想听从您的建议,但我不忍心杀他的使者。"

范蠡就鸣鼓进军,说:"君王已经把政务委托给我了,吴国使者赶快离去,否则将要对不起你了。"

吴王夫差只好自杀了。自尽时,他遮住自己的面孔说:"我没脸面见到子胥!"

勾践卧薪尝胆 22 年,终于灭亡吴国,成为中原霸主。

智谋点评:

勾践在失败之后能够时时刻刻牢记自己受过的屈辱,把复仇的强烈欲望深深地埋藏心底。即使沦为吴王夫差的马夫,也做到不动声色,低眉顺眼来曲意讨得夫差的欢心,甚至不惜用为夫差尝粪便的方式来麻痹夫差,最终使夫差放松了对自己的警惕而放虎归山,其隐忍的程度何其艰辛。回国之后,卧薪尝胆,一心复仇,茅屋的薪床何其简陋,床前的苦胆何其苦涩!这是勾践在忍辱负重地等待。他休养生息,励精图治,这是他在等待中积蓄力量。"苦心人,天不负,三千越甲可吞吴",勾践复国的愿望终实现,这是他用三年的等待所创造的神话!勾践从一个弱小君王,成为吴国的囚徒,又从一个苟延残喘的囚徒,变成了灭吴的大王,其中的艰辛、其中的毅力、心中那生生不息的信念着实令人叹服,那种忍辱负重的精神更令人无限敬仰!

奇货可居，吕不韦豪赌助成王霸之业

在春秋战国时期，争宠嫉才、玩弄权术的阴谋家可谓不少，但是像商人吕不韦那样用经商手段攫取权势，并最终成就王霸之业的，在中国历史上，却是唯一的一个。

吕不韦是战国时期卫国濮阳人，原为阳翟(今河南禹县)大商人，在赵都邯郸遇到了在赵国做人质的秦公子异人，游说华阳夫人，得立为太子，即庄襄王。秦王嬴政时吕不韦被尊称为"仲父"。他召集门客为他写的《吕氏春秋》，集阴阳五行家、道家、儒家、兵家、墨家为一体，使他成为杂家的代表人物。秦王亲政后他被迁往蜀都，自杀而死。他既有商人的追逐利润的本性，也有政治家的远见卓识。他把自己的商贾巨利押在了一个人身上，结果造就了一个一统天下的伟大帝王。

吕不韦长期在阳翟做生意，并在各诸侯国之间穿梭往来，因为经营有道，赚了不少钱。但那时商人的地位是极其低下的，连耕地的农民都不如，手里钱再多，也经常受人冷遇，被人瞧不起。而吕不韦恰恰又是一个不愿甘居人下的、有野心、有抱负的人，于是他用金钱开道，利用一切可以利用的机会，攀附豪门权贵，极力想走入上层社会。不懈的努力使他多少混出了一些名气，但他还不太满足于自己的现状——虽然有了名气，但并不代表身份和地位就改变了，他照样还是一个身份低微的商人，而这恰恰是他最想改变的。后来，一个大好的机会终于被他捕捉到了，在赵国都城邯郸，他发现了"奇货可居"的秦异人。

异人又名子楚，是当时秦国太子安国君的儿子、秦昭王的孙子。安国君姬妾成群，共生有20多个儿子，但他却偏偏宠爱没有儿子的华阳夫人，把华阳夫人立为正夫人。子楚的母亲叫夏姬，虽然给安国君生了一个儿子，却始终得不到安国君的宠爱，连带着子楚也不被父亲喜爱。当时各国有互换人质的传统，安国君于是把子楚派到赵国做人质。但秦昭王和安国君显然没有把子楚的安危放在心上，屡屡派兵攻打赵国。赵国看子楚这个人质一点儿用处没有，也就根本不把他当回事。因此，子楚的处境非常困窘，连出行的车马都没有，经济上更是捉襟见肘。虽然贵为皇子，但日子过得却连一个平民百姓都不如。

邯郸是座当时北方人口密集、最为繁华的大城市，也是赵国的都城。吕不韦正是在这一次邯郸之行中邂逅子楚的。

据有关历史资料记载，见到子楚并了解清楚他的身份之后，吕不韦曾与自己的父亲有过这么一番对话。

吕不韦问父亲："种地能赚多少钱？"

父亲估算了一下，回答道："10倍。"

吕不韦又问："贩卖珠宝又能赚多少钱呢？"

父亲又估算了一番，回答道："100倍。"

吕不韦又问："那么，把一个失意的人扶植成一国之君，掌管天下的钱财，又能获利多少？"

父亲闻听之后，惊得目瞪口呆，连忙回答道："这个嘛，实在让我无法估算也无法想象。不过估计应该有无数倍吧。"

吕不韦听了父亲的话，更加踌躇满志地说："种地和贩卖珠宝之类，只不过能够养家糊口而已，而扶植国君却可以光耀门庭、泽普后世！我认识了一个人，此人奇货可居，我要在他身上投资，豪赌一把。"

于是吕不韦在经过一番精心的筹备之后，登门拜访了秦异人。

关于吕不韦与秦异人的第一次谈判，太史公司马迁先生作了以下精彩的描述：

（吕不韦）乃往见子楚，曰："吾能大子之门。"子楚笑曰："且自大君之门，而乃大吾门！"吕不韦曰："子不知也，吾门待子门而大。"子楚心知所谓，乃引与坐，深语。吕不韦曰："秦王老矣，安国君得为太子。窃闻安国君爱幸华阳夫人，华阳夫人无子，能立适嗣者，独华阳夫人耳。今子兄弟二十余人，子又居中，不甚见幸，久质诸侯。即大王薨，安国君立为王，则子毋几得与长子及诸子旦暮在前者争为太子矣。"子楚曰："然。为之奈何?"吕不韦曰："子贫,客于此,非有以奉献于亲及结宾客也。不韦虽贫,请以千金为子西游,事安国君及华阳夫人,立子为适嗣。"子楚乃顿首曰："必如君策,请得分秦国与君共之。"

用现代语言来叙述,他们交谈的情景应该是这样的:

简单的一番寒暄之后,吕不韦直接对秦异人说:"我能够帮您光耀门楣。"

秦异人一听就气乐了。虽然穷困潦倒,但王子的身份和天生的贵气还是有的,从心眼里,也许他压根就瞧不上充满铜臭之气的商人吕不韦,进门后连坐都没让吕不韦坐,听了他这句话后更是气不打一处来,因此毫不客气地用鄙夷而略带愠怒的口气耻笑吕不韦说:"先生还是先广大你的门楣之后再来帮我光耀门楣吧!"

但吕不韦是有备而来的,早就做作了碰钉子的心理准备。因此听了秦异人的讽刺之后仍面不改色心不跳地继续说:"王子殿下息怒,您可能还没明白我的真实想法和意图,我正是想光耀自己的门楣才来拜访您的,帮您实际上也就是帮我自己。我就是要靠帮您光耀门楣之后,求得自己能够咸鱼翻身,光耀门楣。"

这番话才让秦异人不得不对眼前的商人刮目相看。于是忙收敛起了对吕不韦的不屑,郑重其事地请吕不韦入座。两人开始了改变双双命运的一番促膝长谈。吕不韦对秦国的形势和秦异人所处的环境进行了一番细致入微的分析,他说:"您爷爷秦昭王已经年迈体老,您父亲安国君身为太子,迟早迟晚要做接班人。我听说您父亲最宠爱华阳夫人,但华阳夫人却没有儿子。而要立下一代接班人,华阳夫人说话又最算数。您想想您自己的处境。你们兄弟有二十多个,从长幼来讲,您排行居中,不占什么优势;从嫡庶来看,您又是庶出的,更不占任何优势。您父亲似乎不大喜欢您,把您派到这里做了这么长时间的人质也不管不顾,这更是您你非常不利的因素。等到您爷爷秦昭王去世、您父亲即位之后,您哪有条件跟您那些整天偎在您父亲跟前的兄弟竞争太子地位呢?"

秦异人一听就来气了:"你今天找我来就是为说这个的呀?你是来帮我呢还是拿我来寻开心呢?你说的这些情况我比谁都了解,还用得着你来提醒我吗?"

吕不韦笑道:"您先甭急,我这不是帮您改变现状来了吗?"

秦异人道："那你快说说究竟该怎么办吧。"

吕不韦不慌不忙地说："按您现在的情况，像个囚犯一样被羁绊在这里。一贫如洗，穷得叮当响，想孝敬一下父母、结交几个能用得着的朋友都没法办到。但现在的局面离了金钱开路是绝对不行的。我虽然也算不上多么富有，但情况多少比您好一点，所以准备亲自到秦国跑一趟，哪怕用尽自己的家产，也要打通您父亲安国君和您嫡母华阳夫人的关节，让他们立您为继承人。"

秦异人一听，感动得热泪盈眶，连忙说："如果先生的话真的能够实现，我一定不辜负先生，让先生和我一道来共同掌管秦国天下。"

于是吕不韦先拿出"五百金"供应秦异人的日常开支，让他多结交一些有才能的人士；又拿出五百金购买了奇珍异宝，然后亲自带着这些奇珍异宝西行来到秦国。他先通过各种渠道和华阳夫人的姐姐拉上了关系，然后托她把那些奇珍异宝进献给华阳夫人，并让她在华阳夫人面前说了秦异人的一大堆好话，说异人是如何的有才有德，是如何的礼贤下士，是如何的宾客满座、声名远播，最关键的是说异人是如何有孝敬之心，如何尊崇敬仰华阳夫人，把华阳夫人看得比天高，比地大。虽身处异地，仍是朝夕思念华阳夫人及安国君，以至夜不成寐，日夜泣哭。华阳夫人听了心里非常受用。见华阳夫人对异人有了好感，吕不韦就又通过华阳夫人的姐姐对她继续游说道："虽然现在夫人备受宠爱，但我听说靠美貌受君王宠爱的人，一旦人老珠黄之后就会渐渐失宠，再加上夫人没有儿子，等年老之后难免有后顾之忧。不如趁现在早早结交诸子中既贤明又孝顺的，立为继承人，那就等于是您自己的儿子，安国君百年之后，您所立的太子继位，您就是皇太后，这可是一本万利的生意啊。如果不趁正受恩宠时为自己留好后路，等将来年老失宠后，恐怕连一句话都说不上了。现在异人既有才德又有孝敬之心，他自己也非常清楚自己的处境，既是庶出又排行居中，母亲又不受宠爱，要是按正常程序，无论怎样也轮不到他来当接班人，所以心甘情愿拜服夫人门下。假如夫人能够接纳他，并在适当的时候立他为继承人，他一定终身感激不尽，夫人今生今世的幸福不就有了坚实的保障了吗？"华阳夫人被这些话深深打动了，于是，她开始在安国君面前不断地为子楚说好话，夸异人有能力，有威望，又非常孝顺，身在远地还时时想念父王。凡是跟异人接触过的人没有不夸他的。最后，华阳夫人哭着使出了撒手锏："妾有幸的是和您相亲相爱，不幸的是没有儿子。您要真爱妾，就请您把子楚过继给妾，立为继子，这样妾的终身就有所依靠了。"

华阳夫人这番枕边风一吹，安国君哪能不乖乖就范？不仅答应了华阳夫人立子楚为子嗣，又送了好多礼物给子楚，封吕不韦为子楚的老师，专门辅佐子楚。从此，子楚名声日盛，誉满诸侯。吕不韦也常住在了邯郸，和子楚一起广交天下宾客，等待回国做太子继承王位的那一天到来。

当时，邯郸是中原地带的首富之区，商贾繁荣，文化也比较发达，笙歌艳舞，日夜不绝。吕不韦在这些如花似玉的名妓中，选中了一个名叫赵姬的女子。她生得袅娜娉婷、楚楚依人、面貌如花、柔情似水。吕不韦遂斥巨资为她赎身，纳其做妾。

不久，赵姬怀孕，吕不韦大喜："天助我也！"

过了几天，吕不韦邀请异人到自己府中饮宴，赵姬在一旁侍陪。异人年正青春，兼之在赵国孤身独处，见有美女侍宴，且生得楚楚婷婷、风姿袅袅，不由得心旌摇荡，神魂颠倒。

有美女作陪，加上喝多了酒，异人难以控制自己，情不自禁地上前将赵姬搂住，吕不韦见状，怒不可遏，喝道："岂有此理！我以诚心相待，欲救你于水火，你竟敢调戏我的爱姬，太不够朋友了！"

异人顿时吓得酒醒了，浑身颤抖着，跪下求饶。吕不韦随即笑道："我与你多时交好，我为你的事，竭尽心力，好不容易立你为太子，未来的秦国，将由你主宰，如今大业未举，你尚未脱出囹圄，还是人家的笼中之鸟、网内之鱼，唉！你太令人失望了！"

异人吓得跪在地上直磕头，说自己不知死活，斗胆冒犯，一时冲动，望求开恩。

"好吧，起来！你既看中了赵姬，我也就把她送给你了！"

异人一听，欣喜若狂。他又迫不及待地向赵姬表明心迹："承蒙吕先生成全于我，请你放心，我异人此生决不负你！"

这是公元前260年的事。第二年正月，赵姬在赵国邯郸生下了一名男婴，因正月生于赵国，取名赵正，回秦国后叫嬴政，就是后来的秦始皇。

公元前251年，秦昭王病殁，安国君正式嗣位，为秦孝文王，华阳夫人为王后，异人为太子，赵姬则名正言顺地做了太子妃。

秦孝文王即位才1年，就因病去世了，当时，32岁的异人做了秦国国君，是为秦庄襄王，立嬴政为太子，吕不韦为相国，并加封他为文信侯。庄襄王在位三年而崩，新王嬴政（即后来的秦始皇）即位时，年仅13岁，秦国国事由吕不韦一手把持，嬴政还称吕不韦为"仲父"，吕不韦的权势达到了顶峰。

智谋点评：

奇货可居是吕不韦一生中做得最大的一笔买卖。在异人潦倒落魄的情况下，吕不韦一见到他，马上断定此人"奇货可居"；并决定在此人身上豪赌一把，真不愧为一位独具慧眼的鉴赏家，其眼光和见识非一般人可比。他不惜花费重金资助异人，又利用自己的如簧巧舌，通过说服华阳夫人的姐姐，最终取得秦昭襄王的同意，实现了异人顺利回国，为异人以后当太子、做秦王铺平了道路。从这一点来说，吕不韦又是一位工于谋略的阴谋家、高瞻远瞩的政治家。

抢占先机，曹操"挟天子以令诸侯"

东汉末年，各诸侯在进行军事斗争的同时，也展开了挟持汉献帝的角逐。董卓等人挟持天子败亡以后，曹操奉迎汉献帝迁都许昌，获得了"挟天子以令诸侯"的优势地位，曹操的这一举措使他获得较多的政治利益。

汉献帝刘协从登基即位的那一天起，就是有皇帝之名而无皇帝之实。他先是被董卓劫到了长安(公元190年2月),处境非常恶劣。后来王允和吕布合谋消灭了董卓,后来李傕和郭汜杀回了长安,汉献帝又落入了他们的手中。

公元195年2月,李、郭两人内讧火并,长安大乱,献帝又被杨奉等人带走到了洛阳,而那时洛阳已经很破落了。

献帝虽是个名存实亡的傀儡,但在汉末天下分崩的形势下,依然是最高权力的象征。当时,从中央到地方的臣僚,拥护汉室的正统观念还很强。所以,有头脑、有远见的政治家都想把汉献帝抓到手。

对于献帝的仓皇东归,袁绍和曹操都表示了关注,但最终却作出了不同的反应。当汉献帝刚渡过黄河踏上了归途时,袁绍的谋士沮授就劝袁绍把献帝接至邺城,以后就可以"挟天子而令诸侯",然而,目光短浅的袁绍拒绝了沮授的良策,觉得献帝是个废物,把他弄来还得养着,怪麻烦的。在决定是否迎纳献帝这一至关重大的问题上,袁绍的确像荀彧说的那样"迟重少决,失在后机",暴露了"志大而智少,色厉而胆薄"、多谋少决、优柔寡断的致命弱点,拒绝了沮授的建议,而丧失了先机迎纳汉献帝的主动权。可见袁绍根本不是个政治家,虽然空有雄兵猛将,却不懂军事不过是政治的工具,最后难免失败。

沮授的警告和预言算说准了:"若不早图,必有先人者也",这个"先人者"恰恰就是袁绍的对头和克星曹操。

而曹操在挟持汉献帝这方面更是早有此识。初平二年(公元191年),曹操做东郡太守不久,皇室刘邈在献帝面前称赞曹操忠诚,曹操为此十分感激。初平三年(公元192年),治中从事毛玠向他建议"奉天子以令不臣",他觉得是说到了点子上。

献帝东迁后,曹操觉得机会来了,当时宫中食用困乏,曹操便经常向献帝进献食品和器物。献帝还在洛阳时,曹操就曾向他进献过缝帐2顶,丝线10斤,山阳郡所产的甜梨2箱、稗枣2箱。献帝到都许后,曹操更是经常进献,其中有桓帝时赐给他祖父曹腾的家藏器物,也有属下陆续搜寻到的一些宫中流失的器物。

迎接汉献帝来许昌,是曹操的另一个杰作。曹操的重要谋臣荀彧向曹操建议说"奉迎天子都许(许昌)",并向他陈述了挟持汉献帝的诸多好处:"奉迎天子是顺从民望、制伏雄杰之举,若不早定,后悔不及。"曹操就借口京都无粮,要送献帝到鲁阳就食,派人把献帝接到许昌,改元为建安。汉献帝从此就成为曹操手中的傀儡了。

这件事处置得实在果决、漂亮,充分显示出曹操"能断大事,应变无方"、"谋胜"于人的卓越才能。在当时引起强烈的社会反响,尤其是袁绍得知汉献帝被曹操奉迎到许,后悔不迭,于是穷思竭虑,又想出了补救办法:以他盟主身分,借口"许下埤湿,洛阳残破,宜徙都鄄城",以令曹操把汉献帝迁到鄄城以自密近,便于得机将其控制在自己手上。

曹操根本不买账,转请献帝发下一道诏书责备袁绍,"地广兵多,而专自树党,不闻勤王之师,但擅相讨伐",迫使袁绍上书陈诉一番。

曹操对献帝的物质保障和适度尊重,果然得到了他所期待的巨大回报。献帝授给曹操节钺、录尚书事,任司隶校尉,迁都许昌后,又任命他为大将军,实际获取了高出所有文臣武将的地位。

汉献帝刘协在许都虽然衣食无忧,却也无所事事,特别是虽然贵为天子,曹操也还算尊重自己,但他却时时感觉到一种无形的压力,这种压力来自于曹操不断地诛除公卿大臣,不断地集军政大权于一身。建安元年八月,曹操进驻洛阳,立刻趁张杨、杨奉兵众在外,赶跑了韩暹,接着做了三件事:杀侍中台崇、尚书冯硕等,谓"讨有罪";封董承、伏完等,谓"赏有功";追赐射声校尉沮俊,谓"矜死节"。然后在第九天趁他人尚未来得及反应的情况下,迁帝都许,使皇帝摆脱其他势力的控制。此后,他还加紧步伐剪除异己,提高自己的权势。他首先向最有影响力的三公发难,罢免太尉杨彪、司空张喜;其次诛杀议郎赵彦;再次是发兵征讨杨奉,解除近兵之忧;最后是一方面以天子名义谴责袁绍,打击其气焰,另一方面将大将军让予袁绍,稳定大敌。最后以汉献帝的名义发布诏书,号召天下各路诸侯讨伐袁绍,终于在官渡之战中打败了袁绍,消灭了最大的竞争对手,奠定了中原霸主的地位。

谋略点评：

　　汉献帝虽然有名无实，但他毕竟是国家最高权力的象征，谁掌握了他，谁就能以皇帝的名义向其他地方割据政权发号施令。这个道理虽然简单，真正明白的人却不多，袁绍就不懂。丧失了汉献帝这张王牌，袁绍才会处处受制于曹操。而曹操正是凭借"挟天子以令诸侯"，占得先机，夺取政治、军事上的主动权，才得以掌握了天下大权，在群雄中脱颖而出。在这方面，曹操显露出了政治家、军事家非凡的雄才大略。

深藏不露，司马懿装疯卖傻积蓄力量

　　"醉拳"之厉害，在于一个"装醉"，表面上看来跌跌撞撞、踉踉跄跄、不堪一推，而其实呢，醉醺醺之中却杀机暗藏，就在你麻痹大意之时，却挨上了"醉鬼"的狠招。装醉打拳乃格斗上乘技法，装疯卖傻不仅是人情操纵的一流功夫，更是积聚力量以成就大业的一种智谋，司马懿就是利用这一策略的高手。

　　东汉末年，群雄并起。曹操"挟天子以令诸侯"，先后打败了吕布、袁绍、马超等势力，逐步统一了中国北方。为争取世家大族的支持，他招贤纳士，征聘地方名士出来做官。很多名士都积极响应，归顺在他的帐下。但在征聘司马懿时，曹操却遇到了麻烦。

　　司马懿(公元 179—251 年)，河内郡温县(今河南温县)人，祖上许多人都做过西汉的大官，是有名的望族。司马懿年轻时，就已经显露出才干。冀州别驾崔琰非常欣赏他，对其兄司马朗说："令弟聪明果断，有胆识，有才干，非您所及呀！"曹操当时刚打败袁绍，急需人才，听说司马懿有才干，便征聘他出来做官。司马懿得知消息后，一时拿不定主意。他知道曹操是个英雄，将来很可能扫平天下。但他又觉得曹操是个宦官之后，出身低微，自己乃名门之后，实在不愿意屈节侍奉他，考虑再三，决定再观望一下。但他又不敢公开拒绝曹操，便假说自己患有风痹症，起居不便，不能出来做官。

曹操向来机警，马上怀疑司马懿是有意推托。于是，曹操秘密地派人在夜间前去察看。司马懿事先得知消息，整日整夜都躺在床上。夜深人静时，那人悄悄地潜入司马懿室，果然见他直挺挺地躺在床上。那人仍不放心，把刀向司马懿挥去。眼见利刀夺命，司马懿只是睁大眼睛看着那人，身体依然坚卧不动。那人这才相信司马懿果然患了风痹症，收起佩刀，回去禀报了曹操。要司马懿做官的事，这才暂且搁在一边。

有一天，司马懿发现家中的藏书发霉，就叫人把它们摊在庭院里面晾一晾。不料突然乌云密布，顷刻间大雨倾泻下来。司马懿惜书心切，一时忘了自己还在装病，马上从床上跳下来，去抢收书籍。正在手忙脚乱时，不巧被家中一个婢女看到了。司马懿的夫人张春华怕这件事透露出去，会招来大祸，一狠心，亲手把那个婢女杀了。

公元208年曹操当了丞相。他急于网罗人才，就又想起了司马懿，决定再次征聘他。世间没有不透风的墙，曹操也多少听到一些司马懿装病的风声。这次他决心再也不让司马懿愚弄了。他对使者说，如果司马懿再不应召，就把他抓起来。

司马懿知道，曹操虽然爱才，但对于恃才傲物、不肯亲附自己的人，却是不能容忍的。孔子二十世孙、大名士孔融因瞧不起曹操，就被他以"违反天道、败伦乱礼"的罪名处死了。以家世文才自傲的杨修，也因"恃旧不虔"而被曹操处死。司马懿害怕被杀，只得乖乖地离家应召。

司马懿应召后，被任命为丞相府的文学掾。司马懿亲眼看到曹操有非凡的军事、政治才能，并且有了异常雄厚的实力，他也就施展自己的才智，努力做好与自己职责相关的事情，所以深得曹操的赏识。不久，曹操任命他担任总管相府一切事务的主簿，并让他和其子曹丕游处。司马懿和曹丕相处很好，私交甚厚，深为曹丕所倚重。

司马懿的才能在曹操在世时就已显露出来。他根据当时战争的需要,建议曹操改变屯田的方式,实行"且屯且守"的军屯。曹操采纳他的建议以后,屯田取得了很大的成效。从此,"务农积谷,国用丰赡"。公元219年,蜀将关羽围攻襄樊,水淹七军,威震华夏。曹操欲迁都以避其锋。司马懿认真分析了吴蜀联盟中的矛盾,认为"刘备与孙权,外亲而内疏。关羽之得意,是孙权所不愿看到的"。他建议派使者联络孙权,请其抄关羽后路,樊城之围自然可解。曹操采纳了他的建议,马上派使者前往东吴,请孙权袭击关羽后路。果然不出司马懿所料,孙权派大将吕蒙偷袭关羽,关羽被迫败走麦城,为孙权擒杀,襄樊也转危为安。

曹操虽然很赏识司马懿的才干,却并不信任他。司马懿"内忌而外宽,猜忌多权变"。曹操觉察到他有雄豪之志,不禁深感忧虑。据说,曹操曾"梦三马同食一槽"。有人为曹操解梦:槽即曹氏,马即司马氏,食槽则预示着司马氏将侵夺曹氏政权。因此,曹操对司马懿甚为反感,每欲加害。他曾对其子曹丕说:"司马懿非人臣也,将来一定会干预你的家事。"然而,曹丕与司马懿的关系甚好,并未把父亲的告诫当回事。他对司马懿总是多方保护,才免其被害。

司马懿看出曹操对他多有疑虑,于是做出满足现状之态。曹操对其功高不赏,他毫无怨言。虽然官位很低,他还是勤奋工作,好像对权势漠不关心。司马懿的韬光养晦之策,蒙混了老奸巨猾的曹操。曹操见他素无野心,也就消除了对他的怀疑和警惕。

曹操进封为魏王后,在公元220年病死,他的长子曹丕继为魏王。同年秋,汉献帝刘协被迫禅让帝位,曹丕做了皇帝,他就是魏文帝。

曹丕称帝后,司马懿的地位逐渐提高,官至抚军大将军、录尚书事,参与了曹魏统治集团重大方针政策的制定和执行,成为曹丕的重臣。公元226年,曹丕死。按照他的遗诏,由司马懿和曹休、曹真、陈群等辅政,太子曹睿继位,史称魏明帝。魏明帝封司马懿为舞阳侯,后又迁骠骑大将军。公元231年曹真死后,司马懿总管军事,同东吴、蜀汉对峙。他老谋深算,深谙用兵之道,连智谋过人的诸葛亮也无可奈何。他所采取的拖延战术成功地遏制了蜀汉的进攻,致使诸葛亮北伐中原接连失利,含恨病死五丈原。东吴的孙权对他的顾忌更大,曾对人说:"司马懿用兵,可谓变化若神,所向无敌。"在频繁的用兵之中,司马懿逐渐掌握了曹魏的兵权,成为最有权势的大臣。这时曹魏政权日益腐朽,魏明帝大修宫室,广建园苑,频繁役使民力,致使农桑失业,国库空虚,加剧了阶级矛盾和统治集团内部矛盾。这样,就为司马懿控制曹魏政权创造了有利条件。

公元237年,割据辽东(今辽宁西部大凌河中游地区)的公孙渊叛魏,自立为燕王。次年,司马懿奉命率40万大军远征,历尽艰险,平定辽东。公元239年正月,他胜利班师,军至河内(今河南泌阳)时,遇到了皇帝派来的特使,要他火速赶回京师。司马懿疑京师有变,快马加鞭,疾趋入朝,直奔内宫。原来,魏明帝自上月病重,此时已在垂危之际。见了司马懿,魏明帝就拉着他的手说:"我病得很厉害,把后事托付给你,希望你和曹爽一起辅佐幼主。我还能见到你,没有什么不放心的了。"说着,魏明帝让8岁的儿子曹芳和司马懿相认,并让曹芳抱着司马懿的脖子和他亲近。司马懿急忙跪下磕头,表示效忠幼主。魏明帝当天就咽了气。曹芳继立为帝,由曹爽和司马懿共同辅佐。二人共同执掌朝廷大权,官位同样是侍中、都督中外诸军事、录尚书事,每人各领兵3000,轮流护卫皇宫。

曹爽是曹真的儿子,与司马懿的精明能干、富于谋略相反,曹爽是个毫无政治、军事才能的庸才。当中书监刘放等人推荐曹爽辅佐朝政时,魏明帝问他:"你能担当这个重任吗?"曹爽不知如何回答,急得满头大汗。后经刘放在旁边轻声提示,才回答了一句:"臣愿以死报效国家。"就是这样一个庸才,却与何晏等人结成死党,组成以曹爽为首的政治集团。何晏崇尚玄学,与邓飏、李胜、丁谧、毕轨等都是有声望的名士,魏明帝生前,"以其浮华,皆抑黜之",曹爽掌权后,把他们引为心腹,委以重任。何晏等人则怂恿曹爽排斥司马懿,独揽朝廷大权。他们经过一番策划,于公元239年2月以小皇帝曹芳的名义颁发诏书,提升司马懿为太傅。太傅是皇帝的老师,品位尊贵,但无实权。这实际是给司马懿一个虚名,剥夺他的实权。与此同时,曹爽以何晏、邓飏和丁谧为处理朝廷政务的尚书,毕轨为管理京师及其周围地区的司隶校尉,李胜为河南尹。曹爽的几个弟弟或是统率禁军,抓住兵权；或是以列侯侍从皇帝，出入禁中。这样，曹爽一伙就完全排斥了司马懿，独揽了军政大权。

起初，曹爽因司马懿德高望重，对其非常尊敬，遇事经常请教，不敢过分专行。自从何晏、邓飏、丁谧等人弄权以后，表面上还客客气气，处理政务却不再找司马懿商量，双方的隔阂也日渐加深。面对这种形势，司马懿极为不满，但一时又无能为力。为了等待时机，聚集力量，以清除曹爽集团，他作了暂时的退让。公元247年5月，司马懿上书曹芳，请求告老养病。获准后，他一面在家装病，一面暗地联络心腹，以待时机。

对司马懿告老还家，曹爽并不放心。这一年冬天，曹爽的心腹李胜由河南尹调任荆州刺史。曹爽便让他以告辞为名，前去察看司马懿的动静。司马懿得知李胜要来，便将计就计，披头散发躺在床上，装出重病的样子。

李胜来后，司马懿让两个婢女扶着出来，有气无力地倚坐在床上接见客人。在同李胜谈话时，他有意装聋作哑，说话显得语无伦次。婢女侍候他穿衣服，他哆哆嗦嗦地抓不住，衣服也掉在地上；婢女服侍他喝粥，只见他难以下咽，粥都从他嘴边流了下来，洒满了前胸。

李胜说："当今主上尚幼，天下恃赖明公。听说明公的旧病复发，没想到如此严重。如今我承蒙皇恩，回本州(李胜是荆州人，所以称荆州为本州)任刺史，特来向您告辞。"

司马懿故作气喘吁吁状，说："我年老病重，死在旦夕。你去并州，并州靠近胡地，可要好好防范。恐怕我们再不能相见了。"

李胜纠正道："我是回本州，不是去并州。"

司马懿又假装糊涂，说："您要到并州，请努力自爱。"

李胜又重复一遍："我是回荆州，不是去并州！"

司马懿装做刚刚明白的样子，说："我年老糊涂，没有听懂您的话。您调回荆州，正是建功立业的好机会。"

最后，司马懿表示推心置腹地拜托李胜，请李胜好好照顾他的儿子司马师和司马昭。

司马懿这场表演非常出色,李胜竟都信以为真,他回去将其所见所闻详告曹爽,并说:"司马公言语错乱,口不摄杯,指南为北,已经形神离散,不过是一具尚有余气的尸体,不足为虑了。"

曹爽等人听后,非常高兴,更加肆无忌惮了。

他们做梦也未曾想到,"重病在身"的司马懿正在紧锣密鼓地策划着一场政变。

司马懿迷惑了曹爽集团后,便积极进行政变的准备工作。当时司马懿的长子司马师任中护军,统领着一部分京师禁卫军,但他还觉得力量不够,于是暗中结纳、畜养心腹死士3000人,分布在洛阳城中,准备随时集中使用。司马懿还看到,曹爽集团的独断专权,也引起一些大臣的不满,于是又暗中联络太尉蒋济等人,得到了他们的支持。

司马懿的行动非常机密,具体行动计划只和长子司马师商量策划。发动政变的前一天晚上,他才告诉次子司马昭。当夜,司马懿对身边随从说:"这兄弟俩身体不好,你去看看他们睡得怎么样?"那随从看后回报说:"大公子睡得又香又甜,二公子不知有什么事牵肠挂肚,翻来覆去睡不好。"

公元249年正月初六,曹爽兄弟按照早已安排好的日程,陪伴魏帝曹芳到洛阳城南90里的高平陵(魏明帝陵墓)去祭祀。过去,曹爽兄弟多次一起出城游玩,其同乡、大司徒桓范曾规劝过他:"总理万机和统率禁军的人,不应一起出游。倘若有人关闭城门,谁来接应你们进城呢?"但曹爽不以为然,并自信地说:"谁敢这样做!"结果,不幸而被桓范言中。这次曹爽外出,司马懿看准时机,以迅雷不及掩耳之势发动了政变。

这天,曹爽兄弟出城后,司马懿便假借皇太后的命令,精神抖擞地在城内指挥政变。三千多名敢死之士,像从地下冒出来似的集结起来。司马懿命令司徒高柔行大将军事,占据曹爽军营;太仆王观行中领军事,占据曹爽弟曹羲军营。这样,便接管了曹爽兄弟手中的武装力量。同时,司马懿下令关闭洛阳的所有城门,占领武器库,然后亲率大军占据洛水浮桥,切断了曹爽等人的归路,杀气腾腾地威胁着曹爽。

一切准备妥当后，司马懿上书魏帝曹芳，奏疏历数曹爽等人的罪恶，说他们有"无君之心"，要求罢免曹爽兄弟的兵权。曹爽先看了奏疏，不敢送给曹芳，惶惶然不知如何是好。他手下的人征发了在附近屯田的几千名士兵，砍伐树木做防御工事，皇帝车驾也滞留在伊水南岸。司马懿接连派侍中许允、尚书陈泰等人劝说曹爽：只要罢兵息甲，交出兵权，仍可回归府第，保留爵位。他还指着洛水发誓，表示决不食言。太尉蒋济也写信劝说曹爽投降。

司马懿起兵时，曾以皇太后的名义征召桓范，想让他代行中领军职。桓范打算应召，其子劝止说："皇帝在城外，不如出城。"桓范遂不应召。他行至平昌城门，城门已闭。守门将领司蕃，是桓范过去的部下。桓范举起手版，对他说："皇帝有诏书征召我，你赶快给我开门。"司蕃要求看诏书，桓范呵斥道："你不是我过去的部下吗？怎么敢这样对待我！"司蕃不得已，打开城门，放他出城。桓范出城后，回头对司蕃说："太傅想造反，你赶快跟我走！"司蕃追之不及，只好眼睁睁看着他走了。

桓范很有谋略，是当时有名的智囊。司马懿听说他跑了，不免有些担忧，对蒋济说："这智囊投到那边去了，怎么办？"蒋济笑着说："桓范虽然很有智慧，但曹爽优柔寡断，必然不会采纳他的计谋。这就像跑不快的马儿贪恋马槽里的饲料一样，曹爽留恋的只是自己的家业。"

事态的发展，果然如蒋济所料。桓范见了曹爽垂头丧气的样子，便拼命给他打气，希望他振作精神，与司马懿一决雌雄。他劝说曹爽兄弟把皇帝迁到许昌，调外地军队和司马懿作战。曹爽犹豫不决。

桓范又劝说曹羲："这事再明白不过了。你读那么多书是为了什么呢？如今像你们这样的人家，想过贫贱的日子都办不到。匹夫被劫持，尚欲活命；你们与天子相随，发令于天下，谁敢不应从！"曹羲也拿不定主意。

桓范又说："你们还有军队在附近，招之即来。从这里到许昌，不过一宿的时间。许昌有武库，可以装备军队。所担忧的只是粮食，但大司农的官印在我身边，调集军粮也不成问题。"

就这样，桓范从入夜劝到五更天，说得口干舌燥，曹氏兄弟只是默默不从，始终鼓不起劲来。

拂晓时分，远方传来阵阵鸡鸣，曹爽似乎拿定了主意。他把佩刀往地上一扔，说道："司马懿无非是想夺去我的兵权罢了。我交出兵权，以侯爵身份卸职在家，依旧不失为一个富翁！"

桓范一听这话，放声大哭道："曹子丹(曹真字子丹)多么出色的人才，怎么生下你这么一个儿子，真是蠢如猪狗！我们这些人都要受你牵连而灭族了。"

曹爽交出兵权后，就被软禁起来。司马懿派兵将其住宅团团围住，并在四角搭起高楼，令人在楼上监视曹爽兄弟的举动。一天，曹爽心中愁闷，便拿着弹弓到后园打鸟，楼上守兵望见，纷纷呼喊："故大将军东南行！"吓得曹爽慌忙回到室内。曹爽不知司马懿将如何处置他，便写信给司马懿，说家中缺粮，想以此试探一下自己的命运。司马懿接到信后，派人送去100斛大米，还有些干肉、大豆等。曹爽兄弟饿不着，又痴心妄想起来：以后只要不死，总会有出头之日。他们哪里知道，司马懿正在搜罗罪状，必欲置之死地而后快。

不久，过去同曹爽来往密切的宫内黄门官张当被捕。在严刑拷问下，张当供称曹爽与何晏等人预谋在三月里造反，于是立即来了一个大逮捕。曹爽兄弟和何晏、邓飏、丁谧、毕轨、李胜、桓范等都被捕下狱，连同张当一起，被以大逆不道的罪名处斩，并被夷三族(父族、母族、妻族)，甚至已出嫁的女眷也没能幸免。经过这次政变，曹魏的军政大权全部落在司马氏家族手中，魏帝曹芳只能唯命是从。

司马氏政变后，独掌曹魏大权，引起一部分人不满，出现了一些反司马氏的活动。公元251年，太尉王陵在扬州发难，阴谋推翻司马懿，废魏帝曹芳，立楚王曹彪为帝，因计谋泄露，被司马懿先发制人，迅速平定。王陵、曹彪先后自杀，凡和这个案件有牵连的人都被夷三族。此后，曹魏的宗室都被迫迁居于洛阳城内，不准相互往来，不准自由进出，完全被置于监视之下。

公元251年秋，司马懿以73岁高龄病逝。其子司马师、司马昭相继执政。他们连续打败政敌，进一步巩固了司马氏家族的势力，为西晋代魏奠定了基础。

智谋点评:

　　司马懿是一位老谋深算、野心勃勃的政治家。他"深明天文,熟谙韬略,善晓兵机,常有一匡天下之心",却一直深藏不露,隐忍不发。他在曹魏,历事四代君主,三为顾命大臣,最终独掌曹魏大权,这是历经几十年的岁月慢慢熬出来的。他忍辱负重,韬光养晦,是一位城府极深的人物。司马懿诈病是手段,等待时机是目的。时机一到,在曹爽最容易麻痹的时候,他就乘势而发,一举成功。可见,等待时机最为关键,时机不到,成功就没有把握。所以要等待时机,而且要耐心等待。司马懿就具有这个耐力,而且耐力不同寻常。他甚至在曹爽这种不堪一击的鼠辈面前,做到忍辱负重、装疯卖傻,最终达到了自己的目的。

顺势而动,赵匡胤陈桥驿黄袍加身

　　显德元年,周太祖病死,柴荣继位,也就是周世宗。这时,北汉刘崇联合辽朝大举进攻后周,世宗调兵遣将,御驾亲征,赵匡胤随同出征。双方在山西高平展开激战。战斗开始不久,后周大将樊爱能、何徽等人临阵怯场,自乱阵脚,周军呈现溃败之势,而世宗身边只有赵匡胤和另一个将军张永德所率领的亲兵4000人。

　　就在这危急之时,赵匡胤却表现得镇定自若,建议世宗兵分两路夹击辽军,世宗觉得这是一个非常好的缓兵之计,也就同意了。于是,赵匡胤和张永德领兵直扑敌军,赵匡胤高喊"为主效忠"的口号,士气大振。后周的增援部队及时赶到,投入战斗,世宗终于打败汉辽联军。

　　在这次战役中,众兵将纷纷退却的时候,由于赵匡胤的迎难而上,后周部队才大获全胜。所以,等后周部队班师回京后,赵匡胤因高平之战的出色表现,成为禁军的高级将领,还被周世宗委以整顿禁军的重任。赵匡胤出色地完成这项任务，使后周军队的面貌大大改观，增强了士兵的战斗力。而周世宗对于赵匡胤的才能也更加看重和欣赏。

除此之外，更为重要的是，赵匡胤在整顿军队过程中，逐渐在禁军中形成自己的势力。他结交禁军其他高级将领，其中石守信、王审琦、杨光义、李继勋、王政忠、刘庆义、刘守忠、刘延让、韩重赟与赵匡胤结为"义社十兄弟"。于是在这之后的几年里，赵匡胤又陆续将自己的心腹罗彦环、田重进、潘美、米信、张琼和王彦升等人安排到禁军中担任各级将领，进而从上而下控制了禁军。此外，赵匡胤还网罗人才组成自己的智囊团，他帐下有大批谋士，赵普、吕余庆、沈义伦、李处耘和楚昭辅等人，后来还有他的弟弟赵匡义，都成了他日后成就大事的法宝。

早年赵匡胤的生活历经磨难，但是之后他也利用自己的智慧获得了很多好的机会。到了后周显德六年，世宗柴荣得了重病，知道自己将不久于人世，就封符皇后所生的第四子宗训为梁王，领左卫上将军。两天后，世宗觉得病势稍有减退，就从囊中取出文书，正准备批阅，忽然发现旁边有一方直木，长不过三尺，上刻着"点检作天子"五个字，非常惊讶，心中暗暗思忖："从前石敬瑭是后唐明宗的女婿，结果篡唐为后晋，如今的点检是张永德，也是娶长公主为妻，莫非是永德也要篡我家天下？"

想到这里，世宗不仅满腹狐疑，以致病情增剧，便急忙传旨，免张永德点检官职，改任校检太尉，授赵匡胤为殿前都点检。又册符氏为继后，传位于梁王宗训。命范质等善辅储君，诏翰林学士王著为相。由此，命运再次垂青赵匡胤，让他向更高的地位进了一大步。

安排好这些事情后，周世宗于显德六年病逝于滋德殿，年39岁。文武百官拥7岁的恭帝柴宗训即位。恭帝传旨，尊符皇后为皇太后，垂帘听政。改赵匡胤为归德节度使，仍兼殿前都点检，以慕容延钊为副都点检。

听到这样的封号，赵匡胤不仅暗自高兴，因为他与慕容延钊本是莫逆之交，这回又同值殿廷，更是格外亲密，两个人常常在一起秘密商议事情，连左右的人都不知他们密议的是什么。一时间虽有人怀疑他们之间的关系，但是也找不到任何把柄，也就作罢了。

第二年正月初一，群臣正在朝贺元旦，突然报辽兵与北汉合兵南下，请朝廷速发兵前去防边御寇。当时的恭帝年幼无知，不懂军国大事，而刚入宫不久的符太后，也慌得没了主意。于是，由范质奏请以都点检赵匡胤为帅，副都点检慕容延钊为先锋，会集诸镇将士，统兵北征。符太后对军事一无所知，更不懂得用兵之道，也就准许了。于是，赵匡胤奉了诏旨，即令慕容延钊领前军先行，自己调集石守信、高怀德、王审琦、张令铎、张光翰、赵彦徽等各镇将领齐聚汴京城外陈桥驿。

陈桥驿四周，已经扎下成千上万个营寨，兵士各归部伍，整装待发。此时，赵匡胤麾下亲吏楚昭辅办完了庶务，走出营地来闲散，只见前军散骑指挥苗训正独自站在营外，举头望着天空，好像是发现了什么，在那里凝思。当时的人称苗训为苗先生，以通晓天文著称一时，楚昭辅见了，走过去打个招呼说："苗先生在此静观什么？"苗训见是楚昭辅，回答说："你想知道我观测的事物吗？你是点检亲人，说也不妨。"

于是，苗先生一边说一边指着将要沉落的斜日说："你看，太阳下面是不是还有一个太阳？"楚昭辅顺着苗训手势极目远望，果然太阳下还有一个太阳，过了一会儿，一个太阳西沉，一个太阳独放光彩。楚昭辅惊奇地问："这是吉祥之兆呢，还是不祥之征？"苗训说："这个征兆是天命。先沉没的太阳，应在当今幼帝，后显之日，应在我们点检。这在幼帝一方，是不祥之征，在点检一方，正是吉祥之兆。"昭辅又问他："那这征兆什么时候应验呢？"苗训说："上天已经给了我们这样的征召，当然是现在就能应验。"

等到夜幕降临的时候，他们两个人各自回到自己的营帐。楚昭辅很快就把刚才所闻转告别人，不料，竟一传十，十传百，一夜之间全军皆知，大家议论纷纷，认为是天大的喜事。这时，江宁节度使高怀德也在聚集众将相谋说："主上幼弱，又无明辅，我们出生入死立下汗马功劳，有哪个晓得？不如顺人应天立点检做天子！"

众将听了都表示赞成，不约而同地来找赵匡义商议。匡义听了大家倡议，摇了摇头说："我兄素来忠义，恐未必允从。"话音刚落，掌书记赵普匆匆进帐告之匡义："我正为此事而来。现各营军士齐集营门，军心民心可见，只要一入汴京，大事唾手可定。速乘今夜如此这般预备，点检不允也行了。"诸将向各营宣布了所定计划，军士欢声雷动，尽愿点检速为天子，直逼匡胤营帐，齐呼万岁。当下推匡义入帐，让赵匡胤接受天子的职位。

赵匡胤夜里酒醉而卧，一觉醒来，听得外面人声嘈杂。赵普、赵匡义开门入告，将士们随后敲门高呼："诸军无主，愿拥点检为天子。"赵匡胤惊起披衣，未及应酬，便被扶到议事厅，几个人把早已准备好的一件黄袍，七手八脚地披在赵匡胤身上。大伙都跪倒叩首，高呼"万岁"。接着，又推又拉，把赵匡胤扶上了马，请他一起回京城。

赵匡胤骑在马上，才开口说："你们贪图富贵，立我为天子。我有号令，你们能听从吗？听我的号令，我可以当这个天子，否则，断难从命！"

众将一听，纷纷滚鞍下马，齐声说道："一定听从您的号令，绝不敢有所违背。"

赵匡胤顿时被这个阵势给吓呆了，他看了看众将，为难地说："我受世宗厚恩，今尸骨未寒，而即背之，天下人该怎么说我呢？"赵普进言说："明公再推让，恐上违天命、下失人心了。欲报世宗，只要礼待幼主，优遇故后，使之安乐就是了。"

当时，赵匡胤听了这话还想说什么，但是诸将已拥着他上马，不由分说，向汴京出发。匡胤不得已，揽辔对诸将说："我有号令，你等能遵依而行，我就返汴京，否则宁死不去！"赵匡胤本来就是禁军统帅，再加上有将领们拥护，谁敢不听号令！于是，赵匡胤立即整军回汴京，并派潘美与楚昭辅先行，加鞭疾驰，去授意宰辅，并且把自己的家人给安顿好。

一切准备停当后，赵匡胤立即整饬军队回京，这时早已等候的石守信和王审琦打开城门迎接新皇帝。赵匡胤在众人配合下迅速控制了整个局势。正在早朝的后周大臣们得知兵变消息，个个大惊失色，手足无措。宰相范质握着王溥双手，悔恨不该仓促出兵，直握得王溥双手几乎出血。只有大臣韩通立即从朝中回家，企图组织抵抗。但刚进家门，便被赵匡胤的部将王彦升给杀了。当时的形势没有人能够挽回了。

此后，京中也乱作一团，将士们冲进朝堂，逼迫范质、王溥等人来到都点检衙门。赵匡胤见到他们，假装伤心不已，说他受先皇厚恩，今日为将士们所逼，到了这般地步，实在惭愧。范质正想答话，军校罗彦环持剑上前，厉声喝道："我辈无主，今日必得天子。"范质等人面面相觑，深知已无回天之力，只得一齐跪拜在地，齐呼"万岁"。

赵匡胤见众官已被收服，心中暗暗高兴，立即赶往皇宫，迫周恭帝逊位。文武百官都到了之后，发现尚未制定禅位诏书。正在当务之急，翰林学士陶毂却拿出早已准备好的诏书念给百官听。于是，赵匡胤换上龙袍，接受群臣朝贺，正式登极为帝。由于其所领归德军在宋州(河南商丘)，于是定国号为"宋"，改元建隆，定都汴京(河南开封)，赵匡胤也就是大名鼎鼎的宋太祖。

智谋点评：

宋太祖赵匡胤是历史上具有大智大勇的帝王，在陈桥兵变中，他运用娴熟的政治手腕和高深的智谋，利用市井传言和被部下黄袍加身的把戏，开创了史上最温和的宫庭政变的先河。在兵不血刃的情况下，顺利地登上了皇帝的宝座。黄袍加身的故事，可谓中国历代谋略运用的经典范例。从表面看来，赵匡胤当上这个皇帝好像是被逼无奈而为之，但种种迹象表明赵匡胤是蓄谋已久的。据司马光《涑水纪闻》记载："及将北征，京师喧言，出师之日，将策点为天子。故富室或挈家远避于外州，独宫中未之知也。"由此可知，当时军队未到陈桥已有兵变之说；未见黄袍，已有天子之说。《宋史·杜太后传》载，杜太后得知其子黄袍加身后，说："吾子素有大志，今果然。"这里也告知人们：这黄袍，赵匡胤已经惦记好久了。

雷厉风行，康熙果断裁"三藩"

"三藩"是顺治年间清廷派驻云南的平西王吴三桂、驻广东的平南王尚可喜、驻福建的靖南王耿继茂（后来由其子耿精忠袭爵）。明清之际，明将孔有德、尚可喜、耿仲明和吴三桂，趁明皇朝土崩瓦解之机，各率所部先后降清，均被封为王。当清军于顺治年间南下时，他们又充当了先锋，与清军共同消灭了南明王朝及农民军余部。之后，吴三桂、尚可喜和耿仲明之孙耿精忠受命分别留镇云南、广东、福建。这样，到康熙元年(公元1662年)，吴、尚、耿便成为各据一方的藩王势力，"世称三藩"。

三藩的存在，成为清朝实行中央集权的巨大障碍，极其严重地影响了清朝的统治。而且"三藩"的气焰一天比一天嚣张，要想长治久安，非撤藩不可。

康熙皇帝爱新觉罗·玄烨，是清朝入关后的第二代皇帝，继位时只有8岁，康熙六年(公元1667年)七月初七在太和殿举行亲政仪式，但当时的朝政为顾命大臣鳌拜所把持，鳌拜自恃功高，拥权自重，从不把康熙放在眼里，公然在朝堂上对康熙咆哮指责，大有废掉康熙之势。康熙在其祖母太皇太后孝庄文皇后的帮助下，在康熙八年设下圈套，智擒鳌拜，赢得了斗争的胜利，开始真正亲政的阶段。从这个事件中，康熙的智慧就已经充分地显现了出来。

亲政之初，康熙帝对三藩"包藏祸心，久蓄不轨"的阴谋就非常关注，"以三藩及河务、漕运为三大事，夙夜廑念，曾书而悬之宫中柱上"。只不过当时正处于跟鳌拜斗争的关键时期，无暇分身，等到智擒鳌拜之后，康熙马上把精力集中到撤藩事宜之中，采取了一些抑制三藩的措施，如禁止各藩王"家下商人各省贸易"，还打算拟订裁减三藩兵力的计划。

撤藩的实施是从平南王尚可喜疏请告老还乡开始的。康熙十二年三月，尚可喜上书康熙，愿归老辽东，请以其子之信袭爵继续留镇广东。康熙认为这正是一个撤藩的好机会，即命令全藩撤除。吴、耿二藩听到尚藩撤离的消息后大受震动。他们为探明朝廷态度，消除清廷对他们的怀疑，也于七月初上疏请求撤藩。出乎吴三桂意料的是，康熙帝接奏后即表示同意，并令议政王大臣会议讨论。

吴三桂试探撤藩之事竟成事实，不禁使他愕然失色，遂于康熙十二年十一月自称"兴明讨虏大将军"，将反清檄文远近传扬。接着，耿精忠、孙延龄等举兵响应。那些平日就与三桂有勾搭的贵州巡抚、提督，四川巡抚，广西、四川、陕西提督及孤守台湾的郑经，也纷纷加入了变乱的营垒。不到半年，变乱的战火燃遍了半个中国。

康熙面对三藩的变乱，迅速而果断地采取了一系列措施。首先，在政治上分化瓦解三藩，集中力量打击吴三桂。康熙在吴三桂举起叛旗后，立即向全国公布他的罪状，处死其在京的儿子；停撤尚、耿二藩，对"精忠在京诸弟，照旧宽容"。此后，当耿精忠、王辅臣、尚之信等反清时，康熙始终持招抚态度，把他们的变乱说成是"无知被惑"，表白"朕之待尔，始终不渝，必不食言"。第二，在军事上制订了一套正确、周密的作战计划：一方面派遣将士分赴荆州、常德、四川、安庆，阻截吴军和割断吴、耿两军的联系；另一方面积极部署后方，将山东兖州、山西太原作为后方军队的两大集中点。

变乱一发生，吴军来势迅猛，很快攻陷岳州、澧陵、衡阳等地。康熙十三年三月，耿精忠据福建反清。十二月，陕西提督王辅臣在吴三桂诱引下反清，占据平凉，与进攻四川的吴将王屏藩相呼应。这样，陕西、甘肃、四川、湖南、云南、贵州等省在数月之间全为吴军控制。

吴三桂被这种暂时的胜利冲昏了头脑。他自以为用兵之术天下无双，"次于澧即阻江而守，下令诸将曰：'毋得进兵'"，企图压迫康熙和谈。但是，康熙早已看穿了他的狡诈心理，不仅不为所动，反而积极备战。首先，命令清军挺进岳州，向吴军展开进攻。其次，在几次专敕慰勉王辅臣失败后，于康熙十五年进军平凉，迫王投降，并使王屏藩失去声援而逃往汉中。再次，在得知吴三桂企图谋结青海多尔济为援时,立即命张勇屯甘州防御,从而即使多尔济"不助吴逆",又使青海和硕特各部"归故巢"。这样,清廷就大体上平定了陕甘,以致吴三桂串通西北汉籍将领、煽动蒙古叛乱,从侧面进攻北京的阴谋彻底破产。

耿精忠变乱后,联合台湾郑经对广东形成夹击形势,使清"粤东十郡竟失其四"。康熙十五年六月,清康亲王杰书乘耿、郑不和,大败精忠,并迫使郑经退回台湾。十月,耿精忠降清,福建为清军收复。广西将军孙延龄反清后,与投靠吴三桂的柳州提督马雄内讧,为三桂擒杀。康熙十五年五月,清军攻取了广西。

康熙十五年四月,当吴将马雄进逼广州时,尚可喜子尚之信挟持其父叛清。康熙十六年五月,在清镇南将军莽依图的进攻和吴三桂逼迫助饷下,尚之信走投无路而降清。

吴三桂在失去了陕西、福建、广东的援助之后,其势已只余云、贵、四川和湖南四省。由于长期的战争,吴藩府库空虚;吴军的横征暴敛,使得人民怨声载道,以至于众叛亲离。为了维系人心,吴三桂于康熙十七年三月在衡阳称帝,国号"周"。八月清军压境,吴气绝而死。十八年初,清军先后攻占了长沙、衡阳。十九年正月,清军提督赵良栋攻克成都。三月,赵良栋先后收复被叛军攻占的泸州等地,并于七月追随叛军进入云南,叛军将领胡国柱战败自杀,马宝投降。赵良栋即于九月进抵昆明。

赵良栋到达昆明后,鉴于清军围城久攻不下、粮饷供应出现困难的问题,建议就近速战,同时要求改变过去将俘虏尽发旗下为奴的做法以瓦解其斗志,获得康熙的支持。十月,在清军四面猛攻之下,叛军大败,吴世璠及其重要谋士郭壮图等人被杀,余众献城投降。历时八年的平叛战争至此结束。

平叛战争结束后,康熙顺利地解决了其他二藩的撤藩问题,采取一系列措施荡涤三藩遗留下来的污泥浊水,将三藩所控制的地区,设立八旗兵驻防,同时将藩王的财产全部入官,以充军饷。对三藩在各地推行的苛捐杂税"悉革除之";还下令将吴三桂藩下官兵侵占的民田,"查出给还小民"。这些措施进一步加强了中国的统一,促进了社会经济的发展。

智谋点评：

　　三藩联兵，声势浩大，举起反清大旗，数月之间，清朝江南半壁江山失于三藩之手。康熙帝临危不惧，运筹帷幄，作出果断的军事反击，同时采取政治攻势，平定了历时八年的"三藩之乱"。康熙帝在撤藩问题上认识明确、态度坚定，在平叛过程中异常镇定、果决，军事部署方面周密、高明，以及善后处理过程中表现出的高度策略性，都充分展示出他作为一个杰出封建君主的操纵才能，对平定叛乱以及最终解决"三藩"问题，起到了重要作用。康熙的这场胜利，也彻底征服了一些明朝遗民的反清之心，从此政治趋于稳固。

【二】
统御有术——用权谋略

统御下属是古今中外每一个领导者每天都要面对和解决的问题，统御下属的核心就是要让下属尽其所能地发挥其长处，同时又能有效地控制他而不至于遭其反叛。振臂一呼，万众响应，是每一位领导者都梦寐以求的境界。不能够轻松有效地统御下属，就无法做好各项工作，也不可能成为一名出色的领导者，因此领导者充分运用智谋控制和驾驭下属，使其为己所用，就显得尤为重要。中国古代就有很多统御下属的高手，他们统御下属的手段和谋略令人拍案叫绝，相信对于我们在工作和生活中作好管理会有很大的启迪作用。

巧施小计，晏婴二桃杀三士

晏婴是春秋后期一位重要的政治家、思想家、外交家。晏婴头脑机灵，能言善辩，在后世人们心目中是智慧的化身。

齐景公即位之初并未重用晏婴，只是让他去治理东阿(山东阿城镇)。晏婴一去就是三年，这期间齐景公陆续听到了许多关于晏婴的坏话，因此很不高兴，便把晏婴召来责问，并要罢他的官。晏婴赶忙谢罪："臣已经知道自己的过错了，请再给臣一次机会，让我重新治理东阿，三年后臣保证让您听到赞誉的话。"齐景公同意了。三年后，齐景公果然听到有许多人在说晏婴的好话。齐景公大悦，决定召见晏婴，准备重重赏赐。谁知晏婴却推辞不受，齐景公好生奇怪，细问其故。晏婴便把两次治理东阿的真相说了出来。他说："臣三年前治理东阿，尽心竭力，秉公办事，得罪了许多人。臣修桥筑路，努力为百姓多做好事，结果遭到了那些平日里欺压百姓的富绅们的反对；臣判狱断案，不畏豪强，依法办事，又遭到了豪强劣绅的反对；臣表彰和荐举那些节俭、勤劳、孝敬师长和友爱兄弟的人，而惩罚那些懒惰的人，那些不务正业、游手好闲之徒自然对我恨之入骨；臣处理外事，送往迎来，即使是朝廷派来的贵官，臣也一定循章办事，决不违礼逢迎，于是又遭到了许多贵族的反对。甚至臣左右的人向臣提出不合法的要求，也会遭到臣的拒绝，这自然也会引起他们的不满。这样一来，这些反对臣的人一齐散布臣的谣言，大王听后自然对臣不满意。而后三年，臣便反其道而行之，那些原来说臣坏话的人，自然开始夸奖臣了。臣以为，前三年治理东阿，大王本应奖励臣，反而要惩罚臣；后三年大王应惩罚臣，结果却要奖励臣，所以，臣实在不敢接受。"

齐景公道听途说就责骂晏婴，是因为他没有亲自到东阿去体察民情。晏婴以亲身的实践，从正反两个方面对比进言，加大了说服的力度，取得了较好的效果。因此，齐景公才知道晏婴的确是个贤才，而深悔自己以前听信了谗言，错怪了晏婴。于是，齐景公将国政委以晏婴，让他辅佐自己治理齐国。

有了晏婴为相，齐景公也就有了恢复齐桓公时期的霸业的雄心，但是时间一长，这位好高骛远的国君就熬不住了。他想通过豢养一批勇士的办法来建立自己的武功。当时，齐景公豢养了三个勇士：一个叫田开疆，一个叫公孙捷，一个叫古冶子，号称"齐国三杰"。这三个人个个勇猛异常，力能搏虎，深受齐景公的宠爱；然而，他们虽然在战场上勇猛无敌，平时处事却不拘礼法，不注意小节，因此得罪了不少人。有一次，相国晏婴在路上和他们相遇，他们连个招呼也不打，晏婴不免记恨在心。更有甚者，在国君面前他们也以你我相称，齐景公内心自然不悦。这样，他们也逐渐失去了齐景公的欢心。

晏婴深为齐国的前途而忧虑，于是对齐景公说："国家蓄养勇士是为了禁乱止暴，而现在主公所蓄养的勇士，对上没有君臣之礼，对下也不讲长幼之伦，这种人迟早会成为齐国的大害，主公应该及早将其除掉。"齐景公犯愁地说："寡人也有同感，可现在是请神容易送神难呀。这三个人武艺高强、好勇斗狠，与他们硬拼，齐国恐怕无人能敌，此事只能从长计议吧。"

晏婴见国君默许，便决定设计除掉三人。他左思右想，觉得只能从挑拨、离间这三个人的关系入手，让他们自相残杀。这样，既可除掉三人，自己又免受其害，于是他隐忍不发，等待时机。

有一天，鲁国国君鲁昭公来访，齐景公设宴款待，田开疆、古冶子和公孙捷三人仗剑立于朝堂之中护卫，一副扬扬自得、目中无人的样子。席间，齐景公一时高兴，对鲁昭公说："寡人园子里种了一棵名贵的桃树，30多年以来都是只开花不结果，恰好今年结了几个果子。如今贵客临门，寡人想请鲁君一同品尝。"鲁昭公高兴地答应了。应邀赴宴作陪的晏婴听闻齐景公此言，忽然想出了一条除奸的妙计，马上向齐景公讨了摘桃子的任务，道："金桃十分宝贵，世之稀罕之物，臣当亲往监摘。"

　　过了一会儿,晏婴领着管理御园的官吏进来了,将精致的雕龙盘子献上。盘子里放着六个鲜桃,个个硕大无比,颜色鲜红,香气袭人。

　　齐景公问道:"只有这么几个吗?"

　　晏婴回答说:"桃树上结的桃子不多,微臣只摘到这六个已经成熟的鲜桃,敬献两位国君品尝。"

　　齐景公递给鲁昭公一个鲜桃,自己也拿起一个品尝着,两位国君边吃边连声称赞鲜桃味道甜美。齐景公见盘中还有几个鲜桃,就对陪同鲁昭公前来的鲁国大夫叔孙诺说:"此桃乃是不可多得的珍品,叔孙大夫贤名著于四方,理应吃上一个。"

　　叔孙诺连忙谦让道:"若论贤德,我哪里比得上贵国的晏相国呢,鲜桃理应赐予晏相国。"

　　齐景公微笑着说:"叔孙大夫和晏相国都是于国有大功的贤德之人,寡人就每人各赐鲜桃一个。"晏婴和叔孙诺二人连忙上前拜谢齐景公的赏赐。这样一来,吃桃子就成了至高无上的荣誉了。

　　晏婴吃完赏赐给自己的桃子后,心满意足地擦了擦手,对齐景公建议道:"盘中只剩下两个桃子,不能遍赐群臣,主公可传令群臣,谁的功劳大,谁就吃桃,好不好?"齐景公认为这个主意不错,当即传谕左右,要各人自报功劳,凭功赐桃。

　　田开疆、古冶子和公孙捷三人向来不甘居于人后,闻听此言,一个个摩拳擦掌,跃跃欲试。公孙捷抢先开口道:"有一次我陪大王打猎,突然从林中蹿出一头猛虎,是我冲上去,用尽平生之力将虎打死,救了国君。这功劳怎么样?"

　　齐景公点头道:"将军擎天保驾,功劳很大,可赐鲜桃一个。"公孙捷拜谢赏赐后,拿起鲜桃津津有味地大嚼起来。

　　古冶子见公孙捷领受了赏赐,心中不服,大声嚷道:"打死一只老虎有什么稀奇!当年我送国君过黄河时,一只大鼋兴风作浪,咬住了国君的马腿,一下子把马拖到急流中去了。是我跳进汹涌的河中,舍命杀死了大鼋,保住了国君的性命。像这样的功劳,该不该吃个桃子?"

　　齐景公连声说道:"在汹涌波涛之中,如果不是古冶子舍命杀死巨龟,一旦船被掀翻，一船人都活不成了。这真是盖世奇功啊，理应赐鲜桃一个。"

古冶子得意扬扬地拿起盘中剩下的最后一个鲜桃啃了起来。

一看盘中的鲜桃眨眼之间就赏赐完了，田开疆急红了眼，撩起衣襟露出身上的累累伤痕，抢步上前愤愤不平地高声叫道："我奉命征伐徐国，身受重伤仍拼死血战，最终大破敌军。徐国君臣恐惧，纳款请降，威震邻邦，为主公奠定诸侯盟主之位立下了汗马功劳，这功劳比他们二人如何？"

齐景公尴尬地说："将军为国开疆拓土，扬国威于异邦，要说功劳，以将军为最大。可惜将军说晚了，鲜桃已经分完，寡人赐将军一杯酒，以示敬意吧。"

田开疆怒火涌上心头，大声叫道："杀虎斩龟，与禽兽较劲，算得了什么！我为国扬威而血战沙场，反而不能吃桃，受辱于两国君臣之间，为众人耻笑，还有何面目再立于朝堂之上？"说罢拔剑自刎而死。

公孙捷一看大惊，高声说道："和田开疆的赫赫战功相比，我凭着打虎这点微功就来争桃吃，简直是不自量力。田开疆为此而死，我羞愧难当，唯有一死以赎己罪了。"说完也拔剑自刎而死。

古冶子也奋力大呼："我功劳小却吃了桃，田开疆功劳大反而吃不上桃，我于心何安？我三人本是誓同生死的结义兄弟，今两位兄长已亡，我还有什么脸面活在世上？"说完也拔剑自刎而死。

顷刻之间，在齐国横行无忌的三位勇士俱血溅当场、陈尸朝堂之上。

鲁昭公目睹此景，无限惋惜，半天才站起身来说道："我听说这三位将军都有万夫不当之勇，可惜为了一个桃子都死了。"齐景公长叹了一声，沉默不语。这时，晏婴不慌不忙地说："他们都是有勇无谋的匹夫。智勇双全、足当将相之任的，我国就有数十人，这等武夫莽汉，那就更多了。少几个这样的人也没什么了不起，各位不必介意，请继续饮酒吧！"

平心而论，三士之死，虽属悲壮，但是他们居功自恃，目中无人。四肢短小的晏婴伺机使巧，兵不血刃，不费吹灰之力，终以二桃杀死三个力可拔山的勇士，消除政治隐患，其智慧真是非同寻常。

谋略点评：

晏婴果然是足智多谋之人，他料到如果论功赏桃，田开疆、古冶子和公孙捷三人必然会炫耀己功而抢桃。勇士相争，必以兵剑。于是请齐景公以二桃赐三人，使论功而食，结果三人皆弃桃而自杀。晏婴的成功在于利用了田开疆、古冶子和公孙捷三人自我评价的夸大倾向和求利的欲望，好胜的性格缺陷，设计、安排了三位莽夫的悲剧。论功行赏，按功分配，只用两个桃子，就葬送了三个勇士的生命。晏婴可谓是运用调拨离间之计谋的高手。这一典故也充分说明了对手团结，力量就大，若对手内部相互敌视，则易于各个击破，甚至不用自己出力，也可将对手消灭掉。

欲擒故纵，郑庄公智克共叔段

郑庄公，名寤生，是郑武公之子，郑庄公是一个有战略眼光、精于权谋的政治家。有关他智克共叔段的故事，在后世广为流传。

春秋初期，郑国国君郑武公的夫人姜氏生有两个儿子，长子叫寤生，次子叫段。姜氏生长子时难产，孩子出娘胎时一反常态，是脚先头后出生的，寤生之名即由此而来。姜氏由于难产而吃尽苦头，因此根本不喜欢长子寤生，而只宠爱小儿子段。于是，她屡次在郑武公面前称道段的贤明，劝说郑武公废长立幼，把段立为储君。郑武公以长幼有序为由断然予以拒绝，按照嫡长子继承制的传统立寤生为储君，只是把一个小小的共城封给小儿子段作为食邑。

郑武公去世后，寤生继位，这就是郑庄公，郑庄公并接替父亲的职位，当了周天子的卿士。姜氏眼见小儿子段无职无权，心中闷闷不乐，便对郑庄公说道："段与你乃是一母同胞，你继承君位，享有封地数百里，而段却仅有一座小小的共城得以容身，你身为兄长于心何忍？为顾全你们兄弟之间的情谊，你看把制邑封给段如何?"郑庄公大吃一惊,连忙告诉姜氏:"制邑可是我们郑国最为险要的城池,有着极其重要的战略价值。父亲在位时就明确宣布,制邑这个地方谁也不能分封,儿子怎敢违抗父命?"

姜氏见郑庄公不答应,就退而求其次,要求把京邑封给段。京邑也是郑国一座比较重要的大城,郑庄公虽然诸般不情愿,但在姜氏的一再督促下,只得把京邑封给了段。

共叔段在姜氏的庇护下,一到京城,便开始准备夺取哥哥的王位。首先,他把京城加以扩大。郑国大夫祭仲看到苗头不对,便对郑庄公说:"先王定的规矩,大城市的城墙不能超过国都城墙的 1/3,中等城市的城墙不能超过国都城墙的1/5,小城市不能超过 1/9。现在京城的城墙已超过三丈,完全不合法度,恐怕会成为大王的祸害吧!"

郑庄公摆出一副无可奈何的样子说:"京城是母后为共叔段要的,我怎能对他加以限制呢?"

祭仲说:"姜氏决不会满足于让共叔段扩建城邑的,扩建城邑后他还会有新的举动。您应当及早采取防范措施,作适当的安排。否则,等共叔段的势力发展起来,您就不好对付了。您没听说过草蔓难除这句话吗?野草蔓延开来尚且难除,何况您受宠爱的兄弟呢!"

庄公说:"一个人不义之事做多了,必然会倒霉,我们看着他怎样发展吧!"

过了不久,共叔段又强迫京城西边和北边的两个城市归自己管辖。

大夫公子吕找到庄公对他说:"一个国家不可能有两位君主,大王到底是怎么想的呢?如果要把国家拱手给共叔,我们就去侍奉他;如果不这样,就请您除掉他,以免乱了民心!"

郑庄公不以为然地说:"段乃寡人的骨肉至亲,岂能萌生异志,对寡人不忠?"

公子吕叹道:"自古就是知人知面难知心呀,谋大事岂能有妇人之仁。当断不断、反受其乱,还望主公早作决断。"

郑庄公说:"别着急,用不着我去除他,他会自取祸殃。"

郑庄公见公子吕对自己如此赤胆忠心，不由心中大喜，赶紧屏退左右，悄悄解释道："段虽不忠，但是尚未公开反叛。寡人如果现在就诛杀他，母后必然从中阻挠，国人也会议论纷纷，说寡人是个不友、不孝的人。寡人当前暂且隐忍不发，任其胡作非为，让他以为寡人软弱可欺。待段按捺不住，举兵造反，寡人再将其一举擒获，把他的罪行昭告国人，就没有人敢站出来为他说话了。"

为了引蛇出洞，有一天，郑庄公忽然宣布自己要去朝见周天子，面君辅政，命大夫祭足监国。姜氏大喜，认为等待已久的夺权时机终于来到了，于是暗中与小儿子段勾结，阴谋起兵造反。郑庄公暗中派公子吕率大军埋伏在段的老巢京邑附近，等段起兵离开京邑杀向都城后，公子吕趁其后方空虚，立刻率军攻占了京邑，并派人四处宣告郑庄公的宽容大度和段的忘恩负义。

一时间，国人纷纷谴责段犯上作乱的罪行。段领兵出征，半路上闻报自己的老巢被端，大惊失色，赶紧连夜回师，企图重新夺回京邑。叛军士兵见断了后路，本来就军心不稳，现在又听说段如此不仁不义，都不愿继续为其卖命，有近一半的士兵偷偷逃跑了。段见军心已不可用，京邑是无法夺回来了，只好逃到自己原来的封地共城闭门死守。郑庄公和公子吕两路大军前后一夹攻，一下子就把共城攻下来了。城破之日，段仰天长叹："母后误我！"遂自刎而死。从此，郑庄公大权独揽，勤修政事，经过数年努力，陆续征服邻近诸国，建立了不朽的功业。

谋略点评：

共叔段是多行不义必自毙，是自作自受。而郑庄公欲擒故纵的手段，则对共叔段走向灭亡起到了推波助澜的作用，他用纵容的手段，甚至故意显示"软弱"来置敌于"不义"的境地，表面上唯唯诺诺，其实是故意在冷眼旁观，然后自己再以正义压邪恶，替天行道，此所谓其智慧的体现。"将欲夺之，必固与之。"这是一条暂作让步、待机而动、后发制人的手段。要想制伏、控制别人，在形势未许可、火候未到时，先放任、顺应他，满足他的欲望，让他表演够，加速其向灭亡的道路发展，最后再一举予以彻底打击。

高瞻远瞩，赵武灵王胡服骑射勇革新

赵武灵王是战国时期赵国国君，他所推行的"胡服骑射"政策使赵国的实力大幅提升，成为最后与秦国逐鹿天下最大的竞争者。

战国中期，诸侯各国相互攻伐，兼并之势愈演愈烈。各诸侯国都意图吞并他国，由自己一统天下。赵国定都邯郸，疆域四周被齐、中山、燕、秦、韩、魏等强国和林胡、楼烦、东胡等骁勇善战的游牧部落团团围住，人称"四战之国"，形势异常险恶。

公元前326年，年方12岁的赵武灵王继位时，赵国四面强敌环视，而国土中间又横插着一个中山国。这个中山国是白狄族建立的一个国家，曾经被魏将乐羊子攻灭，后来因隔着其他国家不便控制，又让中山国借机复国。中山国横在赵国中间，使其裂为以邯郸为中心和以代郡为中心的两大块，如梗在喉，实在令赵国非常难受。赵国要想在战国诸雄中有所作为，首要的任务就是解决中山这个心腹之患。

经过多年的准备，赵武灵王争取到了一个相对安定的外部环境。公元前307年，赵武灵王亲率大军进攻中山，开始还算顺利，可是不久便遭到反击，赵国的车兵和步兵被中山军队打得节节败退，不但很快退回国境，连边境重镇郡邑也沦入敌手。更不可思议的是，在赵国攻打中山时，燕人也乘人之危夹击中山，但也被中山人迎头打了回去，领兵之将还丧了命。中山一个区区小国，同时抗击两个大国的进攻，还能取胜，这给了赵武灵王很大的震动，由此引发了一场撼动朝野的改革。

面对国家危亡的严峻形势，赵武灵王不甘坐以待毙，一天，他召集心腹大臣共商强国之策。

赵武灵王首先感慨地说："寡人即位以来，相邻各国相继入侵，我军屡战屡败，再不思振作，恐怕亡国之期不远了。"

大臣楼缓说："要强国必须先强兵。西北方向的胡人依仗其骑兵优势屡屡侵扰我国，而我军全靠步兵和马拉战车与之对阵。笨重的战车只适宜在较为平坦的地方作战，在复杂的地形中行动不便，无力与机动灵活的胡人骑兵相抗衡；众多的步兵也无法对抗奔驰迅猛的胡人骑兵的冲击。我们只有学习胡人用兵的长处，建立自己的骑兵以对抗胡人的骑兵，才能立于不败之地。"

赵武灵王兴奋地说："对呀，建立一支强大的骑兵，是增强我们赵国军事力量的唯一出路。可要骑马射箭，必须像胡人那样短衣窄袖，脚穿皮靴才行。咱们穿的服装，长袍大袖，干活打仗，都不方便，必须加以变革。"

停了一会儿，赵武灵王不无忧虑地说："寡人有心仿照胡人的风俗，大力推行胡服骑射来改革我们赵国的风俗，可是又担心国人反对，这如何是好呢？"

大臣肥义说："要办大事不能犹豫，犹豫就办不成大事。既然推行胡服骑射对国家有利，大王何必怕大家讥笑呢！"

赵武灵王听了非常欣慰地说："功过自在人心，我看反对胡服骑射的都是一些目光短浅的人，明白事理的人都会赞成的。"

第二天上朝的时候，赵武灵王首先穿着胡人的服装出来。大臣们见到他短衣窄袖的穿着，都吓了一跳。赵武灵王把改胡服的事向大家讲了，可是许多大臣一时难以接受，认为丢弃祖宗流传下来的衣冠，实在是件丢脸的事。赵武灵王有个叔叔公子成，是赵国一个很有影响的老臣，头脑十分顽固。他听到赵武灵王要改服装，就干脆装病不上朝。

赵武灵王下了决心，非实行改革不可。他知道不攻克公子成这个守旧的顽固堡垒，胡服骑射的命令是难以推行下去的。想到此，赵武灵王就亲自到公子成家登门拜访，对公子成语重心长地说："抛弃祖宗衣冠，改穿粗陋无文的胡人衣服，寡人同叔父一样，内心也一百个不愿意。可我们赵国屡战屡败，现在连祖宗留下来的基业都快保不住了。一想起大片国土沦丧敌手，国人无不痛心疾首。不实行胡服骑射,就无以富国强兵。在保住祖宗基业与保住祖宗衣冠二者无法两全的困境中,叔父认为该当作何抉择?"公子成被赵武灵王的肺腑之言所感动,声泪俱下地说:"老臣糊涂之至,竟如此短见。从今往后当追随大王左右,尽力说服国人,共同推行胡服骑射的强国之策。"赵武灵王大喜,立即赏给公子成一套胡服。

第二天,赵武灵王和公子成穿着胡服上朝,众大臣见状也纷纷效行。赵武灵王于是向全国下达"胡服令",自上而下地改易服装,教民骑射,推行尚武之风。

由于赵地与北部游牧民族相接,不少人已经染习了骑射之风,而且马匹也较易获得。所以,不到一年,一支人数众多、训练有素的骑兵部队就练成了,从而取代了赵国车兵的地位,成为与步兵并驾齐驱的两大主战部队之一。

公元前306年,赵武灵王亲率这支年轻的骑兵,闪电般地袭取了中山国的宁葭,然后移兵北上,千里跃进,大破林胡和楼烦诸部落,迫使他们北迁大漠,献马乞和,成为赵之藩属。赵武灵王在新辟的土地上设立云中、雁门两郡,并在原阳设立"骑邑"即训练骑兵的基地,常年训练骑兵。赵武灵王胡服骑射的改革,小试锋芒就功效大著,再次将目标指向了中山国。从公元前305年到公元前300年五年里,赵军先后五次进攻中山,次次以中山割地告终,最后终于把中山这个一度名闻天下的小国从版图上抹去了。从此赵国东西南北合为一块,喉中无梗,眼中去钉,可以专心对外。

平灭中山之后,又收服了东胡和临近的几个部落。到了实行胡服骑射的第七年,中山、林胡、楼烦都被征服了,还扩大了好多土地,赵国一跃成为战国中期唯一能与强秦相抗衡的强国。

谋略点评:

两害相权取其轻,两利相权取其重。面对保住祖宗基业与保住祖宗衣冠二者不能两全的困境,赵武灵王毅然抛弃了长袍大袖的祖宗衣冠,大力推行胡服骑射,并通过攻克公子成这一顽固堡垒,成功地化解了守旧派的消极抵抗。

英雄之异于常人,在于克服了人们的这种短视和惰性,看到了未来的机遇和危机，高瞻远瞩，谋求未来的安全和发展。所以作为英雄，是"论至德者，不和于俗；成大功者，不谋于众"类型的人物。作为君主，为了拓展疆土、富国强兵，赵武灵王力排众议，勇于革新，不为旧制和保守势力所束缚，对国家民众的服饰和思维进行了革命性的改变。他具备了深远的政治眼光和超人的胆略和勇气。

隐忍不发，秦始皇冷眼旁观吕、嫪专权

秦始皇嬴政即位为秦王时，年仅13岁。因年幼，朝政由太后和相国吕不韦掌管。嬴政尊吕不韦为相国，模仿春秋时期齐桓公对管仲的称呼，称吕不韦为"仲父"。吕不韦的权势进一步扩大，不但食封大邑10万户，而且家僮万人，财力雄厚，成为秦国首屈一指的大富翁和政治暴发户。

秦始皇的母亲赵太后在秦庄襄王死后，难耐寂寞，与吕不韦旧情复发，二人时常私通。开始吕不韦也没觉得有什么，乐得投桃换李。但没想到的是，赵姬的欲望一发不可收拾，随年龄增长越来越旺盛，吕不韦的身子骨有些顶不住了。

再加上这时，嬴政也在慢慢长大。面对自己的亲生儿子，吕不韦十分头痛：既不能披露嬴政的身世，那将使嬴政失去继位的政治合法性；又不能再继续和太后相爱，毕竟是私通，在长大的嬴政面前怕奸情暴露。吕不韦和太后的爱情遇到了严峻的考验。爱情和地位无法两全的情况下，精明的商人吕不韦选择了后者。对他而言，爱情本来就是赌注，因此注定要被牺牲。

吕不韦开始刻意疏远太后，私下里寻访到了一个奇伟的男人做门客。此人名字非常古怪，叫嫪毐，嫪读作"烙"，爱惜、留恋的意思；毐读作"矮"，意思是品行不端正的人。嫪、毐二字合在一起，就是指爱惜、留恋品行不端正的人，可见这个名字不是一个好名字，拥有这个名字的人当然也就不是一个好人了。

吕不韦让嫪毐扮成太监，然后设法把他带进内宫进献给赵姬。太后得到嫪毐

后，一下就爱上了这个品行不端正的人，再也不纠缠吕不韦了，还和嫪毐生了两个儿子，只瞒着嬴政。

嫪毐深得太后宠爱，所掌政务悉由其决断。嫪毐依靠赵太后的权势，被封为长信侯，先得到山阳(今太行山东南地区)作为封地，后来又把河西(今陕西东南部)和太原(今山西中部)二郡更名为毐国。嫪毐势力日益强大，他拥有宾客 1000余人，家僮数千人，朝中官员争相交结，不少重要官员都成了他的党羽。

于是，吕、嫪两大势力集团形成，并掌握了秦国的政权，双方尔虞我诈，争权夺利，必欲置对方于死地而后快，并且都积极为夺取最高统治权作准备，一时间朝野上下乌烟瘴气。秦王政虽为君王，却手无寸权。

随着秦国两大阵营、两个政治中心的出现，众人莫不惶惶然不知所从，上至朝廷，下至百姓，都在盘算，是跟嫪氏还是跟吕氏？更令人担忧的是，外敌开始密谋利用秦国的内乱达到搞垮秦国的目的。由于有外敌的支持，太后和嫪氏的势力更加张狂了，根本不把嬴政放在眼里，有一次嫪毐与宫中的侍臣及一些贵族大臣赌博，因口角而动起手来，嫪氏二目圆睁，大声斥骂说："我是嬴政的继父，你们这些下贱坏子谁敢碰我！"与之打架的人闻言顿时目瞪口呆，吓得仓皇逃走，并将嫪氏言行密报了秦王政。

此时嬴政已经成长为一名小青年，虽然这个小青年身体羸弱，天生一棵病秧子，但他的心灵却比健全人更加敏感。母亲和相国的宫闱丑事怎能彻底瞒得过他？也许，他还隐隐约约地听到相国和自己身世的各种传说；也许，母亲在和儿子的日常相处中，无意中曾经透露过自己的香艳往事。总之，怀疑和仇恨的种子开始在这个敏感内向、沉默寡言的小青年心中渐渐萌发。

怒火中烧的秦王政听到密报之后气愤难平，恨不能立即将嫪氏食肉寝皮，然而他什么也没做。

面对吕党和后党两个集团的嚣张气焰，秦王未动声色。

秦王九年(公元前 238 年)四月，他按预定计划到秦故都雍城(今陕西凤翔南)的蕲年宫举行冠礼。当嬴政在蕲年宫兴高采烈地举行加冕礼时，嫪毐的心里很不是滋味。因为嬴政的亲政无疑是对他的沉重打击。他更担心自己与赵太后的关系败露，所以，在嬴政加冕的庆贺宴会上颇为不悦。他借酒力口出狂言，声称自己是秦王的假父。这话传到嬴政耳中，嬴政很是恼火，派人查清了事情的底细，密令将军桓率兵铲除嫪毐。耳目众多的嫪毐得知消息，十分惊慌，连夜进宫求见太后，准备提前采取行动。

在赵太后的寝宫内，二人屏退左右，想出了一条毒计："矫王玉玺及太后玺"，纠集爪牙，欺骗宫廷卫队，组成政变武装，"攻蕲年宫，为乱"，杀死秦王政，夺取秦国政权。

玉玺又称"玺宝"、"御宝"、"国宝"，是国君的印章，是至高无上的王权的象征，凡是国君代表国家发布诏书或其他文告时，都要钤用玉玺，因而人们把它看得神圣无比。这一假造的印有秦王印信的诏书在不辨真伪的兵士们中间产生了奇异的作用，嫪毐很快征集到县卒、卫卒、宫骑及他的舍人、党羽等多人。他们将蕲年宫团团围住，扬言宫中有贼，发起猛烈进攻。嫪毐的打算是，趁桓的兵马到来之前，来个先下手为强，杀死秦王。

然而，嫪毐的如意算盘打错了。他过高地估计了自己的力量。机敏、果决的秦王嬴政马上给叛军以强有力的反击。他命令相国昌平君、昌文君起兵攻打嫪毐，经过一场殊死的搏斗，杀死叛军数百人，嫪毐用欺骗手段拼凑起来的政变武装顷刻瓦解，嫪毐落荒而逃。知道嫪毐败逃，嬴政又下令国中："有活捉嫪毐的赏钱百万，杀死的赏钱五十万。"重赏之下必有勇夫，嫪毐及其党徒迅速被擒。

九月，车裂嫪毐，诛灭其三族；党羽骨干卫尉竭、内史肆、佐弋竭、中大夫令齐等二十余人皆枭首示众；舍人都被判处服刑，受牵连的四千余家全部夺爵流放蜀地(今属四川)。秦王嬴政还杀死了赵太后与嫪毐所生的两个私生子，同时把她隔离于雍城宫中监视起来。

嫪毐被除后，幕后指挥吕不韦如坐针毡，他称病不朝，不敢面见秦王。秦王政没有姑息他。秦王十年(公元前237年)，秦王嬴政已经牢握国政，站稳脚跟，于是免去吕不韦的相国职位，将他赶出秦都咸阳，迁居封邑洛阳(今属河南)。吕不韦在洛阳居住期间,关东六国君主频繁地派人到洛阳向他请安。为防止吕不韦与关东六国的势力变乱,秦王十二年(公元前235年),秦王嬴政果断地决定除掉吕不韦,根除祸患。于是他派人给吕不韦送去一封书信,信中说:"你对秦国有什么功劳,封侯河南,食邑十万户?你与秦有什么关系,号称仲父?把你与家属迁徙到蜀地去!"吕不韦自知日暮途穷,大势已去,便喝下一杯毒酒,自杀身死。吕不韦死后,秦王还严惩了他的家人和宾客。

秦王嬴政亲政不久,就先后消灭嫪毐和吕不韦两大敌对势力,彻底肃清了自己行施君权的严重障碍。接着,他开始了统一山(指殽山,在今陕西潼关东)东六国的事业。

谋略点评:

在嬴政即位之初,秦国处于强枝弱干、臣强君弱的局势之中。明白了身处之境,秦王政没有害怕,而将这一危机深深埋藏心底,他像一只猛兽俯伏于地静观时变、伺机反扑一样,等待着将擅权轻主之臣一网打尽的时刻的到来。正所谓"鸷鸟将击,卑飞敛翼;猛兽将搏,俟耳俯伏;圣人将动,必有恶色"。在时机成熟的时候,终于勃然爆发了压抑很久的愤怒,及时出击,一举战胜了权奸佞臣。由此可知,在羽毛未丰之时,遇事忍耐,在忍耐中等待时机,这决不是怯懦,而是一种超人的智慧和勇气。

招揽人心,汉高祖封仇人雍齿为侯

雍齿本来是刘邦的同乡好友,出身豪强。但这个人易反易覆,品行非常卑鄙,他不断地陷害刘邦,还帮助项羽害得刘邦差点丧命,项羽有一次要杀刘邦的父亲就是他出的主意。

秦二世二年，雍齿随刘邦起兵反秦。秦朝泗川郡监名叫平的率兵包围了丰邑。两天之后，沛公率众出城与秦军交战，打败了秦军。沛公命雍齿守卫丰邑，自己率领部队到薛县去。陈王胜派魏国人周市来夺取土地。周市派人告诉雍齿说："丰邑，是过去魏国国都迁来的地方。现在魏地已经平定的有几十座城。你如果归降魏国，魏国就封你为侯驻守丰邑。如果不归降，我就要屠戮丰邑。"雍齿本来就不愿意归属于沛公，等到魏国来招降了，立刻就反叛了沛公，为魏国守卫丰邑。沛公带兵攻打丰邑，没有攻下。沛公生病了，退兵回到沛县。沛公怨恨雍齿和丰邑的子弟背叛他，听说项梁在薛县，就带着一百多随从骑兵前去见项梁。项梁又给沛公增加了5000人，五大夫级的将领10人。沛公回来后，又带兵去攻打丰邑。雍齿失败后弃城逃往魏国。后来，雍齿又投降了刘邦，立过不少战功。

汉高祖六年，刘邦平定项羽，建立统一的汉朝。刘邦得天下后，面临着分封功臣的难题。在多年的楚汉相争中，功臣太多，如何"摆平"这些战场上厮杀出来的功臣们，成为这位新天子的当务之急。刘邦当皇帝后，封了大功臣二十多人为侯，这些人都是他自己喜欢的人以及他的同姓亲友，之后，就没有再封谁为侯。其余的人"日夜争功不决"，未能进行封赏。

有一天，高祖从洛阳的南宫居高临下俯视，看到诸将三三两两聚集在宽敞的庭院，好像在议论着什么。

"他们在议论些什么呢？"高祖问站在身旁的张良。

"他们正在酝酿谋反。"张良回答说。

高祖有点惊慌，忙问："为什么呢？"

"陛下起自布衣，靠大家才得到天下，而获得陛下封侯的是萧何、曾参等直系，而被诛罚的都是平素与陛下疏远的旁系。现在将士们在计算功劳，认为即使把天下的土地都封完，也不够赏的，他们对能否轮到自己获得封赏，非常怀疑，又担心因以前的过失而遭到诛杀。他们聚在一块儿打算造反。"

高祖听张良这么一说，就显得更加慌张了，于是急忙问张良："那该怎么办才好呢？"

张良献策说："陛下最讨厌而且也是大家都知道的那个人是谁？"

"莫过于雍齿，我没起事时就同他有仇，后来多次羞辱我。早就想杀了他，但他确实功劳多而不忍下手。"高祖回答。

"那就赶快把雍齿封侯给群臣看吧。这样一做，大家就会认为：连雍齿都封侯了，我们更没有问题，这样大家才会放下心来，而风波自然也就平息下去了。"

于是，刘邦赶快下令封雍齿为什邡侯。一方面叫丞相御史办理定功行封手册，封雍齿做了什邡侯；一方面置酒，亲自款待雍齿。

群臣见状，皆大欢喜，纷纷议论道："雍齿尚为侯，我属无患矣。"于是，一场因封侯引起的风波就这样平息了。

谋略点评：

刘邦作为汉朝的统治者，而且又是一个建朝不久、根基不稳的统治者，必须十分注重安定臣心、收揽人心的君王之道，以巩固其统治。刘邦给雍齿封侯，就可以彰显出自己气量宽宏、不计前嫌、有功必赏，这不仅可以安定那些"怀疑自己跟刘邦有隙担心遭到报复"的诸将的心，也可以更加树立起刘邦作为一位明君的光辉形象。刘邦以此来向诸将群臣示意和施恩，确实是达到了安定臣心、收揽人心的目的。

柔中有刚，汉武帝推恩散势

汉武帝刘彻是汉朝第七位皇帝，也是中国历史上最英明的君王之一。他在驾驭臣下、治理国家方面娴熟的政治手腕，高超的政治谋略，为后世执政者广为借鉴。

西汉自文、景两代起，如何限制和削弱日益膨胀的诸侯王势力，一直是封建皇帝面临的严重问题。文帝时,贾谊鉴于淮南王、济北王的谋逆,曾提出"众建诸侯而少其力"的建议。文帝在一定程度上接受了这一建议,但没有完全解决问题。汉景帝即位后,采纳晁错的建议削藩,结果吴楚七国以武装叛乱相对抗。景帝迅速平定了叛乱,并采取一系列相应的措施,使诸侯王的势力受到很大的削弱。

汉武帝即位之初,一方面政治形势比较稳定,国家经济状况也相当好;另一方面诸侯王国的分裂因素依然存在,潜在威胁还不小。一些大国仍然连城数十,地方千里,骄奢淫逸,阻众抗命,威胁着中央集权的巩固。

元朔二年(公元前127年),谋臣主父偃向汉武帝献计说:"古时诸侯拥有的封地大多方圆不过百里,力量单薄,朝廷当然容易控制。如今有的诸侯王竟然拥有数十座城池,土地纵横上千里,实力非常强大。朝廷宽待他们,他们却骄奢淫逸,伺机图谋不轨;朝廷限制他们,他们就马上起兵叛乱,兵连祸结。为确保江山社稷永固,陛下应该及早推行削藩之策啊!"

汉武帝惆怅地说:"诸侯王尾大不掉,藐视朝廷权威,朕岂不知?可朝廷如果强行削夺诸侯王的封地,则势必激起他们的反抗。为避免引发大的社会动荡,如何削藩,朕不得不慎之又慎啊。"

主父偃胸有成竹地说:"臣有一'推恩散势'的削藩计策,可削分诸侯王之势于无形,今特意将其献于陛下。"

汉武帝高兴地说:"爱卿有何良策,请速速道来,朕必择善而从之。"

主父偃从容答道:"臣以为可行推恩之策。如今天下承平,诸侯王广纳妻妾,子弟众多。按照目前的嫡长子继承制,诸侯王的王位和封地只有其正妻所生的长子才有资格继承。其余子弟虽然也是诸侯王的亲骨肉,但却没有资格承袭其父兄的封国,许多诸侯王子弟对此颇有怨言。陛下何不下旨准许诸侯王推广恩德,将其封地分封给他的众多子弟呢?此举一方面显示了陛下的仁爱孝亲之道,得到分封的诸侯王子弟必然对陛下感恩戴德。另一方面,更重要的是,此举使诸侯王的封地化整为零,可以大大分散削弱他们的势力,使其再也没有实力与朝廷相抗衡。臣不敏,愿陛下采择施行。"

汉武帝闻之不由击节称赞道："爱卿所献果然是老成谋国之策，朕即刻下旨颁行天下。"

于是，汉武帝采纳了主父偃的建议，于元朔二年（公元前127年）颁布了推恩令。

根据汉武帝颁布的"推恩令"，诸侯王除嫡长子继承王位以外，可以推行"私恩"，把王国封地的一部分分给子弟为列侯，并报请皇帝赐予这些侯国名号。诸侯王当然知道这样做的结果必然是削弱自己的实力，可迫于众多子弟要求得到封地的压力又不得不这样做。从公元前127年到公元前91年，汉武帝共"推恩"分封王子侯178人。有的诸侯王国最多分封为33个侯国，一般的也都分封为十多个侯国。这样，诸侯国被肢解后，诸侯们的势力随之大减，他们再也无力对抗中央了。

在推行"推恩令"大见成效后，汉武帝又采用强制手段对诸侯王实行削爵、夺地和除国，元狩元年(公元前122年)，汉武帝镇压了企图谋反的淮南王刘安和衡山王刘赐，淮南国和衡山国被废除，改为由朝廷直接管辖的郡。元鼎五年(公元前112年)，汉武帝以诸侯国所献祭祀祖先的"酎金"成色不好、斤两不足，一次就削夺了106个诸侯的爵位。汉武帝还颁布《左官律》和《附益法》，前者规定诸侯国官员为"左官"，地位低于朝廷官员，以示歧视；后者限制士人与诸侯交往。从此以后，诸侯难得衣食租税，不能参与政事，与一般富室无异了。至此，困扰朝廷数十年、对皇权构成极大威胁的诸侯国"坐大"问题终于得以顺利解决，专制主义中央集权得到了空前的加强。

谋略点评：

汉武帝采纳主父偃"推恩散势"的计策，采取以柔对刚、柔中带刚的手段削藩，将以往朝廷从外部要求削藩，变为诸侯王自己的子弟从内部要求分疆裂土，此举分化诸侯王势力于无形之中，使少数大诸侯变成众多小诸侯。于是"藩国始分，而子弟毕侯矣"，导致封国越分越小，势力大为削弱，从此"大国不过十余城，小侯不过十余里"。这样,汉朝廷不行黜陟,而藩国自析。其后,王国辖地仅有数县,彻底解决王国问题。

恢弘大度,汉光武帝刚柔相济驭群臣

汉光武帝刘秀于新朝王莽末年,起兵反对王莽,挽狂澜于即倒,统一天下,建立了东汉王朝。登上皇位之后,刘秀仍保持清醒的头脑,他分析从秦始皇以来中国的动乱原因,懂得要想把国家治理好,必须用柔顺、缓静的统治手段,以便稳定社会秩序,巩固汉室统治。他说:"吾理天下,亦欲以柔道行之。"后又说:"柔能制刚,弱能制强,柔者德也,刚者贼也,弱者仁之助也,强者怨之归也。……苟非其时,不如息人。"

刘秀的"柔"中蕴涵着"刚"的一面。"刚"是以削其力,"柔"是以笼其心,尽量以最小代价换取最大胜利,即使在力量占绝对优势的情况下,也力求不战而屈人之兵。正是在其以柔克刚、刚柔相济的驾驭之下,以邓禹为首的众多开国元勋,功劳显赫的文官武将,朝野存留皆在其掌握之中。

一是恢弘大度,君臣无猜。刘秀以"延揽英雄,务悦民心"而夺天下,天下既定,"于是大飨将士,功臣增邑更封,凡三百六十五人,外戚恩泽封者四十五人"。定封邓禹为高密侯,"食四县……各有差"。当时有人认为恩宠有过,于统治者不利,提出反对意见:"古者封诸侯,不过百里,强干弱枝,所以为统治也。"而刘秀却不以为然,认为"古之亡国皆以无道,未尝闻功臣地多而灭亡者也"。刘秀如此恢弘大度,坦诚相待,信任下属,浩荡皇恩,犹如"推赤心置人腹中",群臣岂不永生感恩戴德、鼎力相辅、誓死效命、忠贞不贰。

二是威严所至,警戒有方。公元40年秋,诸郡守10余人,借大量田亩之名,弄虚作假,侵扰百姓,案发后,刘秀下令把河南尹张汲等人抓起来,处以死刑。后来,刘秀以此事探询功臣马援的看法,说:"我有点后悔以前杀了那些郡守,杀得太多了。"马援很得体地回答道:"死得其罪,何多之有?"刘秀听后哈哈大笑。与其说这是探问功臣们的意见,倒不如说是一种严重警告更为确切。刘秀不仅不徇私情,严惩贪官污吏,并且在封功臣列侯的同时,就给他们敲敲警钟。建武二年,刘秀特地下诏书告诫功臣,意思是功臣们要想永远保持高官厚禄的地位,过荣华富贵的生活,并荫泽子孙后代,那么就应有"如临深渊,如履薄冰"的严肃谨慎的态度,时时刻刻要恪尽职守,不得有半点放纵大意。此诏书晓之以理,动之以情,足以使功臣敬服。可见,刘秀的良苦用心,非同一般。

三是劝勉相宜,削除实权。刘秀通过多年浴血奋战才取得政权,在他的手下,有一大批立过不少战功的将领。刘秀深知,开国功臣的"坐大",将会对皇权构成严重威胁,信任、劝诫与感化只是权宜之计,根本的措施还在于解除功臣们的实权,即"退功臣,而进文吏"。为了达到目的,刘秀开始大封功臣,他让郎中冯勤专管此事。冯勤精明能干,他规定按照功臣功劳的大小,决定其封地大小、远近和土质肥瘠,并且制订了一个周密的方案。刘秀根据这个方案,一次就封了360多人为列侯,给予他们崇高的地位。这些列侯的食封数量,最大的有四个县,小的只有数百户,比西汉时少得多。除了大将李通、邓禹、贾复三人参与议论军国大事之外,其他大多数列侯成为闲员。经过削权封侯,汉光武帝有效地控制了这些将领的军事力量。

封完功臣之后,刘秀又特地下了一道诏书说:希望大家"在上不骄,高而不危;制节谨度,满而不溢。敬之戒之!传尔子孙,长为汉藩"。就是说,希望大家不要恃宠而骄,对自己要求要严谨,节制自己的行为,这样就不会有什么危险,并能把爵位传给子孙。光武帝就这样连哄带吓地威慑众臣。

刘秀解除大将兵权时采取的方法,先是启发诱导,"帝在兵间久,厌武事","不欲功臣,拥众京师",促其心领神会,自觉交出邓禹、贾复等开国无勋洞察上意,既"知帝偃干戈,修文德",于是交出兵权。继而以关怀仁爱之心,保全功臣晚节,好言规劝,可谓名正言顺,冠冕堂皇,理所当然。

四是赏赐有加,不时慰问。刘秀虽然解除了功臣的实权,实行了文治,但他不忘旧情,不时赏赐可观的封地、民户和钱帛给功臣;对于已衣锦还乡不再参与朝政的诸侯,时常派官员前去慰问,并把异域朝贡的珍奇瑰宝、甘鲜美味分赐给这些离职的功臣宿将,使其颐养天年,沐浴龙恩。

正是由于汉光武帝采取了上述一系列刚柔相济的统治措施,并以清明的政治手段,稳妥地解决了如何对待开国元勋的问题,从而保持了东汉初期统治局面的相对稳定。

谋略点评:

汉光武帝刘秀是我国历史上著名的封建皇帝之一,史称其才兼文武,豁达大度。尤其值得称道的是刘秀驾驭群臣的手段。他对功臣加以爱护,有功之臣都被封了爵位,让他们回到封地上享福,因为他怕这些人再任高官,犯了错误,受到处罚。从春秋以来,帝王功成名就戮杀功臣的,不胜枚举,可刘秀对功臣加以保护,在历史上是罕见的。

转移众怨,曹操借粮官头颅安军心

曹操围城打袁术部属,久攻不下,17万大军每日耗费粮食量浩大,诸郡又连年饥荒干旱,接济不上。曹操想催促军队速战速决,无奈术将李丰始终闭城不出。曹军相持了一个多月后,粮食将要用完,只得写信给孙策求救,借了粮米10万斛,仍不能满足支配。

眼看粮食就要耗尽了,管粮官慌忙向曹操告急。曹操闻听此言,不由得紧皱眉头,想下令撤军又心有不甘,可仓促之间到哪里去筹措军粮呢?想了想,悄悄吩咐道:"我军缺粮之事严禁泄露,目前姑且用障眼法暂解一时之急。我军发粮一向都用大斛,为了减少粮食消耗,从现在开始你就改用小斛发粮。"

管粮官对这种自欺欺人的方法的效果表示怀疑,犹豫地问道:"自古道,皇帝不差饿兵啊,发粮大斛改小斛后,倘若将士们埋怨起来,该当如何处理?"

曹操申斥道:"全军统帅是我,天大的事都由我一人承担,你尽管依令而行,不得有误。"

管粮官只得遵命改用小斛发粮,这人马吃惯了饭量,突然一减少,肯定都是吃不饱,马不会说,人可会闹,军情哗变。如此发放了几天粮食,军中果然怨恨不已。

为平息众怒,曹操马上派人把管粮官抓起来,并屏退左右,亲自加以审问。

曹操说:"我想向你借一件东西,以此息众怒,你可不要吝惜。"

管粮官说:"丞相想借什么东西?"

曹操说:"我想借你的头颅用以示众!"

管粮官大惊失色,说:"我实在无罪!"

曹操说:"我知道你无罪,但目前为稳定军心,只能借你项上人头一用。你放心,你死后,我会派人好好照顾你的妻儿老小,你安心上路吧。"

说完,下令立刻把管粮官推出去斩首,并将其首级高高地悬挂在一根竹竿上,命人拿到各营示众,并出榜晓示曰:

现已查明,管粮官实为粮仓硕鼠,大肆贪污盗窃军粮,以致军中粮食亏空,管粮官故意以小斗发粮,兵士炊断饥无力,怨声不绝于耳,现谨按军法从事,处其死罪,杀无赦以平众怨。各路将士,须恪尽职守,奋勇杀敌,若有违法违抗者一律处斩。

随后,曹操传令立刻把军中剩余的粮食全部发放,将士们见"元凶"伏诛,齐声欢呼,大家用发下来的粮食美美地饱餐一顿。曹操见将士们士气复振,赶紧传令:"三日必须破城,若有退缩违抗者,一律处斩。"曹操亲自督阵,有两员裨将畏缩而回,被曹操掣剑斩于城下,此后谁还敢退却不前?在曹军孤注一掷地凶猛攻击下,袁军抵挡不住,大败而退。

谋略点评：

曹操为了应付缺粮问题，决定让管粮官以小斛散粮，激起众怨之后，却又阴险地向主管散粮的军吏借头，嫁祸于人，以平息众怨。曹操杀了一个管粮官，不仅成功地推卸了自己的责任，更是向全军交了底。粮食就一点了，不攻克袁军，大家都得饿死。如此一来，曹操这一舍车保帅、嫁祸于人的权谋运用得可谓是环环相扣、天衣无缝！

巧解威胁，赵匡胤杯酒释兵权

在结束五代十国局面的过程中，北宋统治者着重考虑的问题有两个：一是如何重建中央集权的专制统治，使唐末以来长期存在的藩镇跋扈局面不再继续出现；二是如何使赵宋王朝长期巩固下去，不再成为五代之后的第六个短命王朝。

然而，宋太祖即位后不出半年，就有两个节度使起兵反对宋朝。宋太祖亲自出征，费了很大劲儿，才把他们平定。为了这件事，宋太祖心里总不大踏实。又由于赵匡胤是依靠部下人将他"黄袍加身"才登上帝位的，所以他对手握重兵的将领很不放心，整天都在考虑如何避免重蹈前代帝王的覆辙。

有一次，赵匡胤单独找宰相赵普谈话，问他说："自从唐朝末年以来，百年之中竟换了五个朝代，军阀们连年征战，不知道死了多少老百姓。这到底是为什么呢？"

赵普回答说："原因其实显而易见，国家混乱，毛病就出在君弱臣强，藩镇手握重兵，权力太大，朝廷难以驾驭。如果能把掌握在藩镇手里的兵权收归朝廷，天下自然太平无事。"

宋太祖听了连连点头，赞赏赵普说得好。赵普紧接着又建议道："禁军将领石守信、王审琦两人，兵权过重，难以节制，还是把他们调离禁军为好。"

宋太祖说："你放心，这两人是我的老朋友，而且我能够登上帝位全靠了他们，他们不会反对我。"

赵普说："我并不担心他们叛变。但据我看来，这两个人没有统帅的才能，管不住下面的将士。有朝一日下面的人闹起事来，也把黄袍披在他们身上，怕他们也身不由己呀！"

宋太祖听后吃了一惊，不禁敲敲自己的额角说："亏得你提醒我一下啊，看来我必须得想想办法了。"

过了几天，宋太祖在宫里举行宴会，请石守信、王审琦等数位老将喝酒。酒过几巡，宋太祖命令在旁侍者们退出。他拿起一杯酒，先请大家干了杯，说："我要不是有你们帮助，也不会有现在这个地位。但是你们哪儿知道，做皇帝也有很大难处，还不如做个节度使自在呢。不瞒各位说，这一年来我就没有一夜睡过安稳觉。"

石守信等人听了十分惊奇，连忙问他为什么。宋太祖说："这还不明白啊？皇帝这个位子谁不眼红呀？"

石守信等听出话外音来了。大家着了慌，连忙都跪在地上说："今天命已定，谁复敢有异心，陛下何为出此言耶？"

宋太祖摇摇头说："人谁不想富贵？一旦有人以黄袍加汝之身，虽欲不为，又怎么能脱身呢！"

石守信等听到这里，直感到要大祸临头，于是连连磕头，含着眼泪说："陛下，我们都是粗人，没想到这一点，请陛下指引一条出路啊！"

宋太祖说："人生在世，好像骏马掠过缝隙一样快，不如多积聚些金银、多购置些田产房屋留给子孙，多养些歌儿舞儿来度过一生。君臣之间，无所猜嫌，不亦乐乎！"

石守信等听了如获大赦，齐声说："陛下给我们想得太周到啦！"

酒席一散，大家各自回家准备辞职。第二天上朝时，每人都递上一份奏章说自己年老多病，请求辞职。宋太祖马上照准，收回他们的兵权，赏给他们一大笔财物，打发他们到各地去做闲官去了。

过了一段时间，宋太祖又故技重施，在后苑大宴前来京城朝见的各藩镇节度使，酒酣之际，宋太祖对他们说："你们都是朝廷的元老重臣，早年为国家立下了许多汗马功劳。如今还要让你们继续料理藩镇的繁杂事务，朕真是于心不忍啊！"

永兴军节度使王彦超听出了宋太祖的弦外之音，赶紧接口道："末将年迈体衰，执掌军务早已觉得力不从心，希望陛下准许末将告老回乡以颐养天年。"

武行德等几个节度使不知趣，在宴席上唠唠叨叨地把自己以前的战功夸耀了一番，听得宋太祖直皱眉头，对这些人愤然斥责道："好汉不提当年勇。这都是些陈年老账了，有什么值得夸耀的呢？"

第二天，宋太祖直接下旨把这些"不识好歹"的节度使兵权全部予以解除。

宋太祖收回兵权以后，建立了新的军事制度，从地方军队挑选出精兵，编成禁军，由皇帝直接控制；各地行政长官也由朝廷委派。通过这些措施，新建立的北宋王朝开始稳定下来。

谋略点评：

自古以来，如何对待在打天下过程中立下汗马功劳的开国功臣，一直是令皇帝头痛不已的老大难问题。开国功臣战功显赫，在军队中享有很高的威望，建国后再让这些人长期执掌军权，势必对皇权构成极大的威胁。为保家天下长治久安，大肆杀戮功臣因而成为许多开国帝王的必然手段。而宋太祖对功臣们采用"旁敲侧击"的方式，通过言语隐晦地表达了自己的担忧，巧妙地解决了政局中的不稳定因素，既避免了君臣之间的矛盾冲突，又集中巩固了自己的地位，真可谓是一举两得的上策。

跟踪刺探，雍正派遣密探监督群臣

雍正皇帝，即为清世宗爱新觉罗·胤禛，是康熙皇帝的第四个儿子，是清朝入关后第三位皇帝。

清朝康熙皇帝子嗣众多，继承其皇位的雍正皇帝，是经历了多年竞争激烈的残酷的皇位争夺战才得以最终胜出的。兄弟之间长期尔虞我诈的夺嫡斗争，时刻算计别人，也时刻被别人所算计，促使雍正养成了多疑的性格，他不信任任何人。

雍正即位时已 45 岁，加之此前的经历，使他比较了解世情，并具有丰富的统治经验。即位后，他在政治上采取多种措施以巩固自己的皇位，首先是消除异己，分化瓦解诸皇子集团。为了防止有实权的大臣背叛自己，他还暗中派遣众多密探，对朝廷重臣进行全天候的跟踪刺探，尽可能掌握大臣们各方面的实际情况，致使大臣们的个人生活毫无隐私可言。

有一天，大臣王云锦散朝回家后，晚上与妻儿老小打麻将消遣，正在玩得高兴之际，一张"二万"掉到地上怎么也找不到，一家人只好扫兴地收场了。第二天上朝，雍正笑着问他："王爱卿，昨晚在忙些什么呀？"王云锦是个老实人，不知皇上为何忽然有兴趣关心起自己的私事，忙战战兢兢地如实回复道："微臣胸无大志，昨晚一时兴起，同家小打打麻将而已，实在惭愧之至。"雍正进一步问道："爱卿雅兴不浅呀，昨晚麻将打得怎样？"王云锦只好讪讪地答道："本来玩得挺痛快的，谁知一不小心把一张"二万"碰到了地上，也真是邪门，竟然半天都没找着，一家人就没再继续玩了。"雍正笑笑，从怀里摸出一张麻将牌递给王云锦，问道："爱卿仔细看看，昨晚丢的是不是这张牌呀？"王云锦定睛一看，一点不差，正是自家昨晚丢失的那张"二万"，当即吓得脸色苍白，跪在地上磕头如捣蒜，颤声告罪道："微臣该死，微臣玩物丧志，请皇上重重责罚。"雍正微笑着说："爱卿请起，公务之余玩玩麻将，与家人共享天伦之乐，也是人之常情，朕岂能怪罪。"接着他话锋一转，严肃地对其他大臣说道："王爱卿真是个大大的忠臣，连打麻将这样的小事都对朕实言相告，真是君臣同心啊！朕希望诸位爱卿都能以王爱卿的一片拳拳忠君之心为楷模。"

雍正除了派密探监视朝廷大臣的私生活外，对在外地做官的封疆大吏监视尤为严格。大臣王士俊就任山西按察使，离京前在向大学士张廷玉告辞时，张廷玉把一个佣人推荐给他使用。到山西上任后，王士俊发现这个佣人办事干练，为人谨慎，就将其倚为心腹之人，许多机密重要之事都交由他去办理。一晃几年过去了，王士俊任期届满准备回京，这个佣人忽然要求告辞离去。王士俊很是不解，问他为什么要这样做。那人回答说："我本是宫中的侍卫，皇上把我派到你身边，负责随时监视你的动向。你这几年在山西做官，还算尽职尽责，没有什么大差错。我要先行一步回京向皇上禀报，顺便替你说上几句好话。"王士俊听后，吓得两腿直发软，幸亏自己这些年在山西为官，没做过什么对皇上不忠的事，也没有亏待过这个人，否则后果真不堪设想啊。

雍正不仅在王士俊身边安插了一个密探，而且还让大臣傅泰暗中察访，并让他们互相监督，以此来驾驭大臣们。

有一次，雍正让广东巡抚傅泰暗中察访王士俊。傅泰认为皇上十分信任自己，便尽力察访，并向雍正密报说："王士俊很能干，办事勤勉快捷，担任藩司的职务十分称职。但是，从他的言行来看，似乎有得意骄横的迹象。"

不料，雍正又暗中叫王士俊监视傅泰。有一次，他在王士俊送来的报告上批道："傅泰的看法自以为是，你认为是这样吗？他这个人的品行怎么样？心里面有什么志向？办事的才干怎么样？领导下属是不是公私分明？你要秉公如实地向我报告。"

这些批语是叫王士俊悄悄观察傅泰的为人。王士俊并不知道自己也受到傅泰的监视，他在给雍正的报告中说："傅泰心里没有主见，对事情不置可否。偶尔发表意见，也是平平常常，据说他在办理广东海关陈炳文、范九锡、潘栋、高维新和柳大本五人的事时,向每人收取了 300 两白银。我不敢说傅泰的品行是廉洁的。"

谋略点评:

雍正靠算计别人上台,自然时刻担心被别人所算计。他不相信大臣们普遍具有忠君的思想修养,因而寄希望于通过安插密探、让手下大臣互相监督等外制手段来驾驭控制群臣,使群臣的一举一动尽在其掌握之中,搅得群臣人人自危,时刻担心背后有人在监视自己。慎独对一个人来讲本来是最困难的事,雍正用密探的他律来逼着大臣们自律,这可能是雍正一朝贪污腐败现象远较其他各朝为少的一个重要原因。

【三】
知人善任——用人谋略

任用、管理下属,是领导者的一项长期性工作,用人得法,就能充分发挥下属的作用,用人不当,往往会导致事业的失败。而用人之道,首在识人。清代思想家魏源曾经说过:不知人之短,不知人之长;不知人长中之短,不知人短中之长,则不可用人。知人是用人的前提。因此,领导者要运用智谋,练就一双识别人才的火眼金睛,善于发现和使用人才,把最合适的人安排在最合适的岗位上去。

用心良苦，武丁借梦求贤相

商朝的君王都是最大的奴隶主，他们的王位是建筑在广大奴隶的白骨之上的。但也有个别贤明的君王，不分贵贱，打破祖宗传下来的常规，能在奴隶中选用人才。武丁就是这样一个君王，所以留下了他借梦求贤相的佳话。

武丁是盘庚的侄子。盘庚死后，他的弟弟小辛继立，就是小辛帝。小辛帝死后，由弟弟小乙继位。小乙把儿子武丁放到平民中去生活，为的是磨炼他的吃苦耐劳精神。武丁同平民子弟一道玩耍、干活，慢慢地学会了种田、砍柴等劳动本领，养成了简朴的生活习惯，还同一个比他年长 20 岁、名叫傅说的奴隶交上了朋友。

傅说虽是奴隶，但聪明能干，文武全才，他觉得武丁不歧视奴隶，就将自己的知识传授给了武丁。小乙死后，儿子武丁继位，成了商朝的第二十二代君王。他即位以后，一心想当个贤明的君王，潜心思考治国的大计方针。他想，先祖商汤能够灭夏建商，因为有贤相伊尹辅助国政，自己也应该选个贤相来处理朝政。这时他想起了 13 年前交上的好朋友傅说。他认为凭傅说的才干，必能成为自己的好帮手，但傅说是个奴隶，让他任相，贵族和大臣们肯定不同意，再说也没有这个先例，伊尹虽然也做过陪嫁奴隶，但他毕竟不是真正的奴隶，只是以奴隶之名来晋见商汤的。而傅说的奴隶身份是确定不疑的，这事该怎么办？

一天他突然昏了过去，等醒来之后，再也不说话了。就这样武丁整整三年没说一句话，举国上下都为他的怪病感到焦虑不安。到了第三个年头，有一天，武丁忽然笑了笑，竟然开口讲起话来，他说："真是一场好梦啊！"

大臣们忙问："不知大王梦见什么，如此高兴？"

武丁笑着说："先祖商汤托梦给我，说有个大贤叫傅说，可以做我们的相国。

先王还把傅说带到我的床前,要我请他为相,商朝一定能复兴起来,我一笑就醒了,原来却是一个梦。你们赶快把傅说给我请来!"

大臣们又说:"傅说在什么地方,长得什么样子?"

武丁故作思考状,想了一会儿说:"傅说在傅岩这个地方,傅说四十多岁年纪,中等身材,膀阔腰圆,面黑短须,身穿麻布衣服,快去寻找。"

大臣们不敢怠慢,忙派出特使来到傅岩这个地方。特使来到傅岩,见那里正有许多奴隶身穿囚衣在夯土筑墙,一个个满身泥点,挥汗如雨。特使找到监工的奴隶主问:"这里有个叫傅说的人吗?"

监工指着一个正在夯墙的奴隶说:"他就是傅说。"

特使见傅说长得与武丁所说一模一样,深信不疑,便躬身迎了上去说:"小臣奉大王之命,特来迎大贤进宫任事。"

傅说也一直想念武丁,后来听说武丁做了国王,料想他早就忘了自己这个奴隶朋友,现见武丁专派特使来接自己进宫,不由得喜出望外,当即有人给解开捆绑的绳子,换了囚衣,被拥上马车,直向都城驰去。

武丁听说傅说来了,忙以礼相待,尊敬有加,让他换上官服,准备引见给大臣们。

次日在朝会时,武丁指着傅说对众臣说:"他就是先王梦中引荐给我的大贤人傅说,我现在宣布,解除傅说的奴隶身份,并任命为国相,望大家与他同心协力,共辅朝政,相信必将振兴朝纲,日后定当论功行赏。"

武丁三年不说话,借梦求相,可谓用心良苦,大臣们虽然见一个奴隶居然担任国相,心中有些不服。不过他们都很迷信,不服傅说,却信商汤,既然先王引荐人才,必定有道理。倘若惹恼早已升天的先王,将会引来灾祸。于是众臣纷纷叩拜在地向武丁欢呼:"恭贺大王求得贤才,国家添色,山河争辉,真是我商朝的大幸事啊!"

傅说从奴隶到国相身份,环境、使命都有极大的转换。他感激武丁对他的信任和器重,全心竭力为国操劳,加之他本是个贤才,所以在短短的三年时间里,使商朝国富民强，众属国也很听命。

武丁见傅说治国有方，当然非常高兴，原来那些不服气的贵族和大臣，也都对傅说口服心服了。

谋略点评：

一个欲成就大事的人，少不了人才的帮助，所谓得人才者得天下。傅说就是一个不可多得甚至是绝无仅有的人才。傅说的身份是再低贱不过的奴隶，武丁不但不嫌弃傅说的卑贱地位，甚至为了得到傅说而不惜装聋作哑达三年之久，可谓用心良苦。

从这个事例中，我们不难得到这样的启示：一个人本无高低贵贱之分，一个人的才能更跟本身所处的地位没有关系，切忌以貌取人或以地位论人，不光是在求贤任能方面要以恭敬的态度对待他人，而且就在平常的为人处世中，也不可轻视疏慢地位不高的人，这不仅是个人良好品德和修养的表现，更是一个成大事者必须具备的胸襟与气度。

求贤若渴，昭王千金买马骨

燕昭王名职，燕王哙之子，太子平之弟。燕国本来也是个大国。公元前314年，燕王哙将王位禅让于燕相子之，燕太子平与子之争夺王位，致使燕国发生内乱。齐宣王则趁火打劫，借口平定燕国内乱，出兵伐燕，仅用50天就攻下了燕都蓟城（今北京市西南），杀死了燕王哙与子之，企图灭亡燕国。这不仅引起燕国人民强烈的反抗，也招致中原各国的干涉。之后，齐国被迫从燕国撤兵，赵武灵王便把原在韩国做人质的燕公子职护送回国继位，是为燕昭王。

燕昭王即位之时，国内一派凄凉景象：田地荒芜，房屋倒坍，百姓在废墟上啼饥号寒。昭王奋发图强，决心复兴燕国，他深知治理国家，最要紧的是延揽众多的人才,有了人才能百废俱兴。但如何觅求贤才,赵王苦苦寻思,食不甘味,寝不安席。于是,有人便给求贤若渴的燕昭王出主意说,老臣郭隗挺有见识,不如去找他商量一下。燕昭王便立即亲自登门拜访郭隗,对郭隗说:"齐国利用了我国的内乱,攻破我国。我知道现在我们国小力弱,不能报仇。不过,如果能得到贤才帮助我治理国家,那么我相信先王的深仇大恨一定能报。您能不能给我推荐几个这样的人才呢?"

郭隗说:"成就帝业的国君以贤者为师,成就王业的国君以贤者为友,成就霸业的国君以贤者为臣,行将灭亡的国君以贤者为仆役。如果能够卑躬曲节地侍奉贤者,屈居下位接受教诲,那么比自己才能超出百倍的人就会光临;早些学习晚些休息,先去求教别人过后再默思,那么才能胜过自己十倍的人就会到来;别人怎么做,自己也跟着做,那么才能与自己相当的人就会来到;如果凭靠几案,挂着手杖,盛气凌人地指挥别人,那么供人驱使跑腿当差的人就会来到;如果放纵骄横,行为粗暴,吼叫骂人,大声喝斥,那么就只有奴隶和犯人来了。这就是古往今来实行王道和招致人才的方法啊。大王若是真想广泛选用国内的贤者,就应该亲自登门拜访,天下的贤人听说大王的这一举动,就一定会赶着到燕国来。"

燕昭王说:"我倒真想向所有的贤人学习,只是不知道先去召见谁最合适?"

郭隗没有直接回答,而是讲了这么一个故事。古时候,有个国君,最爱千里马。他派人到处寻找,但是找了三年都没找到。有个侍臣打听到远处某个地方有一匹名贵的千里马,就跟国君说,只要给他一千两金子,准能把千里马买回来。那个国君非常高兴,就派侍臣带了一千两金子去买。没料到侍臣到了那里,千里马已经害病死了。侍臣想,空着双手回去不好交代,就把带去的金子拿出一半,把马骨买了回来。侍臣把马骨献给国君,国君大发雷霆,说:"我要你买的是活马,谁叫你花了钱把没用的马骨买回来?"

侍臣不慌不忙地说:"大王息怒。我所以要买这副死马骨,目的还是为了得到千里马。您想,我用那么多黄金买了马骨,别人一定会认为大王是真的爱惜千里马,为买马骨都肯出大价,更何况活马呢?君王访求千里马的诚意一定会很快传遍天下。要不了多久，日行千里的骏马就会送到国君面前。"

果然不出一年，这位国君就从四面八方得到了好几匹千里马。

郭隗说完这个故事，说："大王如果真想招揽天下贤士，就请权且把我郭隗当马骨来试一试吧。连我这样的老朽都能受到重用，难道还怕千里之外的贤者不来吗？"

燕昭王听后深受启发，特地为郭隗建筑了一座宫殿，还拜郭隗为老师，不仅恭恭敬敬地听郭隗讲课，而且还像弟子侍奉老师那样亲自端茶送饭。燕昭王又在易水之旁筑一高台，把它叫做"招贤台"，又叫"黄金台"，把黄金堆放在上面，准备随时奉送天下贤士。

燕昭王爱贤敬贤的名声不胫而走，风传天下，各国才士争先恐后的奔赴燕国，其中不乏名士：如武将剧辛从赵国来，谋士邹衍从齐国来，屈庸从卫国来，乐毅从魏国来，……真是人才济济，邹衍是阴阳五行家，当时已名闻天下。他在齐国时就受到尊重；周游魏国时，魏惠王亲自跑到郊外去迎接；到赵国时，平原君侧着身子走路来迎接他，并用衣袖替他拂去坐席上的灰尘，毕恭毕敬。燕昭王迎接邹衍时，比魏、赵更为恭谨。他亲自用衣袖裹着扫把，退着身子边走边扫，在前面清洁道路。入坐时昭王主动坐在弟子坐上，敬请邹衍以师长身份给自己授业。昭王特意为邹衍修建了一座碣石宫，供其居住讲学。后人因此便用"拥慧先驱"和"碣石宫"这两个词语来比喻用优厚待遇尊礼贤才。昭王的这些做法引起了很大的反响，投奔燕国的士人更为踊跃。昭王大开国门，不拘一格地广为接纳，不唯欢迎知名学者，而且把那些有志灭亡齐国的、熟悉齐国险阻要塞和君臣关系的、善于用兵打仗的士人，尽数收留下来，并给予优厚的待遇，多方积蓄力量，以利兴燕破齐。聚集于燕都辅助燕昭王振兴燕国的众多士人之中，最杰出的人物要数乐毅。乐毅是名将乐羊之后，才学出众，深通兵法，曾被荐为赵国官吏，为了躲避赵国内乱，便到了魏国。他听说燕昭王礼贤下士，随生向往之心。正巧一次乐毅为魏出使燕国，昭王十分恭敬地客礼相待，乐毅颇受感动，决意留在燕国，昭王随即任其为亚卿，委以国政和兵权。

乐毅倾全力协助昭王改革内政、整顿军队。首先,针对燕国法度弛坏、官吏营私的严重局面,乐毅教昭王制定法律,严厉法制,加强对官吏的审查和考核;其次,确定察能而授官的用人原则,摈弃"亲亲"、"贵贵"的择人传统,廓清子由当权时拉帮结党、滥用亲信的劣迹,使燕国的吏治日趋清明;再次,建议昭王对那些遵守国家法度的顺民,包括身份低下的贫民和一部分奴隶,都以一定制度予以奖励,以安定社会秩序。在军事上,乐毅着重进行战法和纪律训练,尽快提高燕军的战斗力。昭王还注意吊死问孤,去慰抚那些有丧葬之忧的人家;对那些有生育之喜的夫妇,昭王也派人去祝贺,给予关怀。昭王与庶民百姓同甘苦,共命运,争取全国各阶层对自己统治的拥护。

昭王在乐毅等人的辅助下,经过28年的努力,使燕国一天天富强起来,并联合秦、楚等国一起攻打齐国,终于将齐国打败,收复了全部失地。

谋略点评:

燕昭王求贤纳士的故事说明,真正有志于天下的当权者,不但求贤若渴,而且都知道人才是事业的第一要务。燕昭王即位后,接受并奉行郭隗的人才理论,以重金买千里马尸骨吸引活千里马的策略来招揽人才,致使大批人才纷至沓来。燕昭王把握了复兴燕国主要在于罗致人才这个关键因素,屈身礼士,用人不疑,终于使多年来孜孜以求的报仇雪耻愿望得以实现,使燕国发展到鼎盛时期,他自己也跻身于战国七雄重要国君的行列。

不拘一格,鸡鸣狗盗有大用

齐国的孟尝君田文,为战国时期四公子之一。他喜欢招纳门客,宾客多达三千之众,三教九流无所不备。他对宾客皆视为兄弟,以礼相待,让他们各尽其能。

据说，孟尝君自己不仅在吃穿用度上与门客一律平等，而且听说哪个门客的家庭有困难，他也会伸出援助之手，帮助他们渡过难关。孟尝君每当接待宾客，与宾客坐着谈话时，总是在屏风后安排侍史，让他记录孟尝君与宾客的谈话内容，记载所问宾客亲戚的住处。宾客刚刚离开，自己就已派使者到宾客亲戚家里抚慰问候，献上礼物。有一次，孟尝君招待宾客吃晚饭，有个人遮住了灯亮，那个宾客很恼火，认为饭食的质量肯定不相等，放下碗筷就要辞别而去。孟尝君马上站起来，亲自端着自己的饭食与他的相比，那个宾客惭愧得无地自容，就以刎颈自杀表示谢罪。贤士们因此有很多人都情愿归附孟尝君。孟尝君对于来到门下的宾客都热情接纳，不挑拣，无亲疏，宁肯舍弃家业也一律给予他们丰厚的待遇，因此使天下的贤士无不倾心向往。孟尝君的名气也越来越大，连秦王都感到既羡慕又害怕。因为这些人一旦团结起来，计策层出不穷，治国方略就不在话下了，那样齐国很快就会强大起来，对秦国构成威胁。

为了解除后患秦国提出要与齐国互换人质。当孟尝君以人质的身份去咸阳的时候，随身带了一大帮门客，秦昭襄王亲自欢迎他。孟尝君献上一件纯白的狐狸皮的袍子做见面礼。秦昭襄王知道这是很名贵的银狐皮，很高兴地把它收藏了起来。

秦王本来打算请孟尝君当丞相，却遭到了一些大臣的反对，纷纷说："孟尝君是齐国贵族，当丞相后必定替齐国打算，他声望又高，手下人又多，如果当权，秦国不就很危险了吗？"秦王无奈，想把他送回去，但又担心他了解了很多秦国的情况，对秦国不利。如果杀掉他，又不合适，于是就把他软禁起来了。

孟尝君十分着急，他打听得秦王身边有个宠爱的妃子，就托人向她求救。那个妃子叫人传话说："叫我跟大王说句话并不难，我也要一件银狐皮袍。"

孟尝君和手下的门客商量，说："我就这么一件，已经送给秦王了，哪里还能要得回来呢？"

其中有个门客说："我能拿到那件白色狐皮裘。"原来此人不仅善学狗吠，也善穿墙偷盗，于是当夜化装成狗，钻入了秦宫中的仓库，取出献给秦王的那件狐白裘，拿回来献给了昭王的宠妾。在燕姬的一再催劝下，秦王终于同意发放过关文书，让孟尝君回国。

孟尝君一行得到文书后，急急忙忙地往函谷关跑去。他怕秦王反悔，还改名换姓，把文书上的名字也改了。到了关口，正赶上半夜，依照秦国的规矩，每天早晨，关上要到鸡叫的时候才许开门放人。大伙儿正在愁眉苦脸盼天亮的时候，忽然有个门客捏着鼻子学起公鸡叫来，一声跟着一声，引得关内外的鸡大叫起来。守关的官吏以为天明了，就开了关门。验过过关文书，便让孟尝君出了关。

秦王果然后悔了，立即派兵追向函谷关。追兵到了关口，见关口已开，就查看过关文书，文书中并无孟尝君等人。追兵以为他们尚未到达，就耐心地等起来。等他们弄清了这些情况，孟尝君等人早已出了秦国国界，再也无法追上了。这就是著名的"鸡鸣狗盗"的故事。当初，孟尝君把这两个人安排在宾客中的时候，宾客无不感到羞耻，觉得脸上无光，等孟尝君在秦国遭到劫难，终于靠着这两个人解救了他。自此以后，宾客们都佩服孟尝君广招宾客、不分人等的做法。

谋略点评：

"鸡鸣狗盗"的故事主要给人们带来两个思考：一是要进行人才储备。孟尝君断然不会想到他有一天会被秦王追杀，但是他所养的两个门客却在关键时刻救了他一命；二是用人要不拘一格。如果孟尝君的门客中都是一些只会念死书的儒生，而没有这两个鸡鸣狗盗之辈，恐怕他的小命也要在秦国休矣。可见，不拘一格选人才，这既是知人用人的准则之一，也是事业能否取得成功的一个重要因素。

不计前嫌,文公容人有雅量

春秋时期,晋国国君晋献公昏庸无道、是非不分。晋献公的宠妾骊姬为了立自己的亲生儿子奚齐为太子,就唆使晋献公逼死了其已故夫人齐姜所生的太子申生。紧接着,晋献公又听信骊姬的谗言,派寺人披到蒲城追杀自己的次子重耳。重耳认为寺人披是奉君父之命而来,自己作为国君的儿子和下臣,不能同他发生正面冲突,于是越墙而逃。寺人披在后面紧追不舍,一刀砍断了重耳衣服上的袖子。重耳一路狂奔,幸而得以逃脱,赶紧躲到自己母亲的故国狄国避难去了,在狄国一住就是 12 年。因重耳一贯喜爱结交贤士,晋国一批有才干的名士,包括狐毛、狐偃兄弟,赵衰、先轸、介子推等人,都纷纷赶到狄国追随他。

公元前 651 年,晋献公去世,晋国发生动乱,直到晋献公的第三个儿子晋惠公夷吾即位后,局势才逐渐稳定下来。可晋惠公却认为兄长重耳的存在,是对自己国君地位的一个巨大威胁,于是又派寺人披到狄国去刺杀重耳。重耳闻讯后,赶紧逃离狄国。这时一直负责掌管重耳行李的管家头须,见成天跟着重耳东躲西藏一点盼头都没有,就携带着重耳交给他掌管的行李乘乱自行逃开了,害得重耳一行人两手空空,不得不四处乞讨为生。

公元前 637 年,晋惠公去世,晋怀公即位,晋国局势动荡,人心思变。

晋国大夫栾枝等人暗中劝说这时正在秦国流亡的重耳回国争夺君位,他们愿做内应,于是秦穆公乘机派兵护送重耳回国。重耳一行人在秦国大军的护送下,来到秦晋交界的黄河边,看见河对岸阔别多年的故土,重耳流下了激动的泪水。过河的时候,看管重耳行李的仆人把过去落难时用的物品全都搬到了船上,重耳见了觉得非常晦气,就命人把这些东西统统扔到河里去。多年追随重耳在外流亡的狐偃一见,心里一下子凉了半截,赶忙跪下说:"现在公子外有秦国大军护送,内有朝廷重臣接应,回国即位指日可待,我们放心了。公子即位自然是万象更新,我们这帮跟随公子多年的老臣使命已经完成,就不必回去给公子丢人现眼了。就像公子刚才下令扔掉的旧衣服、旧鞋子一样,还是让我们留在黄河这边吧!"重耳一听,恍然大悟,立刻让人把过去用过的旧物全都搬上船来,并当着众人的面发誓道:"我重耳一定暖不忘寒、饱不忘饥,对过去与我患难与共的一帮旧臣永远没齿不忘。"见重耳说出这样一番肺腑之言,狐偃等人这才跟随他过了河。

第二年,护送重耳回国的秦军击败晋怀公派来抵抗的晋军,晋怀公弃城而逃,不久被人刺死。前后流亡在外达 19 年之久,这时年已 62 岁的重耳,终于当上了晋国国君,这就是晋文公。重耳即位后,支持晋惠公、晋怀公的残余势力害怕重耳找他们秋后算账,就密谋焚毁重耳居住的宫殿,活活烧死重耳。当初曾经两次奉命追杀重耳的寺人披知道了他们的密谋,打算报讯,请求进见重耳。重耳拒绝接见,并派人斥责寺人披当年在蒲城斩断自己衣袖,又在狄国行刺的罪行。寺人披说:"我过去奉当时国君的命令追杀您,是不得已而为之。现在您为前仇不肯见我,只怕灾难又要降临,而像我这样曾经得罪过您的人都再不敢为您效力了。"重耳于是转变态度接见了他,这才得知叛乱分子的谋反阴谋,便迅速离开国都绛,秘密去秦国搬救兵。秦穆公定聚而歼之,把焚毁宫殿后,找不到重耳而引兵追来的叛乱分子诱到黄河边上予以全部消灭。

重耳平定叛乱后,马上采取措施安定人心。他虽然下了一道布告,宣布乱党头子已被全歼,其余概不追究。但原来支持过晋惠公、晋怀公的大臣们还是不敢相信,人心依然浮动不安。重耳正为此事犯愁,当年那个挟带他的行李自行逃走的管家头须前来拜见。重耳一见之下,想起自己以前因为他携物潜逃而被迫四处乞讨的狼狈相,当即破口大骂。没想到头须却一本正经地说道:"我现在来见您,来得正是时候。目前外面谣言四起,没人相信您会宽恕那些以前曾经冒犯过您的人。如果能让我为您驾车,亲自坐着车在大街上转上几圈,大家看到像我这样背叛过您的人尚且能够得到您的原谅,那就没有人担心自己会受到追究了。"重耳觉得言之有理,就照他的话去做,果然平息了谣言,安定了人心。

谋略点评:

　　春秋五霸之一的晋文公重耳,两次被自己的父亲和兄弟派人追杀,在外流亡19年,即位时年已62岁,真可谓是备尝人生的艰辛了。他在即位之后,不计前嫌,大胆起用当年曾经冒犯过自己的仇人,其胸怀之宽广为一般君主所不及,因而很快安定了人心,迅速巩固了自己在外国军队刺刀保护下刚刚建立的统治。领导者得势后尤其要注意收取人心,不能搞亲亲疏疏那一套,要一碗水端平,不能做秋后算账的事。对过去曾经拥护和反对过自己的人都要加以善待:既不能忘记当年与自己患难与共的故人,也应该不计前嫌地任用曾经反对过自己的仇人。只有这样,才能得到下属的广泛支持,从而巩固自己的领导地位。

容人小过,庄王绝缨得死士

　　春秋五霸之一的楚庄王,是楚国一位具有雄才大略的君主。在平定若敖氏叛乱后,楚庄王非常高兴,于是大宴群臣以示庆贺。他举起酒杯对群臣说:"寡人即位以来,日夜忧心国事,已经多年没有饮酒了。如今叛贼伏诛,寡人多年的忧愁一扫而空,这都仰仗众爱卿同心协力之功。寡人今晚破例,与众爱卿共谋一醉。"群臣频频举杯,向楚庄王敬酒,君臣开怀畅饮。

　　酒酣耳热之际,楚庄王一时兴起,命自己的宠姬许氏出来为群臣斟酒助兴。许姬长得貌美如花,群臣一见之下,都不禁啧啧称羡。正在这时,忽然刮起一阵狂风,将堂上蜡烛全部吹灭,大堂上顿时漆黑一片。正在挨个给群臣斟酒的许姬忽然发觉朦胧中一个高大的男人凑到自己身边,还伸出一只有力的大手把自己的纤纤玉手强行捏住,极不规矩地抚摩着。许姬羞怒交加,拼命挣脱这个男人的纠缠,并顺手揪下他的帽缨,急步走到楚庄王面前悄悄说:"大王,刚才臣妾奉令斟酒,蜡烛熄灭之时,群臣中竟然有人趁暗拉住臣妾的手加以调戏,臣妾已将其帽缨揪落。请大王赶紧下令点烛，抓住那个帽上无缨的混蛋。"楚庄王一听，勃然大怒，竟然有人敢调戏自己的爱姬，这还了得!刚想下令马上点燃蜡烛，查出是谁干的丑事，抓住他后将其五马分尸，方解心头之恨，可转念一想，酒后乱性乃人之常情，谁没有饮酒失态的时候?醇酒美人集于眼前，是男人都难以抵挡。不就是摸了下手嘛，还是不要小题大做的好，以免伤了君臣的和气。想到这，楚庄王高声叫道："先别忙着点蜡烛。今晚大家痛饮，不必穿戴整齐了，都把帽缨摘下来吧! "群臣都莫名其妙，但既然楚庄王有令，只好稀里糊涂地把自己的帽缨摘下。事后楚庄王安慰许姬说："群臣饮酒过量，一时发了酒兴，又见了你这样的大美人，谁能不动心? 好在没有发生什么太出格的事，我们还是难得糊涂为好。"

　　三年过后，楚国和晋国为了争夺中原霸权而展开决战。楚军五次与晋军交战，楚将唐狡都身先士卒地向前冲杀，晋军竟无人能够抵挡。在他的带动下，楚军将士都士气高昂，奋勇杀敌，打得晋军狼狈而逃。楚庄王大为高兴，要重赏唐狡。谁知唐狡却红着脸说："大王切莫重赏，只要不治我的罪，末将就已感激不尽了! "楚庄王奇怪地问："将军何出此言，寡人怎么听不明白呀? "唐狡低下头说："大王是否还记得三年前的那次庆功宴，末将酒后失德，竟然趁暗去拉大王爱姬的手。蒙大王昔日不杀之恩，末将今日才舍命相报啊! "楚庄王大喜道："人非圣贤，孰能无过? 将军乃国之干城，昔日不过是醉后失礼而已，寡人岂能为显示妇人的贞节而羞辱勇士呢? "言毕，仍命人重赏唐狡。

谋略点评：

　　人非圣贤，孰能无过? 宽容下属小的缺点和不足，原谅甚至掩盖下属小的过失，给予下属改过自新的机会，让下属感恩戴德，领导者常常能因此而收到丰厚的回报。楚庄王就非常明白这个道理：当酒下肚，色在侧，借着夜幕的掩护，臣下偶尔放肆一下也是人之常情，只要不是做得太过分，自己就当不知道好了。楚庄王容人小过，最终得到了唐狡的拼死回报。很多时候，我们都需要宽容，宽容不仅是给别人机会，更是为自己创造机会。

谦恭纳士，信陵君屈己待人

信陵君无忌，是战国时代魏国人，和赵国平原君赵胜、齐国孟尝君田文、楚国春申君黄歇合称为"战国四公子"。信陵君为人仁爱宽厚，礼贤下士，传说信陵君早年时期的一天早晨，他刚吃完早餐，有一只鸠被凶猛的鹞追杀，信陵君让鸠藏匿起来，等鹞飞走后，他再叫出鸠。谁知，狡猾的鹞就躲藏在附近，见鸠一飞出来，就一把抓住了鸠，并吃掉鸠。信陵君自责：正是由于自己的一时疏忽，才导致鸠的死亡。他下令，四处捕捉鹞，共捕得100只鹞，然后逐一审问，最后把捕杀鸠的凶手查了出来。信陵君放了其他的鹞，再把凶手鹞杀掉，以祭奠鸠的亡灵。

人们听说信陵君不辜负一只鸠，更何况人呢！其信义、胸怀堪称表率。于是，四面八方的游士纷纷投奔到他的门下，成为他的门客。其食客多达三千余人。所以当时的魏无忌威名远扬，各诸侯国连续十多年都不敢动兵侵犯魏国。

当时魏国有个隐士，叫侯嬴，原是魏国都城大梁一个毫不起眼的守门人，年已七十多岁了，整天沉默寡言的，别人都不怎么答理他。魏公子信陵君却能察觉侯嬴是一位极有见解和智谋的有识之士，就着意与之结交，意图收为己用。

有一天，信陵君亲自登门拜访侯嬴，并向其馈赠重金作为见面礼。侯嬴冷冷地推辞道："老夫一生清贫自守，决不收受别人的钱财。"信陵君只好说："先生是国之大贤，我前来拜访乃是出于一片至诚。区区薄礼只是聊表敬意而已，绝非故意亵渎先生。既然先生不收，我也不敢勉强。不如另择良辰吉日，我在家中宴请先生，恳请先生务必大驾光临。"侯嬴推辞不掉，只得应允下来。

到了约定的日子，信陵君在家中摆下丰盛的宴席款待侯嬴，大梁城中有头有脸的名门显贵都应邀作陪。待前来作陪的宾客都到齐后，信陵君率领一队车马，空出车中左边最尊贵的座位，亲自去迎接正在守城门的侯嬴。侯嬴见到信陵君后，连让都没让一下，就毫不客气地坐在车里的尊位上，让信陵君拿着鞭子坐在旁边给他赶车，并要马车特意绕行大梁最繁华的街道。当马车经过一个市场时，侯赢突然说："老夫有个叫朱亥的老友在这市场里杀猪卖肉，我们已经多日未见了，现在正好路过，老夫想过去看望一下，麻烦公子等一等。"说完，侯赢就下车扬长而去，信陵君赶紧随同前往。

当侯赢在市场里找到朱亥，两人相互寒暄时，信陵君就站在一旁默默等候。过了很长时间，信陵君脚都站麻了，侯赢却仍和朱亥聊个没完。信陵君的随从实在忍不住了，纷纷小声抱怨侯赢倚老卖老，太不识抬举了。信陵君听到后连忙厉声予以喝止。见当朝的贵公子信陵君竟然不声不响地站在市场里，看热闹的人越集越多，等弄清情况后，都众口一词地指责侯赢。侯赢一边和朱亥聊天，一边偷眼观察，发现信陵君等得越久，脸上的神情反而越加谦恭。他这才辞别朱亥，上车跟信陵君前去赴宴。

信陵君家里请来的陪客早已经等得不耐烦了，可谁也不敢离开。望着宴席上空着的首席，众人窃窃私语，猜不透信陵君请的是何方贵客，难道是魏王要亲自驾临吗？大家心里忐忑不安地想着。当信陵君毕恭毕敬地陪着侯赢步入宴席时，侯赢毫不谦让地坐在首席上，心安理得地接过信陵君斟满的酒一饮而尽。众人抬头一看，信陵君请的贵客居然是一个名不见经传的糟老头子，不觉大失所望。可碍于信陵君的面子，大家不好说什么，便都坐下来闷头喝酒。

酒宴散后，侯赢这才悄悄对信陵君说："老夫本是个看守城门的无名小卒，承蒙公子错爱，亲自登门拜访，又设宴款待，不胜荣幸之至。老夫让公子在市场里等了那么久，围观的人都觉得这实在是太不应该了。老夫为什么要这样做呢？这都是因为公子厚待老夫，老夫无以报答，所以才用这种方式成全公子的名声啊！老夫让公子降尊纡贵地站在市场里等着，那么多人骂老夫不识抬举。别人越骂老夫，越替公子抱不平，就越敬佩公子礼贤下士的风范。老夫赴宴故意来晚，让公子邀来的达官显贵们等得心焦，又毫不客气地坐了首席，也是同一道理。在座的达官显贵们哪一位不从心里钦佩公子的容人之量呢？公子天生睿智，路人皆知。如今公子礼贤下士的名声再传扬开去，必然天下归心，公子的前程将不可限量啊。"信陵君听了这番话，恍然大悟，从心里感激侯赢，越发相信自己没有看错人。从此，侯赢做了信陵君的贵宾。

谋略点评：

信陵君谦恭结纳隐士侯赢，其度量之大、胸襟之宽广、态度之谦恭、忍耐程度之高实在让人佩服。侯赢则对信陵君的诚意从多方考验：一则登门拜访冷语相待、拒收馈赠；二则应邀赴宴毫不谦让、故意拖延。侯赢此举可谓一举两得：一方面用自己的傲慢反衬出信陵君的容人之量，使其礼贤下士的品德彰显于世，在不动声色中就为信陵君立下一功；另一方面，故意通过傲慢的作态，考验出信陵君的求贤若渴，从而认定他是一位值得为之效劳的明主。领导者宽容别人对自己的不敬，有时也能为自己赢得人心。

巧妙识人，文侯选相有高见

魏文侯，是战国时期魏国的建立者。在位时礼贤下士，善于用人，使得不少出身于小贵族或平民的人士在政治、军事方面发挥其作用，为魏国立下了不少功劳。

战国初年，"三家分晋"后，刚从晋国分离出来的魏国百废待兴。国君魏文侯决定选拔贤才出任相国，以辅佐自己治理国家。他有两个人选都不错，但一时不知到底该选哪一个。于是魏文侯问计于谋士李克："寡人要提拔一位有本事又贤良的大臣担任相国。魏成子和翟璜这两个人都不错，但寡人一时拿不定主意让谁出任相国，你说说看他们两个到底哪个强一些？"

李克回答说："大王您下不了决心，是因为您平时对他们的考察不够。"

魏文侯追问道："依爱卿之见，应该如何考察呢？"李克说："我认为考察一个人的标准应该是：一看他平时亲近些什么人，从他亲近的人的品质可以看出他的为人；二看他富裕了和什么人做朋友，如果富裕了就抛弃以前穷时结交的朋友，或者巴结富贵人，那此人就不可取；三要看他当官了，推荐什么人，只有真心为您效力的人才会为您推荐天下最贤良的人；四看他不做官了，不屑于做哪些事情，如果他不做官了，却还摆做官的架子，接受别人的馈赠，像当官时一样威风，那他就不是一个忠心的人；五看他贫穷了，哪些钱他不屑于拿，如果他贫穷了就去拿讨来的钱或者偷窃来的钱，那他就不是一个贤德的人。只要您按照这五个标准去衡量他们，就可以作出决定了。"魏文侯听后称赞道："爱卿所言甚善，寡人明白该怎么做了。"

李克拜别魏文侯，出来正好遇见了翟璜，翟璜问道："听说大王找你商量谁做相国的事情，不知是否作出了决定？"李克说："大王虽然没有明言，但看情形是要封魏成子为相国。"翟璜气不过，愤愤地说："我哪里不如魏成子？大王缺西河太守，我把西门豹推荐给他；大王要攻打中山国，我就推荐了乐羊，大王的儿子没有师傅，我就推荐了屈侯鲋，结果是：西河大治，中山攻克，王世子品德日增，我举荐人才如此卓有成效，为何我不能做相国呢？"李克说："你怎么能比得上魏成子呢？魏成子的俸禄，90%都用来罗致人才，所以卜子夏、用子方、段干木三人都从国外应募而来。他把这三个人推荐给大王，大王以师礼相待。而你所推荐的人，不过是大王的臣仆，又怎么能和魏成子相比呢？"翟璜想了半天，惨然失色，说："您是对的，我的确比不上魏成子。"没过多久，魏文侯果然任命魏成子当相国。

谋略点评：

魏文侯可以说得上是一个绝顶聪明、一点就破之人；而李克也可以说是富于智慧、精于权谋之人。当魏文侯征询李克的建议时，李克并没有直接说出自己的意见，而是给魏文侯讲述了考察人才的五个标准：通过一个人平时亲近的人、富贵时所交的朋友、做官时推荐的人、不做官时不屑于做的事情、贫穷时不屑拿的钱，即可看出他的为人。魏文侯听后心领神会，最终任命魏成子当了相国。从这点来看，足见魏文侯在平时已对翟璜和魏成子的为人处世有了充分的了解。

信任下属，魏文侯用人不疑

战国初年，强大的晋国分裂为韩、赵、魏三个诸侯国。曾经臣服于晋国的中山国，在晋国分裂之后因无所归属，君臣荒淫，国衰民凋。魏国国君魏文侯便想乘机举兵讨伐。在征求了大臣们的意见之后，魏文侯有意起用平民出身的乐羊为统帅率兵出征，这个人文武全能，是个难得的人才，唯一不放心的问题，就是他有一个儿子在中山国当官。魏文侯召见了乐羊，明白地说出了自己的意图和疑虑，乐羊拍着胸脯表示，自己决不会以私废公，并且果断表了态，一定全力拿下中山国。魏文侯听了十分高兴，便拜乐羊为统帅，西门豹为先锋，率5万军队攻打中山国。

乐羊率军所向披靡，长驱直入，很快就包围了中山国都城。走投无路的中山国国君只能拿乐羊的儿子乐舒做文章，威逼着乐舒到城楼上劝说其父乐羊退兵，乐羊自然不肯退兵，反而要求中山国国君投降。中山国国君便采用缓兵之计，让乐舒向乐羊要求给他们一个月的时间考虑，乐羊答应了，不再强攻，只在外面把城池团团围住。中山国国君一看，以为是乐羊爱子心切，不敢攻城了，便不再想其他办法，依然享乐如故。只是等到一个月期限届满的时候，便派乐舒上城楼再要求多宽限一个月，乐羊又答应了，如此过了三个月，乐羊的部下可不满了，西门豹对他的做法表示怀疑，于是质问乐羊道："元帅难道不想攻取中山国了吗？为什么久围不攻呢？"

乐羊知道部下的心思，于是解释道："我久围不攻绝不是为了顾全父子之情，而是为了收取中山国的人心。我军如果一味攻城，只会让中山国的百姓团结起来，同仇敌忾地对付我们。而像现在这样做，中山国国君再三食言，必然会大失民心。"

中山国的战况传到魏国后，人言啧啧，群臣纷纷上书文侯，说什么话的都有。文侯一概不听,把所有奏章都封存在柜中,同时不断派遣使者慰劳将士,还预先为乐羊在都城修筑了一处豪华的府第。乐羊得知这些情况后,感激涕零。就这样,又过了一个月,中山国国君还是不肯投降,乐羊便命令攻城,中山国国君见情况危急,便将乐舒绑在高竿上,声称乐羊若不退兵,即杀其子。但乐羊不为所动,照攻不误。于是,中山国国君狗急跳墙,命人把乐舒杀了做成肉羹,派人送给乐羊,希望乐羊会因悲戚心乱而放弃进攻。没想到乐羊竟把肉羹一饮而尽。中山国国君见乐羊全无痛子之心,攻城愈急,怕城破受辱,遂自缢而死,魏军终于攻占了中山国。

乐羊灭了中山国后,命西门豹在当地留守,尽收府中宝藏,而后班师回朝。魏文侯亲自出城迎接,大摆宴席,百官也都过来祝贺奉承,乐羊也面露得色。宴会后,魏文侯赐给乐羊两个大箱子,乐羊本来以为是什么金银财宝,回家打开一看,不由得大惊失色,里面全是他率兵攻打中山国的时候,大臣们弹劾他的奏章,各种危言耸听的中伤,各种恶毒的诽谤,应有尽有。乐羊读得全身直冒冷汗,心想,若不是魏文侯信任自己,自己恐怕早就成了阶下囚了,于是骄傲之心全无。

第二天,当魏文侯封乐羊为灵寿君的时候,乐羊坚决推辞。魏文侯却坦言道,在起用你之前,我就作了大量深入细致的考察,知道你是值得信任的,所以才会用你不疑,现在你果然不负所望,赏赐是应得的,你就不要推辞了,我封你为灵寿君,即刻上任去吧。

谋略点评:

"用人不疑,疑人不用"这句话,说起来都会说,但要真正做到这一点,对一个领导者来说却不那么容易,乐羊受命带兵攻打中山国,历时三月却按兵不动,因而朝廷大臣纷纷给魏文侯上书,各种危言耸听的中伤,各种恶毒的诽谤,应有尽有,以至于弹劾乐羊的奏章积攒了两大箱子。作为一国君王,魏文侯却没有为这些弹劾乐羊的奏章所动,而是把所有奏章都封存在柜中,同时不断派遣使者慰劳将士,还预先为乐羊在都城修筑了一处豪华的府第,以至于乐羊得知这些情况后，感激涕零，最后一举消灭了中山国。而在乐羊灭了中山国后，面露得色之时，魏文侯适时拿出弹劾乐羊的奏章，打消了他居功自傲的念头，可见魏文侯在用人方面是何等的具有眼光和智慧。

用人所长，诸葛亮量才选贤能

诸葛亮是中国历史上妇孺皆知的人物，在后人的心目中，诸葛亮是智慧的化身，他的很多谋略故事至今为世人津津乐道。

在用人方面，诸葛亮不拘一格，选拔人才，用群贤治蜀，使蜀国的政权在大敌当前的形势下，在西南得到巩固。

杨洪，原是犍为太守李严手下的一个地位很低的功曹。诸葛亮在与他的交谈中，发现他很有远见，立即表奏他为蜀郡太守，官位与李严并列。杨洪手下一个负责文字工作的小官何祇很有进取精神，诸葛亮破格提拔他为广汉太守，又与杨洪同职。

诸葛亮用人，不仅不重资历，而且也不论门第。张嶷，家境贫寒，而且平素有些放浪。但这个人很有见识，屡建奇功，诸葛亮就把他提拔为太守。

士卒出身的王平，虽然没多少文化，但他"遵履法度"，很有实战经验。马谡失街亭后，王平率领残余部队归来。诸葛亮挥泪斩马谡后，加封王平为参军。后来王平在对魏军作战中，屡立战功，成为蜀国一名善战的将军。马超、黄忠都是降将，诸葛亮把他们提拔到同关羽、张飞、赵云并列的"五虎上将"的地位。

诸葛亮开始提拔马超时，关羽不服气。诸葛亮写信给关羽，信中写道："马超文武双全，刚烈过人，堪称一代俊杰，是黥布、彭越一类人物，可以和张飞并驾齐驱，只是比不上关羽的超群绝伦。"关羽读完信后，觉得有理，便也服气了。刘备、诸葛亮入蜀后，派司马费神将封关羽为前将军的敕令送去。关羽一见老将黄忠也被封为将军，与自己同职，很不高兴，发誓说："大丈夫决不与老卒同列！"不肯受印。费祎便按照诸葛亮事先的嘱托，对关羽说："成就大业必须并用群贤。将军不应该计较官位高下，爵禄多少，也应学习萧何、曹参的品格。"一席话，说服了关羽，关羽很快地接受了前将军的印绶。

不求全责备，用人之长，是诸葛亮用人的又一特长。他在选拔做长史的人时，要求既有军事才能，又有施政的本领，还要有一定的德行修养。张裔就是被诸葛亮看中的一位人选。张裔文武兼备，既带兵打过仗，又当过太守，后又担任参军从事。在任职期间，他表现出了非常卓越的军事和政治才干。为了进一步考察他的实际才能，诸葛亮请来越骑校尉杨洪，询问有关情况。杨洪认为，张裔精明能干，是个长史的材料；但他气量太小，不能容人之过，不宜单独担负此任。相比之下，如让向朗担任此职，让张裔在向朗之下办事，更稳妥一些。

诸葛亮采纳了杨洪的意见，也有意再考验一下张裔，任他为校尉。后来，张裔听说杨洪在诸葛亮面前说他自己的弱点，就忌恨在心，总以为是杨洪别有用心，自己想争地位。诸葛亮了解到这情况后，给张裔写了一封信，坦率地批评了他以个人私见度人的这种思想。张裔看完信很受感动，他深服诸葛亮的知人善察和杨洪的荐贤无私。这以后，他和杨洪握手言和，并且与向朗一道，竭力辅佐诸葛亮处理政事，后来果真当上了长史。

谋略点评：

诸葛亮不愧为智慧的化身，他在用人上也非常有独到的见解，不仅不重资历，而且也不论门第，从不求全责备，而是用人之长。他曾说过"治国之道，务在举贤"，这是他的一贯主张。他提出："挑马不一定要非挑像麒麟那样的，只要马跑得快就行；选贤才不一定拿圣人做标准，关键是知识渊博，能力强。"正是因为诸葛亮善于用人，才使得像王平、马超这些人才为蜀所用，并屡立奇功。

唯才是举,曹操用人不拘品行

曹操是东汉末年三国时期杰出的政治家,曹操父亲曹嵩,本姓夏侯氏,因为过继给中常侍曹腾为养子,故改姓曹。由于曹操的身世和宦官有些瓜葛,在当时很为清教名流所不齿。当时的社会风气中强调等级秩序,上流社会看不起中下层百姓,甚至在很多场合不愿与中下层人士一起聚会。饱受上流社会歧视的人生经历,使曹操深刻认识到各级官吏通过察举征辟制选拔人才时,由于受贿徇情,受托虚荐,致使"举秀才,不知书;察孝廉,父别居。清素清白浊如泥,高门良将怯如鸡"的丑恶现象在社会上泛滥成灾。曹操就任丞相后,针对选官的积弊,在公元210年发布《求贤令》,公元214年发布《救有司取士毋废偏短令》,公元217年发布《举贤勿拘品行令》,要求各级官吏要不拘贵贱、不拘品行、勿废偏短,把那些具有真才实学的人统统选拔上来。曹操指出,无论是伊尹、傅说那样出身贫贱之人,管仲那样的旧敌,萧何、曹参那样的小吏,韩信、陈平那样被人污辱、受人耻笑的人,甚至像吴起那样不仁不孝的人,只要有治国用兵的才干,都要加以任用。这一主张充分表现出他求贤若渴、不拘一格的心情。

曹操认为,品行高尚的人不一定就有才能,而有才能的人,不一定就有高尚的品行。他明确提出"举贤勿拘品行"、"取士勿废偏短",但凡是有"治国用兵之术"的人,都可以大胆起用。他举例说:陈平并不是一个淳厚的人,苏秦也并不守信用,然而陈平辅佐汉高祖奠定了西汉的帝业,苏秦救助了弱小的燕国。因此曹操认为:有才能的人即使有某些短处和缺点,又怎能废置他们不用呢?

曹操不仅用命令形式提出"唯才是举",实践中也确实这样在做。曹操的人才中,从老兵中提拔于禁、乐进、典韦等将领,从敌方投降过来的人才中起用张辽、徐晃、张郃、陈琳、贾诩等人,从地方豪强中起用李典、李通、许褚、藏霸等,从东汉政府的小官吏中提拔荀文若、荀攸、王郎等,从普通士人中起用郭嘉、程昱、刘晔等,这些人才都是曹氏政权的顶梁柱。

曹操不仅任用司马懿等大族名士,也同样信任有"负俗之讥"的杜畿等人,且能以大业为重,不念旧恶。陈琳曾为袁绍撰写檄文,痛斥曹操,并辱及他的父亲和祖父,可陈琳归降后,曹操爱惜陈琳的文才,不仅未加惩处,还委托陈琳掌管文书往来。在当时各割据政权中,曹操得贤士最多,猛将如云,谋臣如雨。正是在这些谋臣猛将的辅佐下,曹操才得以扫平群雄,统一北方,从而奠定了曹魏政权的基础。

需要指出的是,曹操抛弃的"德"是有特定内容的,他并非是一般地否定"德"。照他的标准看来,有严重"品质"问题的,比如坚决反对他的祢衡、孔融等人,他是决不姑息的。"勿拘品行"也是有条件的。曹操的本意是指人的品行方面的"偏短"可以忽视,这些"偏短"并不会影响一个人的根本品质,而在根本品质上,他对将领提出了"质忠性一,守执节义"的基本要求,认为在"忠诚"和"大义"等原则问题方面,要禀性专一,坚守节操。

谋略点评:

曹操"唯才是举"的用人观千百年来一直为世人津津乐道,并为管理者广为借鉴。他注重从能力方面去考察和提拔有才能的人。要求各级官吏要不拘贵贱、不拘品行、勿废偏短,把那些具有真才实学的人统统选拔上来。曹操认为,品行高尚的人不一定就有才能,而有才能的人,不一定就有高尚的品行。他明确提出"举贤勿拘品行"、"取士勿废偏短",凡是有"治国用兵之术"的人,都可以大胆起用。值得注意的是,曹操所不看中的"德",不是忠诚等基本的品行,而是儒家所宣扬的"三纲六纪"。

金无足赤、人无完人,选用人才要看大局。如果一个人在总体上能够胜任你安排的工作职位,那么,在工作的非关键细节和其他方面,就应该宽容一些。任何人都有缺点,"人无完人,慎无苛求。才重一技、用其所长",是选拔人才的基本态度。

用情于谋,唐太宗以情感人心

唐太宗李世民,是中国历史上最英明的皇帝之一,即位为帝后,积极听取群臣的意见,努力学习文治天下,唐太宗开创了历史上的"贞观之治"。有关他善于用人、善于纳谏的故事,至今还在民间广为流传。

李勣是唐太宗手下智勇双全的能臣,他先后率军打败突厥、薛延陀、高丽诸国,扬大唐国威于四方,深受太宗的宠信。一次李勣得了重病,太宗打听到把胡须烧成灰可以治病的偏方,便亲自剪下自己的胡须,烧成灰为李勣治病。古人讲究"身体须发,受之父母",不敢有损,剪掉胡须是不孝的行为,太宗这样做,可见他的爱才之心。李勣病好后得知了这件事,上朝谢恩,感动得磕头直至出血,太宗安慰说:"爱卿是朕的股肱之臣,身系天下之安危,朕这样做全是为了江山社稷,爱卿何须言谢?"

贞观十七年(公元643年),唐太宗立李治为太子,特意任命李勣任太子詹事。一次,太宗设宴款待大臣,席间语重心长地对李勣说:"朕想把太子托付给朝廷重臣,思来想去,觉得没有比爱卿更合适的人选了。太子新登储君之位,朕把太子宫中之事委托给爱卿,虽然暂时委屈了爱卿的官阶和资历,但责任至为重要。爱卿一诺千金,过去跟从李密时,从不肯辜负李密的托付,现在岂会辜负朕的重托啊!"李勣闻言泣不成声,当即咬破手指发誓,要竭忠尽力,辅佐太子。过了一会儿,李勣喝得大醉,昏昏沉沉地睡着了,太宗脱去自己身上的衣服,给他盖上。

贞观十七年(公元649年),太宗病重不起,把太子李治叫到病床边嘱咐道:"你日后继位为君,必须得到李勣等得力大臣的忠心辅佐,才能稳坐江山。但你对李勣没有恩惠,难以得到他的效忠。现在,朕要责罚他,将他调离京城。朕死后,你要将他调回京城,授给他仆射的官职,他蒙受了你的恩惠,必定会对你竭忠尽智。"几天后，太宗真的找了个借口将李勣调离京城，出任垒州都督。

不久，唐太宗去世，太子李治即位，是为唐高宗。高宗依太宗之言，立即召回李勣，委以重用。李勣感激两代君王对自己的恩典，尽心辅佐高宗，为国家屡建奇勋。后来，李勣以近80的高龄出任辽东道行军总管，征伐高句丽，一直打到平壤，俘虏了高句丽王高藏，将高藏献于安葬太宗的昭陵，一举洗雪了太宗征伐高句丽失利的耻辱。

谋略点评：

唐太宗对待李勣，既用情结其心，使其为己所用，又用权谋之术让其效力于自己的继承人。要取得下属的效忠，既要用情，又要用谋，二者不可偏废。让下属对自己感恩戴德，是取得下属效忠的前提。如果没有遇到让下属对自己感恩戴德的机会，也可以像唐太宗那样，人为地制造出一个这样的机会来。

秉公无私，姚崇不因私去贤

姚崇，字元之，祖籍江苏吴兴，因祖辈世代在陕州为官，所以定居陕州硖石（今属陕县硖石乡）。姚崇从小深受父亲的影响，孜孜好学，胸怀大志。靠父荫做了挽郎。后来又官至州司仓参军、夏官郎中。因奏事明晰流畅，为武则天所赏识，拜夏官侍郎。圣历三年(700)，升至问风阁鸾台平章事，从此任相。中宗时，出任亳、宋、常、越、许等州刺史。容宗即位后，官拜兵部尚书、同中书门下三品，又晋升为中书令。因反对太平公主干政而获罪，贬为中州刺史，移徐、潞二州，迁扬州长史，后又徙同州刺史。在任时，为政宽简，井井有条，为人称道。玄宗即位后，重新起用他为兵部尚书、同中书门下三品，又迁紫微令。他忠心为国，勤勉用事，与另一位宰相宋璟并称"姚宋"，齐心协力辅佐玄宗，成就了"开元之治"的鼎盛局面。

在用人方面，他秉公无私，任人唯贤，史称姚崇当国，"进贤退不肖而天下治"。他正确对待魏知古一事，就很好地说明了这个问题。魏知古原为睿宗朝黄门侍郎，为人方直，颇有才学。姚崇爱其才能，积极向玄宗举荐。其后，玄宗欲造玉真观，魏知古以为劳民伤财，连连上书劝谏。

玄宗见他果然忠直敢言，就提拔他为宰相，与姚崇同列。后来魏知古摄吏部尚书，掌管东都选官之事。恰好姚崇的两个儿子在东都洛阳任职，他们想凭借魏知古与姚崇的旧关系升迁，就通过魏知古的门客向魏知古送礼。魏知古却不但不买账，而且回长安后，如实向玄宗报告了此事。一天，玄宗召姚崇问道："你的儿子有才能吗? 都在哪里?"姚崇知道玄宗骤然问此事，必定是劣子出了问题，就说："臣二子分司东都，其为人多欲而寡慎，是必尝以事干魏知古。"玄宗原以为姚崇可能会因为爱惜儿子而隐忍此事，听到姚崇如此回答，不禁喜出望外，就问他："你是怎么知道的?"姚崇回答："知古是我所推荐任相的，我儿子必定以为他会感念我的恩德，而去请托他。"玄宗听后，赞赏姚崇的不讲私情，但是在另一方面，却鄙薄魏知古的为人，想将他斥退。姚崇知道此事，急忙劝阻说："臣子无状，挠陛下法，陛下赦其罪，已幸矣；苟因臣逐知古，天下必以陛下为私于臣，累圣政矣。"姚崇强调不能因一己私事损害国家政治，其论甚为严正，玄宗于是答应了他的要求。虽然后来终于将魏知古罢为工部尚书，但总算不为已甚，仍能继续发挥其作用。

谋略点评：

魏知古是因为姚崇的引荐才当上宰相的。魏知古这个人为人方直，颇有才学，姚崇也正是看中他这一点，才积极向玄宗推荐的。姚崇的两个儿子想凭借魏知古与其父的旧关系获得升迁，一向正直无私的魏知古，不念姚崇的引荐之恩，严词拒绝了他们的请求。应该说，魏知古不因私害公的行为是值得肯定的。但他不念旧情也就罢了，完全没有必要将此事泄露给皇上，魏知古此举，固然体现了其公而忘私，但另一方面也暴露出他浅薄无知、没有人情味、为了赢得好名声不顾恩情的一面,有向皇上表功取宠之嫌。魏知古此举可谓愚蠢至极,皇上不但没有褒奖他,反而认为其鄙薄不堪而欲斥退他,真是"偷鸡不成反蚀把米"。

反观姚崇,并没有因魏知古的薄情寡义而记恨他,至少表面上如此。当唐玄宗想要罢魏知古的官职时,姚崇并没有落井下石,而是恳求唐玄宗继续留任魏知古。姚崇之举可谓高明至极,唐玄宗既然十分憎恨气量狭小的魏知古,自己若趁机落井下石,唐玄宗必然会认为自己也是和魏知古一样的气量狭小之辈,这样的蠢事姚崇是不会干的。

得人治事,曾国藩放手用人

清朝"中兴"名臣曾国藩本是文人,并不懂得行军打仗。在统帅湘军与太平军作战过程中,他亲自指挥的靖港之战、湖口之战、祁门之战等几次战役,每次都是大败而归,自己还差点丧命。残酷的事实告诉曾国藩,他缺乏领军打仗的才能,"用将则胜,自将则败"。认识到自身的弱点后,曾国藩扬长避短,致力于放手使用手下的将领,自己决不插手具体作战的指挥和部署。

作为湘军统帅,曾国藩主要在以下三个方面发挥自己的作用:第一是对官兵进行忠君敬上的思想教育,增强军队的凝聚力,使官兵上下一心、同仇敌忾;第二是制订围剿太平军的作战方略,先夺取武昌,以两湖为根据地,再顺江东下,强攻金陵。由于他潜心思考,又借用幕僚的智慧,这一战略十分成功,第三是制订用以指导作战的基本战术,如结硬寨、打呆战、挖长壕困敌、围城打援、以静制动、反客为主等,实践证明,这些战术是行之有效的。至于在实战中究竟如何应用,则交由具体负责作战指挥的将领随机应变。

用人不疑,曾国藩的统军之道是自己负责选拔重要将领,而把具体军务一概交由将领们全权处理。曾国藩认为:"取人之式,以有操守而无官气、多条理而少大言为要。为政之道,得人治事,二者并重。"他先后任用王鑫、左宗棠、李鸿章、李续宾、李元度、曾国荃、胡林翼等足智多谋、能征善战的将领，放手让这些将领自行招募、训练士兵，并由他们全权负责率军作战，自己决不越级指挥。充分发挥手下将领的军事指挥才能，曾国藩统帅的湘军自然越战越强。放手让部下劳心劳力，是曾国藩以五万之众的湘军，击败太平军数十万人的秘诀所在。

谋略点评：

曾国藩的成功，在很大程度上得益于他善于用人，信任并充分发挥部下的能力，让部下劳心劳力从而取得事业的成功。作为领导者，选拔有才能的人并放手让其来做事，比凡事自己亲力亲为效果要好得多。在集思广益的基础上确定工作目标，是领导者的职责所在，至于如何实现这一目标，则应交由下属全权处理。

【四】
出奇制胜——军事谋略

自古以来，"兵无常势，水无常形"，"用兵之道，在于因敌变化而致胜"，谋略是用兵制胜之王道，在人类社会的发展史上起到了重要的作用，特别是军事谋略的运用对一个民族、一个国家的生存与发展有着不可低估的作用。历史上从来不乏用兵打仗依靠卓越策略出奇制胜的谋略家及相关战例。

出其不意,叔詹空城退楚军

春秋时期,楚国的令尹(宰相)公子元,在他哥哥楚文王死了之后非常想占有漂亮的嫂子文夫人。他用各种方法去讨好,文夫人却无动于衷。于是他想建立功业,显显自己的能耐,以此讨得文夫人的欢心。

公元前666年,公子元亲率兵车600乘,浩浩荡荡地去攻打国力较弱的郑国。楚国大军一路连下几城,直逼郑国国都。由于郑国都城内兵力空虚,根本无法抵挡楚军的进犯,群臣立即慌作一团,有的主张纳款请和,有的主张拼一死战,有的主张固守待援,但这几种主张都难解国之危急。

上卿叔詹说:"请和与决战都非上策。固守待援,倒是可取的方案。郑国和齐国订有盟约,今有难,齐国定会出兵相助。只是我们现在兵力匮乏,空谈固守,恐怕也难守住。公子元伐郑,实际上是想邀功图名讨好文夫人。他一定急于求成,又特别害怕失败。我有一计,可退楚军。"

于是,郑国按叔詹的计策,在城内作了安排,命令士兵全部埋伏起来,不让敌人看见一兵一卒;令店铺照常开门,百姓往来如常,不准露一丝慌乱之色;大开城门,放下吊桥,摆出完全不设防的样子。

楚军先锋到达郑国都城城下,见此情景,心里起了怀疑,莫非城中有了埋伏,诱我中计?楚军不敢妄动,等待公子元。公子元赶到城下,也觉得好生奇怪。他率众将到城外高地眺望,见城中确实空虚,但又隐隐约约看到了郑国的旌旗甲士。公子元便由此料定其中必然有诈,不可贸然进攻,决定先进城探听虚实。

这时,齐国接到郑国的求援信,已联合鲁、宋两国发兵救郑。公子元闻报,知道三国兵一到,楚军定不能胜。好在也打了几个胜仗,还是赶快撤退为妙。他害怕撤退时郑国军队会出城追击,于是下令全军连夜撤走,人衔枚,马裹蹄,不出一点声响。只是所有营寨都不拆走,旌旗照旧飘扬。

第二天清晨,叔詹登城一望,说道:"楚军已经撤走。"众人见敌营旌旗招展,不信已经撤军。叔詹说:"如果营中有人,怎会有那样多的飞鸟盘旋上下呢?他也在用空城计,其实早已撤兵了。"说完,派人去一察看,果然如此。

这就是中国历史上第一个使用空城计的战例。

谋略点评:

中国古代著名的军事思想家孙子说:"兵者,诡道也"。古代兵法讲究用"诡",惯于诈欺,往往达到出其不意的效果。在战争中,也发展出各种各样的诈欺手段,像"能而示之不能,用而示之不用,近而示之远,远而示之近",像"利而诱之",像"示假隐真"等等。以上叔詹空城计惊退楚军的战例,就充分说明了兵法诡道的巨大威力。

以退为进,晋文公退避三舍

晋文公五年(公元前632年),楚成王派大将成得臣率军攻打宋国,宋国派遣使者向晋国求救。晋文公召集大臣们商议对策,大臣们都说:"楚国老是欺负中原诸侯,主公要扶助有困难的国家,建立霸业,这正是时候。"

于是晋文公立刻亲率大军前去救援宋国。

楚将成得臣闻讯,立刻催动全军赶到晋军驻扎的地方。晋文公并没有急于应战,而是仔细分析形势,决定暂时后退,避其锋芒,并暗中派人前往秦国和齐国求助,对外却假意说道:"当年我被迫逃亡在外,楚王对我以礼相待。我曾与他有约定,将来如我返回晋国,愿意两国修好。如果迫不得已,两国交兵,我定先退避三舍(古时一舍为30里)。现在,成得臣伐我,我当兑现诺言,先退三舍。"

于是，楚军一开始进攻，晋文公就立刻命令晋军后撤，连续退了90里之程，直到城濮(今河南范县南)才停下来。其实，在晋军撤退后，楚军中也有人主张撤退，但楚军统帅成得臣不答应，步步紧迫，终于在城濮与晋军相遇了。他立即派人向晋文公下战书，措辞十分傲慢。

然而，此时的晋文公利用撤退的时间，早已等来了宋、齐、秦三国前来助战的军队，改变了楚强晋弱的战局。于是他亲自率兵车700乘，精兵五万余人摆好阵势，设下埋伏，决心与楚军一比高下。双方交战之始，晋军便佯装败退，成得臣登车一望，晋军后方烟尘蔽天，他大笑道："晋军不堪一击。"

其实，这是晋军诱敌之计，他们在马后绑上树枝，来往奔跑，故意弄得烟尘蔽日，制造假象诱敌追赶。成得臣却以为晋军已经溃逃，因而贪功冒进，不料正中晋军埋伏。晋军精锐从敌阵后抄出，横冲过来，将楚军拦腰切断。

这时佯败的晋军也回过头来，前后夹击，将楚军杀得溃不成军，并趁势占领了楚军营地。

晋文公看到已大获全胜，急忙传令各军，只将敌人驱逐出境，不再追杀。

成得臣率领残部退去，自觉无颜再见家乡父老，遂拔剑自刎而死。

晋国大败楚军后，周襄王还亲自到践土(今河南原阳西南)慰劳晋军。

晋文公趁此机会在践土建造了一座王宫，迎接周天子，会盟诸侯，并把楚军俘虏献给周天子，晋文公也被册封为盟主，当上了中原的霸主。

谋略点评：

敌方已占优势，我方不能战胜它，为了避免与敌人决战，只有三条出路：投降、讲和、撤退。三者相比，投降是彻底失败，讲和也是一半失败，而撤退不能算失败。晋文公以退避三舍为援军的到来争取了时间，以佯装溃逃的满天烟尘引诱楚军来攻，让骄横的楚军不知不觉间掉进了为其设下的陷阱中。由此可见，撤退并非失败，反而可以转败为胜。当然，撤退绝不是消极逃跑，撤退的目的是避免与敌主力决战。主动撤退还可以诱敌，调动敌人以制造有利的战机，总之是以退为进。

趋利避害,孙膑围魏救赵国

战国时期,战争频繁,军事人才辈出。庞涓、孙膑就是其中的佼佼者。相传二人同出于鬼谷子门下,一个事魏,一个事齐,且各为其主,战场相逢,斗智斗勇。

魏惠王仿效秦孝公,要找一个商鞅式的人才,于是用重金招徕天下人才。当时有个叫庞涓的魏国人前来求见,向魏惠王讲了些富国强兵的道理。魏惠王听了挺高兴,就拜庞涓为大将。

于是庞涓天天操练兵马,先从附近几个小国下手,一连打了几个胜仗。后来连齐国也被他打败了。从那时起,魏惠王更加信任庞涓。庞涓便开始张狂起来,但他知道,他的同学孙膑,对用兵之法谙熟精通远在自己之上。庞涓自觉能力不及孙膑,恐其贤能高于自己,影响了自己的位置,便把孙膑骗到魏国,施毒计将孙膑致残,剜去孙膑的两个膝盖并在他的脸上刺上字,企图使孙膑既不能行走,又羞于见人。为了留住生命,以图复仇,孙膑装疯,幸得齐使者救助,后来逃到齐国。

齐国大将田忌听说孙膑是个将才,把他推荐给齐威王。齐威王也正在改革图强,同孙膑谈论兵法后,见孙膑不仅熟习兵法,而且对指挥作战有一系列独到的见解,对孙膑的军事才能深信不疑,只恨没早点见面,便拜孙膑为军师。

公元前353年,魏惠王为了报失去中山的旧恨,便想派大将庞涓前去攻打中山国。中山原本是东周时期魏国北邻的小国,被魏国收服,后来赵国乘魏国国丧之时趁机将中山强占,庞涓认为中山不过是弹丸之地,距离赵国又很近,不如直接攻打赵国都城邯郸,既解了旧恨又一举双得。魏王听从庞涓的建议,踌躇满志,以为宏伟的霸业从此开始,于是立即调拨500战车,命令庞涓为将,直奔赵国围了赵国都城邯郸。赵王急难中只好求救于齐国,并许诺解围后以中山相赠。齐威王应允,任命田忌为元帅,孙膑为军师. 率领一支 8 万人的军队去救援赵国。

当田忌与孙膑率兵进入魏赵交界之地时,田忌想进军赵国邯郸,以解赵围。孙膑制止,对田忌说:"要解开乱麻,不能用蛮力强拉硬扯;要排解打斗的纠纷,不能手持武器帮着击刺把自己也卷进去。要避开其强势,直接攻击其空虚部位,利用形势迫使他们不得不停止,自然便解决了。现在魏国和赵国互相攻打,精锐部队必然都在外面战斗,而留在家里的都是些老弱残兵。将军不如率领军队直接攻打魏国首都大梁,占据魏国的交通要道,攻打魏国防务空虚的地方,那么魏国必然会放弃赵国,回军来救。这样齐军既可以救赵,又可以调动魏军跋涉奔走,趁魏军疲惫之时一举击败魏军,不但可解赵国之围而且也能坐享魏国疲惫之师的利益。"

田忌依计而行。果然,庞涓得知魏都被围的消息,十分慌张,在攻下赵都邯郸后,顾不得部队的休整和喘息,被迫留下少数兵力留守邯郸,抛弃辎重,急忙率领轻车锐骑,昼夜不停地回救大梁。庞涓这样做,虽是出于无奈,却犯了兵家大忌!庞涓仓皇回救大梁,早已在孙膑的意料之中,他在魏军回师的必经之地桂陵设伏。魏军离开邯郸,归路中又陷伏击与齐战于桂陵,齐军以逸待劳,士气旺盛,如同猛虎下山,魏军部卒长途疲惫,溃不成军。很快,疲惫不堪的魏军就被打得大败!庞涓勉强收拾残部,退回大梁,齐师大胜,赵国之围得以解决。后来,魏国被迫与齐国议和,并且将赵国都城邯郸归还给赵国。

谋略点评:

硬碰硬并不是好的方法,只需避实就虚,改变一种方式就能以逸待劳,化被动为主动。这样做事往往就会变得轻松顺利,也避免消耗过多的精力。"围魏救赵"变攻坚为击虚,变被动趋战为以逸待劳,变击敌有备为出其不意,比直趋邯郸参战确实高明得多。它的基本思想是趋利避害、机动歼敌。对敌作战,好比治水:敌人势头强大,就要躲过冲击,用疏导之法分流。对弱小的敌人,就抓住时机消灭它,就像筑堤围堰,不让水流走。

奇正相生,韩信暗袭陈仓城

秦朝末年,政治腐败,群雄并起,纷纷反秦。刘邦的部队首先进入关中,攻进咸阳。

势力强大的项羽也随后进入关中,逼迫刘邦退出关中。鸿门宴上,刘邦险些丧命。刘邦脱险后,不得不率部退驻汉中。为了麻痹项羽,刘邦接受了张良的计策,退走时,将汉中通往关中的用木材架在悬崖峭壁上的几百里的栈道全部烧毁,表示不再返回关中。

这样,既便于防御,又能迷惑项羽,让他以为刘邦真的不打算出师逐鹿了,以松懈其戒备。

公元前206年,逐步强大起来的刘邦,派大将军韩信出兵东征。出征之前,韩信就命令周勃等带领大队人马去修复已被烧毁的栈道,限期三个月完成,并摆出要从原路杀回的架势。可是烧毁的栈道接连有几百里,高低不平,地势险要,修了没有几天,就摔死了几个人。刘邦兴师动众修栈道的消息传到关中,立刻引起关中守军的重视。守在关中西部地区的雍王章邯,一方面派探子去打听修栈道的实际情况,密切关注修复栈道的进展情况;另一方面派主力部队在各个关口要塞加紧防范,阻拦汉军进攻。

一个月过去了,关中没有一点动静,探子每天都来报告,说修栈道的士兵和民工天天都有摔死的、逃跑的,这栈道估计一年也难修好。而且当雍王听说汉王所拜的大将原来是曾经钻过别人裤裆的懦夫韩信时,就逐渐放松了警惕。

忽然有一天传来急报:汉军已经攻入关中,陈仓被占。栈道还没有修好,汉军插翅难飞,这怎么可能呢? 原来,韩信表面上派了许多人去修复古栈道,装做要从栈道杀出去的样子,故意吸引项羽的注意力,暗地里却和刘邦主力翻越柴关岭抄小路迂回过去袭击陈仓,采取里应外合的战术,一举攻下大散关,打败章邯,并轻而易举地拿下了陈仓城,打开了守卫关中平原的西大门,并随之攻占了雍地和咸阳。

没过多久,翟王董翳、塞王司马欣先后投降。不到三个月的时间,关中就成为汉王刘邦的地盘,从而为刘邦统一中原奠定了基础。

谋略点评:

　　"明修栈道、暗渡陈仓"是古代战争史上声东击西的著名成功战例。西汉大将军韩信创造的这一计策的精髓就在于作战时在正面佯攻,诱敌集结固守,迷惑敌人,而从侧面突袭。"明修栈道、暗渡陈仓"的实质是用一个计谋掩盖另一个计谋,己方把被敌人所知悉的计谋越是搞得轰轰烈烈,敌人的注意力就越是能够被吸引过去。当敌人为洞悉己方的计谋而沾沾自喜时,己方暗地里出奇制胜的计谋就越不容易被敌人所发觉。用这种方式,奇正相生,往往能达到出奇制胜的效果。

背道而行,韩信巧借洪水计

　　公元前205年,汉将韩信偷袭魏王豹,灭掉魏国。当年十月,汉王又派他与张耳率几万军队向东继续进攻赵国。赵王赵歇和赵军统帅陈余立刻在井陉口聚集20万重兵,严密防守。

　　赵国谋士李左车对陈余说:"韩信这次出兵,一路上打了很多胜仗,真是一路威风,现在他又乘胜远征企图攻下赵国,其势锐不可当。不过,他们运送粮食需经过千里之遥,长途跋涉。现在我们井陉山路狭窄,车马不能并进,汉军的粮草队必定落在后面。这样你暂时给我三万人,从小道出击,拦截他们的武器粮草,断绝他们的供给,汉军不战死也会饿得半死。你再在这里坚守要塞,不与他们交战,他们前不能战,后不能退,用不了几天我们就可活捉韩信。"陈余是个迂腐之人,又自以为是,他不听李左车的话,还说:"韩信的兵力很少,长途千里赶到这里又筋疲力尽,像这样的敌人我们都不敢打,别国会怎么看我们,不是更瞧不起我们了吗?"陈余没有采纳李左车的意见。

韩信将军队安营扎寨在井陉口30里的地方,召集将军们在营中部署。韩信分析了两边的兵力。敌军人数比自己的多上10倍,硬拼攻城,恐怕不是对方的敌手,如果久拖不决,又经不起消耗,经过反复思考,他定下了一条妙计。他命一将领率2000精兵,每人拿一面汉军红旗,从小路爬上附近山头,到树林隐蔽之处埋伏起来,并命令等到与赵军开战后,自己率军佯败逃跑,赵军倾巢出动追击汉军的时候,这2000精兵迅速杀入敌营,插上汉军的军旗。韩信又命令张耳率军一万,在绵延河东岸,摆下背水一战的阵式。自己亲率8000人马正面佯攻。

背水历来是兵家之大忌,一旦背水,非死不可。陈余得知消息,大笑韩信不懂兵法,不留退路,自取灭亡。第二天天刚亮,只听汉军营中战鼓隆隆,韩信亲率大军向井陉杀来。赵军主师陈余早有准备,立即下令出击,两军杀得昏天黑地。韩信早已部署好,此时一声令下,部队立即假装败退,并且故意留下大量的武器及军用物资。陈余见韩信败,大笑道:"区区韩信,怎是我的对手?"他下令追击,一定要全歼韩信的部队。

汉军背水而战,士兵们在没有退路的情况下,表现得非常勇猛。这时韩信埋伏的2000轻骑兵,见赵军倾巢出击,立即飞奔驰入赵营,拔掉赵国的全部军旗,换上汉军的红旗。

韩信带着败退的队伍撤到绵延河边,与张耳的部队合为一股。韩信对士兵们进行动员:"前边是滔滔河水,后面是几十万追击的敌军,我们已经没有退路,只能背水一战,击溃追兵。"士兵们知道已无退路,个个奋勇争先,要与赵军拼个死活。

赵军久战不能取胜,又抓不住韩信,想收兵回营,回头一看军营里已全部插上汉军的红旗,以为赵王已被俘虏,顿时军心动摇,纷纷逃跑。韩信、张耳突然率部杀了回来,陈余完全没有料到,他的部队认为以多胜少,胜利在握,斗志渐衰,加上韩信故意在路上遗留了大量军用物资,士兵们你争我夺,一片混乱。锐不可当的汉军奋勇冲进赵军阵营,只杀得赵军丢盔弃甲,一派狼藉,正是"兵败如山倒"。陈余下令马上收兵回营,准备休整之后,再与汉军作战。他们退到大营前面时,只见大营那边飞过无数箭来,射向自己。陈余在慌乱中,才注意到营中已插遍汉军军旗。赵军惊魂未定,营中汉军已经冲杀而出,韩信、张耳同时从两边夹击赵军。张耳一刀将陈余斩下马,赵王赵歇也被汉军生擒,赵军20万人马全军覆没。

谋略点评:

反向思维是一种创造性的思维,它利用了事物的可逆性,从反方向进行推断,寻找常规的交叉道,并沿着交叉道继续思考,运用逻辑推理来寻找新的方法,制订新的方案。韩信正是运用辩证的思维方法,抓住事物的内在联系,利用消灭敌人和保存自己的心理,背水为阵,达到激发将士的勇气、获得奇效的目的。

声东击西,曹操用计破袁军

东汉建安元年(公元196年),曹操把汉献帝挟持到许昌,形成"挟天子以令诸侯"的局面,取得政治上的优势。

北方最大的割据势力袁绍自恃实力雄厚,不甘屈居于曹操之下,于是决心同曹操一决雌雄,图谋早日消灭曹操。

东汉建安五年(公元200年),袁绍集中了10万精兵,派沮授为监军,从邺城出发进兵黎阳攻打曹操。这时曹操早已率领兵马回到官渡,听到白马被围,准备亲自去救。他的谋士荀攸劝他说："敌人兵多我们人少，不能硬拼。不如分一部分人马往西在延津一带假装渡河，把袁军主力引到西边。我们则派一支轻骑兵到白马，打他个措手不及。"

曹操采纳了荀攸的意见，来了个声东击西。袁绍听说曹操要在延津渡河，果然派大军来堵截。哪知道曹操已经亲自带领一支轻骑兵袭击白马，包围白马的袁军大将颜良没防备，被曹军杀得大败。颜良被杀，白马之围也解除了。监军沮授便劝袁绍把主力留在延津南面，分一部分兵力出击曹操。但是袁绍心急火燎不听沮授劝告，下令全军渡河追击曹军，并且派大将文丑率领五六千骑兵打先锋。

这时候曹操正从白马向官渡撤退。听说袁军来追，就把600名骑兵埋伏在延津南坡，叫兵士解下马鞍，让马在山坡下把武器盔甲丢得满地都是。

文丑的骑兵赶到南坡，看见这样子认为曹军已经逃远了，叫兵士收拾丢在地上的武器。曹操一声令下，600名伏兵一齐冲杀出来，袁军来不及抵抗，被杀得七零八落，文丑也糊里糊涂地丢了脑袋。

两场仗打下来，袁绍一连损失了他手下的颜良、文丑两员大将，袁军将士被打得垂头丧气。但是袁绍不肯罢休，一定要追击曹操。监军沮授说："我们人尽管多，可没像曹军那么勇猛；曹军虽然勇猛，但是粮食没有我们多。所以我们还是坚守在这里，等曹军粮草完了他们自然会退兵。"

这袁绍又不听沮授劝告，又命令将士继续进军，一直赶到官渡才扎下营寨。曹操的人马也早已回到官渡布置好阵势，坚守营垒。

袁绍命令兵士在深夜里偷偷地挖地道，打算从地道里钻到曹营去偷袭。

但是他们的行动早被曹军发现。曹操吩咐兵士在兵营前挖了一条又长又深的壕沟，切断地道的出口。袁绍的偷袭计划又失败了。

就这样，双方在官渡相持了一个多月。日子一久，曹军粮食越来越少，兵士疲劳不堪。曹操也有点支持不住，写信到许都告诉荀攸准备退兵。荀攸回信，劝曹操无论如何要坚持下去。

这时候，袁绍方面的军粮却从邺城源源不断地运来。袁绍派大将淳于琼带领一万人马运送军粮,并把大批军粮囤积在离官渡 40 里的乌巢。袁绍的谋士许攸探听到曹操缺粮的情报,向袁绍献计,劝袁绍派出一小支人马绕过官渡,偷袭许都,袁绍很冷淡地拒绝了。许攸对此非常失望,就连夜逃出袁营投奔曹操。

曹操在大营里已经睡下,听说许攸来投奔他,高兴极了,光着脚跑出来迎接许攸,说:"好啊! 您来了,我的大事就有希望了。"

许攸坐下来后说:"袁绍来势很猛,您打算怎么对付他?"

曹操说别无他法,现只能坚守不战。

许攸又问:"现在你们的粮食还有多少?"

曹操说:"军营里的粮食,只能维持一个月,您看怎么办?"

许攸说:"别骗我,你只有几天的粮食了。现在袁绍有一万多车粮食、军械,全都放在乌巢。淳于琼的防备很松。您只要带一支轻骑兵去袭击,把他的粮草全部烧光,不出三天你就不战自胜。"

曹操得到这个重要情报后,立刻把荀攸、曹洪找来,吩咐他们守好官渡大营,自己带领 5000 骑兵连夜向乌巢进发。他们打着袁军的旗号,没有引起袁军哨兵的怀疑,顺利到达乌巢,将那里的屯粮烧得一干二净。乌巢的守将淳于琼匆忙应战,也被曹军杀了。

正在官渡的袁军将士听说乌巢起火,军心大乱。曹军乘势出击,大败袁军。袁绍仓皇退回河北,曹军先后歼灭和斩杀袁军 7 万余人,以少胜多,大获全胜。

经过这场决战,袁绍的主力已经被消灭。过了两年袁绍病死,曹操又花了七年工夫,扫平了袁绍的残余势力,统一了北方。

谋略点评:

在军事或其他竞争中,对强敌不适宜用正面作战取胜,而应该避其锋芒,削减敌人的气势。这时"声东击西"的计策就很适用。曹操指挥的官渡之战就是利用袁绍恃强骄躁的心理与不善用人的弱点,给他来个后发制人,攻守相济,出奇制胜,最后釜底抽薪,烧了袁绍的粮草,致使袁绍军心大乱,终于战败了强大的对手。

善观形势，周郎用计烧赤壁

东汉末年战争四起，曹操统一北方地区后，欲进军江南统一全国，便挥大军南下。此时刘备刚为曹操所败，把人马撤退到江陵和夏口。曹操闻讯亲自率领5000轻骑兵追赶刘备，占领了江陵后继续沿江向东进军，很快就要到夏口了，但曹操欲连带着拿下孙权，便没有进攻。

形势万分紧急，诸葛亮便对刘备说："现在我们只有向孙权求救一条路了。"这时，正好孙权也怕荆州被曹操占领，便派鲁肃来找刘备，劝说他和孙权联合抵抗曹军。于是，诸葛亮便跟鲁肃一起到柴桑去见孙权。

诸葛亮见了孙权，说："现在曹操攻下了荆州，马上就要进攻东吴了。将军如决心抵抗，就早日同曹操断绝关系；要不然干脆向他们投降；如果再犹豫不决，祸到临头就来不及了。"同时又为孙权分析了敌我双方的情况。

孙权听过之后，心里挺满意，就立刻召集部下将领，讨论抵抗曹操的办法。

正在这时候，曹操派人下战书来了，那信上说："我奉大汉皇帝的命令领兵南征，今统雄兵百万，上将千员，欲去江南与将军商议共伐刘备，将军看怎么样啊？速速回信啊！"

孙权看后，知道曹操与他共讨刘备是假，欲取东吴才是真，便把这封信递给部下看，大伙儿看了都议论纷纷。有说投降的，有说主战的。

张昭是东吴官员中资格最老的。他说："曹操用天子的名义来征讨，我们要抵抗他，从道义上说不通。而且，我们本来想靠长江天险，现在也靠不住了。曹军占领了荆州，又有上千艘战船，他们水陆并进，我们怎么也抵挡不了，我看只好投降。"

张昭这一说，马上有不少人附和。

孙权听着听着，觉得不是滋味，就走出屋子，鲁肃也跟着出来。孙权问鲁肃："你有什么高见？"

鲁肃说："要说投降，我可以投降，将军就不可以。我投降了还可以当个州郡官员。将军如果投降，那么江东六郡全都落在曹操手里，您上哪儿去？"

孙权叹了口气说："刚刚大家说的，真叫我失望。只有你说的正合我意啊！"于是孙权任命周瑜为都督，拨给他三万水军，叫他同刘备协力抵抗曹操。

周瑜领兵进军赤壁和曹军对垒。

曹军兵士很多人不服水土，已经得了疫病。双方一交锋，曹军就打了败仗，被迫撤退到长江的北岸。周瑜率领水军进驻南岸，和曹军隔江遥遥相对。

曹操的北方兵士不会水战，他们在战船上，遇到风浪颠簸就受不了。后来他们把战船用铁索拴在一起，船果然平稳不少。

周瑜的部将黄盖看到这个情况，向周瑜献了个计策，说："敌人兵多我们兵少，拖下去对我们不利。现在曹军把战船都连接在一起，我看可以用火攻办法来打败他们。"两人商量好，让黄盖送了一封信给曹操，表示要脱离东吴投降曹操。曹操以为东吴将领害怕他，对黄盖的假投降一点也没怀疑。

黄盖叫兵士偷偷地准备好 10 艘大船，每艘船上都装着枯枝柴草，并浇足了油，外面裹着布幕，上面插上投降的旗帜，另外又准备一批轻快的小船，拴在大船船尾上，准备在大船起火时转移。

隆冬的十一月天气突然回暖，刮起了东南风。当天晚上，黄盖带领一批兵士分乘 10 条大船驶在前面，后面跟随着一批船只。船队到了江心扯满了风帆，像箭一样驶向江北。

曹军水寨的将士听说东吴的大将来投降，正纷纷挤到船头看热闹。没想到东吴船队离开北岸约莫二里光景，前面 10 条大船突然同时起火，火借风势，风助火威，10 条火船一起闯进曹军水寨。那里的船舰都挤在一起，又躲不开，很快地都燃烧起来，一眨眼工夫已经烧成一片火海。水寨烧了还不算，岸上的营寨也着了火，曹军一大批兵士被烧死了；还有不少人被挤在江里淹死了。

周瑜一看北岸起火,马上带领精兵渡江进攻。他们把战鼓擂得震天响,北岸的曹军不知道后面有多少人马进攻,吓得全线崩溃。曹操拖着残兵败将向华容道逃跑。刘备和周瑜一起分水陆两路紧紧追赶,一直追到南郡。

曹操80万大军损失了一大半,只好派部将曹仁、徐晃、乐进分别留守江陵和襄阳,自己带兵回许昌去了。

赤壁之战之后,三国鼎立的局面基本形成了。

谋略点评:

赤壁之战是中国历史上继官渡之战后又一次著名的以少胜多的战役。在这次战役中,首先体现了"团结就是力量"的团队精神,只要众志成城就能无坚不摧。刘备、孙权、诸葛亮、周瑜等最高领导层,其坚定的抗战意志就是此战役成功的关键,再加上前方指挥人员正确分析敌我双方的情况后以己之长攻敌之短,于是一举破了曹操百万大军。

因此,两军交战之前不但要了解敌人的情况,也要知道共同抗战的意义,只有这样才能百战百胜。

树上开花,张飞单骑退万军

建安十三年(公元208年)七月,曹操率大军南下,企图一举消灭南方的割据势力。驻守樊城(今湖北襄樊市)的刘备兵微将寡,听到曹操大军南下,只得把人马撤退到江陵(今湖北江陵)。荆州的百姓听说刘备待人仁义,都宁愿跟着他一块儿撤退。

当曹操赶到襄阳时,听说刘备已经向江陵撤退,又打听到江陵积有大批军粮,怕被刘备占去,于是亲自率领5000轻骑兵追赶刘备。刘备的人马带了兵器、装备,还有十几万百姓跟着他,每天只能行军十几里。而曹操的骑兵一天一夜就赶了三百多里，很快就在当阳长坂坡(今湖北当阳县东北)追上了刘备，把刘备的人马冲杀得七零八乱，甚至连刘备自己的妻子儿女都在乱军中被冲散了。刘备狼狈败退之际，令其结义兄弟张飞断后，阻截追兵。

张飞身边只有二三十个骑兵，怎能敌得过曹操的大队人马？但张飞临危不惧，临阵不慌，望着不远处的树林，顿时心生一计。他命令所率的二三十名骑兵都到树林子里去，砍下树枝，绑在马后，在林中往来奔驰，扬起尘土，造成设有伏兵之势。

张飞则一人骑着黑马，横着丈二长矛，威风凛凛地立在长坂坡桥上。曹军追兵赶到，见猛将张飞独自骑马横矛站在桥上，好生奇怪，又看见桥东树林里尘土飞扬，人影重重。追击的曹军误以为树林之中设有伏兵，因此不敢再贸然继续追击。张飞看见曹军迟疑，突然大吼一声，纵马挺矛向曹军猛冲过来。曹军本就心慌，见张飞如此勇猛杀来，大惊失色，赶紧拍马就逃。

于是，张飞在长坂坡靠着"树上开花"之计，只带着二三十名骑兵，就成功阻止了追击的曹兵，为刘备和荆州军民赢得了安全撤退的时间。

谋略点评：

"树上开花"计策讲的是：自己的力量比较小，却可以借友军势力或借某种因素制造假象，使自己的阵营显得强大，从而达到有效吓阻来犯之敌的作用。《孙子·势篇》中说："善战者，求之于势。"张飞是三国时期一员粗中有细的猛将，他在危急时刻利用"树上开花"之计逼退曹兵，为兵家提供了一个具有重要启迪价值的谋略，那便是要注意大造声势，以达到先声夺人的效果。

虚而虚之,赵云空城败曹军

公元 219 年三月,曹操统率大军从长安出发,企图先攻下汉中,再大举南下,进犯四川。占据四川、汉中的刘备见曹操来势汹汹,就采取凭险固守的策略与之周旋。

得知曹军运粮至北山下的消息,刘备立刻命黄忠和赵云率军去烧曹军粮草,二将一同上路,黄忠对赵云说:"主公令你随我前来,此次烧粮当然我要先去,这件头功还是由我来做吧。"赵云说:"老将军一定要先去也可以,我们还是约个时间为好,如果你午时还未回来,我就去接应你。"黄忠欣然答应,便率兵去偷袭北山。赵云率军安营下寨。

当黄忠率军来到北山屯粮之地正要烧粮时,曹将张郃率军杀到,黄忠只好回军迎敌。这时曹操又派大将徐晃率兵前去支援张郃,两支曹军把黄忠围困在垓心,形势十分危急。赵云在寨中见午时已到,仍不见黄忠归来,便令张翼守寨,自己率 3000 人马去接应黄忠。一路上逢敌将就杀,一直杀破重围,救出老将黄忠。曹操正要把黄忠困死在重围之中,忽见赵云率兵救出了黄忠,恼怒至极,便亲自率军追击赵云、黄忠。

黄忠被赵云救出后,率兵离赵云营寨不远处安营扎寨。赵云回寨后,见后面尘土飞扬,知道是曹操率大军追来。部将张翼对赵云说:"将军,我们是否关闭寨门,上楼去防守?"赵云思考片刻,下令道:"大开寨门,把营内旌旗都摘下来,把刀枪都藏匿起来,兵士们全都埋伏在壕沟里,不许暴露目标。大家准备弓弩迎敌,待我下令后,再齐声呐喊,擂鼓放箭。"说完,赵云自己单枪匹马、威风凛凛地站在营外。

张郃、徐晃带兵追击到赵云营寨前,此时天色已晚,却见蜀营内偃旗息鼓,只有赵云单枪匹马,像木雕一样静立在营门外,寨门大开。二将见此情形,十分惊疑,便派人报告曹操。曹操亲自赶到军前查看,这时赵云坐下战马一声长嘶,曹操心里一惊,怀疑营内埋伏着大批蜀军,立刻下令全军后撤。

赵云见曹军向后移动,立刻下令出击,壕沟内弓弩一齐发射,喊声震天,鼓角齐鸣,赵云率军随后向曹军追杀过去。随后,黄忠也乘势率军杀出。黑夜之中,曹军不知后面有多少蜀军追杀过来,拼命溃逃,军兵自相践踏,一直退到汉水旁,落水淹死的不计其数。

第二天,刘备闻讯赶到赵云营中查看,连声称赞赵云真是浑身是胆。

谋略点评:

赵云空营败曹军,采用的是虚而虚之的战术。曹军追至赵云军营之外,赵云洞开营门,偃旗息鼓,以引起曹军怀疑营内设有伏兵而撤退。赵云乘势下令擂鼓猛射,趁势追击。曹军逃窜中自相践踏,大败而回。虚而虚之韬略的精髓就在于己方本来虚空弱小,却又故意毫不遮掩地以虚弱示敌。这种直接把自己虚弱的真实情况暴露于敌的反常做法反而容易让敌人产生疑惑,以为己方是在以弱相诱,以掩其实,这样敌人反而对己方不敢轻举妄动。

计外有计,诸葛亮智胜司马懿

公元234年,蜀汉丞相诸葛亮领兵34万分五路进军伐魏。魏明帝曹睿闻报,立即命司马懿为大都督,领兵40万至渭水之滨迎战。诸葛亮与司马懿是沙场老对手,双方都知道对方兵法娴熟,足智多谋,不好对付,所以战前各自都作了周密部署,严阵以待。诸葛亮在祁山选择有利地形,分设左、右、前、后、中五个大营,并从斜谷到剑阁一线接连扎下14个大营,分屯军马,前后接应,以防不测。司马懿则屯大军于渭水之北,同时在渭水上架起九座浮桥,命先锋夏侯霸、夏侯威领兵五万渡河至渭水南岸扎营,又在大营后方的东原,筑城驻军,进可攻,退可守,稳扎稳打,务使魏军立于不败之地。

由于蜀军劳师远来,粮草供应颇为困难,因而利于速战;而魏军后方供给充裕,利于坚守。在这种情况下,诸葛亮的主要策略目标,就是要诱敌出战、调虎离山、速战速决。然而司马懿老谋深算,素以沉着、谨慎、稳重著称,所以在经过两次规模不大的交锋,双方互有胜负之后,魏军便深沟高垒,坚守不出了。

诸葛亮深知,司马懿已经看准了自己远离后方,粮草供应困难这一弱点,并正在利用这一点大做文章,想将蜀军困死或逼蜀军撤退,然后乘机取胜。为了尽快打破这种僵持的局面,诸葛亮便将计就计,也在粮草供给问题上做文章、设诱饵,以此引司马懿这只"虎"离山。首先诸葛亮采用分兵屯田的方式,让士兵与当地老百姓结合就地生产粮食,以供军需,摆出一副持久战的架势。这就等于宣告司马懿:你不急,我也不急;若是我不急,看你急不急。果然司马懿的长子司马师沉不住气了,对其父司马懿说:"现在蜀军以屯田作持久战的打算,如此下去,如何是好?为何不约孔明大战一场,以决雌雄?"司马懿口头上虽说"我奉旨坚守,不可轻动",心里其实也很着急。

其次,诸葛亮还自绘图样,令工匠造木牛流马,长途运粮,据传这东西很好使,"宛如活者一般,上山下岭,各尽其便"。蜀营粮草由木牛流马源源不断从剑阁运抵祁山大寨。两招一出,果然立见成效。司马懿闻报大惊说道:"我所以坚守不出,是因为蜀军粮草不能接济,欲待其自毙耳。今用此法,必为久远之计,不思退矣。如之奈何?"营中大将一致认为,现如今最重要的就是烧毁蜀军的囤粮。

诸葛亮早已料定司马懿急于破坏蜀军屯田、运粮、屯粮计划,于是进一步利用这一点引他上钩。他一方面命人在大营外造木栅,营内掘深坑,堆干柴,而在营外周围的山上虚搭窝铺草营造成蜀军分散结营和与百姓共同屯田屯粮而大营空虚的假象,引诱魏军前来劫营;另一方面又在上方谷内两边的山坡上虚置许多屯粮草屋,内设伏兵,同时让军士驱动木牛流马,伪装往来谷口运粮。诸葛亮自己则离开大营,引一支军马在上方谷附近安营,以引诱司马懿亲领精兵来上方谷烧粮。而司马懿呢?他虽烧粮心切,却又极为谨慎小心,深恐中了诸葛亮调虎离山的诡计,于是便也使了个声东击西、调虎离山计来应战。他亲领魏军去劫蜀军祁山大营,但却一反过去每战必让主攻部队走在前面的惯例,让手下的部将冲锋在前,直扑蜀营,自己反而在后引援军接应。

然而,司马懿的这个调虎离山计,却未能逃过诸葛亮的眼睛。当魏军直扑蜀军大营,诸葛亮只是事先安排蜀军四处奔走呐喊,虚张声势,装做各路兵马都齐来援救的态势,而诸葛亮却趁司马懿这只"虎"已离山之机,早已另派一支精兵去夺了渭水南岸的魏营,自己却在上方谷单等司马懿来"烧粮",以便"瓮中捉鳖"。司马懿果然中计。他见四处蜀军都急急忙忙奔向大营救援,便趁机急领司马师、司马昭及一支亲兵杀奔上方谷来,接着又被蜀将魏延依诸葛亮的安排,用诈败的方法诱进谷中,截断谷口。一时山谷两旁火箭齐发,地雷突起,草房内干柴全都着火,烈焰冲天。司马氏父子眼看就要葬身火海,亏得突来一场倾盆大雨,才救了司马氏父子三人及少数亲兵的性命。

谋略点评:

高手过招,往往是计外有计、天外有天,千万别幻想一招就置对手于死地,如果出现这样的"好事",极有可能就是对方布下的陷阱。

司马懿和诸葛亮的一战,便足见其计策之高明。司马懿鉴于蜀军劳师远征、粮草供应困难的弱点,原本拿定了深沟高垒、坚守不出的主意,企图坐待蜀军粮尽而胜之。诸葛亮巧施调虎离山计,先用屯田和木牛流马运粮两招使司马懿坐卧不宁,再制造蜀军大营空虚和在上方谷屯集军粮的假象以引诱司马懿来攻,果然调出了司马懿这只"虎";司马懿施调虎离山计先劫蜀军大营,企图等蜀军回救大营时再乘虚烧毁上方谷蜀军军粮;诸葛亮将计就计、续用调虎离山计,先虚张声势伪装蜀军各路兵马赶赴大营援救的态势,又趁司马懿"虎"已离山之机派兵夺取了魏军大营,再将司马懿诱进上方谷中用火攻之。一连串的计谋环环相扣,如行云流水般施展开来,令人目不暇接。

勇谋两全,宇文泰智败高欢

南北朝时,东魏高欢依仗兵马之强年年进攻西魏,然没有吞并西魏。西魏的宇文泰知道如果长此下去,实力处于劣势的西魏一定会难以支持,从而被东魏所灭。宇文泰欲扭转这种局面,遂决定主动东征高欢。

大同三年(公元537年)时,宇文泰集合自己的军队于咸阳,八月在潼关整理军队,宣布军法和军规,告诫部下不要贪财轻敌,不要对百姓作威作福,与敌作战的过程中,胜者要赏,逃亡的要严厉惩罚。通过整治,西魏军队的战斗力大大提高。

东征高欢之初,宇文泰兵马士气旺盛,一路上势如破竹,一连攻破了东魏几座城池。高欢十分震惊,再也坐不住了,于是亲自点了10万大军到达蒲坂与宇文泰相拒。同时,高欢又命高敖曹率3万人马从河南出发,夹击宇文泰。当时宇文泰兵力不足一万,他见高欢来势汹汹,便还师关中。

高欢顺利入关,在许原西边屯兵,而宇文泰则在渭南驻军。宇文泰召集诸将说:"高欢跋山涉水,远道而来,犯了兵家大忌,这真是天助我也,我可以乘他们长途劳顿、立足未稳之际一举消灭他们,你们有信心吗?"众将见到高欢兵马众多,都对宇文泰的话不太相信。

宇文泰见到大家没有信心,就鼓励他们说:"假如高欢直逼咸阳,深入关中,那时关中的百姓就会人心不稳,我军的士气也会受到打击,那时候战胜高欢的机会就更小了。所以现在我们必须趁高欢立足未稳乘机袭击他们,这样我们就可以大获全胜。否则后果不堪设想,因此,此战我们是背水一战,只能胜不能败。"将士们也都表示拼死抗敌。

于是,宇文泰率军北渡渭水,摆开阵势与高欢决一死战。部将李弼说:"高欢人马众多,如果强攻,我们可能难以取胜,因此我们只能智取。距这里东边10里处有一个地方叫渭曲,芦苇众多,很适合伏兵,我们可以先占领那里,并在那里伏兵,您可以率少量的部队与高欢作战,这样他必骄傲轻敌,不加防备。待您与他交战之时,我们这些伏兵就出其不意进攻他们,这样可以取胜。"宇文泰听了大为赞赏,他采纳了李弼的建议,率兵至渭曲背水与高欢列阵对抗,并命令主力军队埋伏在芦苇中,以鼓声为号,准备迎战高欢。

傍晚,高欢率兵到达,宇文泰只带少数士兵迎战,高欢看到宇文泰人马很少,认为宇文泰必败,就没有列阵。就在两军即将交锋之时,埋伏在芦苇里的主力部队一跃而起与高欢开始了正面作战,李弼率领骑兵从侧面把高欢的军队拦腰切断。高欢军队阵脚大乱,死伤 6000 人,投降者 8 万人,宇文泰大获全胜。

谋略点评:

两军作战不仅要有勇,而且要有谋,只有有勇有谋,攻其不备才能出奇制胜。宇文泰智败高欢的渭水之战是历史上一次著名的以少胜多的战役。在这次战役中宇文泰在高欢远道而来立足未稳,犯了兵家大忌的不利情况下,带领少量的士兵与高欢对峙,造成假象,让高欢和他的将士骄傲轻敌,然后出其不意,以伏兵袭击他,终于大获全胜。

英勇善战,岳飞奇谋胜金军

南宋时期的爱国将领岳飞一生抗金,虽被奸臣冤死,但他一直被后人称为爱国英雄。他年轻时曾经在抗金将领宗泽部下当差,宗泽很器重他,对他说:"像你这样智勇双全,即使古代名将也不过如此。但是光靠冲锋陷阵,毕竟不是常胜的办法。"他交给岳飞一份古代的阵图,说:"你拿这个去好好研究一下。"

岳飞接过阵图,向宗泽道谢了,接着说:"按照阵图作战,这是兵法的常规。至于灵活运用,随机应变,还得靠将领善于用心。"宗泽听了连连点头,赞赏这个青年将领的见解。

岳飞跟宗泽一样,把抗金作为自己的职责。宗泽死后,岳飞归东京留守杜充指挥。金兵大举进攻,杜充逃到建康;金将兀术攻打建康,杜充又可耻地向金军投降。

杜充手下的将士都散了伙,只有岳飞的队伍仍旧坚持在建康附近战斗。趁金兀术北撤的时候,他跟韩世忠配合,把金兀术打得大败而逃。

当时的南宋有岳飞、韩世忠等一批名将,再加上各地百姓组织的义军的配合,要打退金兵本来是有条件的。但是宋高宗不顾岳飞等人反对,一味向金朝屈辱求和,宋绍兴九年(公元 1139 年),竟向金朝称臣,每年进贡 25 万两白银、25 万匹绢。

宋绍兴十年(公元 1140 年)十月,金朝又发动全国精锐部队,以兀术为统帅,分四路大举进攻南宋。不到一个月,根据和议还给南宋的土地全被金军夺去。南宋王朝面临覆灭的危险。宋高宗这才不得不下诏书,要各路宋军抵抗。

岳飞得到这个命令,立刻一面派部将王贵、牛皋、杨再兴等分路出兵,一面派人到河北跟义军首领梁兴联络,要他率领义军在河东、河北包抄敌人后方。岳飞坐镇在郾城指挥。

过了几天,几路人马纷纷告捷,先后收复了颍昌、陈州和郑州。金军统师兀术在东京听到岳飞进兵大为恐慌,连忙召集部下将领一起商量对策。

大家纷纷议论,说宋朝别的将帅还容易对付,就是岳家军攻势难当。但是既然来了,只好集中全力,跟岳家军拼一下。接着兀术就和龙虎大王、盖天大王带大军进攻郾城。

金兀术大军来到郾城,宋金双方都摆开战场。岳飞先派他儿子岳云领着一支精锐骑兵打先锋,他对岳云说:"这次出战,只能打胜仗;如果不能打胜,你就不要回来见我了。"

岳云答应了一声,就带头冲上阵去,宋军随着岳云奋勇拼杀,直杀得金兵丢下了遍野的尸首大败而逃。

金兀术败了一阵,就调用他的"铁浮图"进攻。"铁浮图"是经过金兀术专门训练的一支骑兵,这支人马都披上厚厚的铁甲,以三个骑兵编成一队,居中冲锋;又用两支骑兵从左右两翼包抄,叫做"拐子马"。

岳飞看准了拐子马的弱点,命令将士上阵时候带着刀斧,等敌人冲来时弯着身子,专砍马脚,马砍倒了,金兵跌下马来便被砍死。后来金军来攻,岳飞就命令兵士出击,把铁浮图、拐子马打得落花流水而逃。

金兀术听到这消息,很伤心地说:"自从起兵以来,全靠拐子马打胜仗,这下全完了。"但他不肯认输,过了几天,又亲自率领 12 万大军进攻宋军。

此时岳飞部将杨再兴正带领 300 名骑兵在前哨巡视,见到金兵后他们立即投入战斗,竟杀伤敌人两千多人,但杨再兴也中箭牺牲。宋将张宪从后面赶上杀散金兵,金兀术才不得不逃走。

金兀术在郾城失败,又改攻颍昌。

岳飞早料到这一着,派岳云带兵救援颍昌。岳云带领 800 骑兵在金兵阵中往来冲杀,金兵竟没人能抵挡。后来宋军步兵和义军分左右两翼包围,金兵又打了个大败仗。

这时候,由梁兴率领的太行山义军和黄河两岸的各路义军也纷纷响应。

他们打起岳家军的旗帜,到处打击金军,截断金军的运粮线。金兵看了吓得心惊胆战,再也不敢轻易出战。岳家军节节胜利,一直打到距离东京只有 45 里的朱仙镇。

谋略点评:

有人说:将帅如同车轮上的辅木,是国家不可缺少的辅助力量。而将帅和国家的关系如同辅车相依一样,如果相依完好,国家一定强盛;如果相依不合,国家一定衰弱,这也是国破家亡的根本原因。

岳飞便是一位赫赫有名的将帅,他不仅武艺绝伦、英勇善战,而且深通兵法,对作战方针、作战形式、攻守和进退等都有独到的见解,他的威名与气势就已经压倒了对方的心理,因此能够立于不败之地,使金兵闻风丧胆。然南宋不能用之,最终为外族所灭。

【五】
纵横捭阖——外交谋略

　　中国是外交战略学的发祥地，战国时即产生了纵横捭阖、远交近攻的伟大战略思想。外交是国内政治的延续，但有别于内政。外交谋略是指国与国之间在交流和交往过程中根据各国不同情况，在某一段时间之内，以维护本国利益为出发点，而制定的方针、路线、方略。外交的实质是追求国家权力的极大化，即国家利益，高明的外交手段可以在相当程度上弥补一国实力的不足。正因为如此，为了利益，在国家之间会有团结互助的一面，也有互相竞争乃至排斥的一面。利益是永恒的，但绝没有永恒的朋友。要在互存戒心、相互防范的本性下搞好对外交涉，是对人类智谋的一个永恒考验。《论语》中说："出使四方，不辱君命。"我国古代有很多外交使节以自己的勇敢和智慧出色地完成了自己肩负的使命，最大限度地维护了国家的利益和尊严。

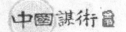

巧舌如簧，子贡凭口舌之力定天下

子贡本名端木赐，是孔门七十二贤之一，他是孔子的得意门生。他利口巧辞，善于雄辩，且有干济之才，办事通达。孔子曾称其为"瑚琏之器"。《论语·先进》说："德行：颜渊、闵子骞、冉伯牛、仲弓。言语：宰我、子贡。政事：冉有、季路。文学：子游、子夏。"可见子贡是"言语"方面的优异者，也就是说子贡在说话技巧、演讲技能上有独到之处。

那时有实力较大的齐国等国家想攻打鲁国，孔子是鲁国人，为保全自己的家乡，他便让子贡游说齐国、吴国、越国、晋国，利用分化、联合的手段，仅凭口舌之力就改变了这五个国家的命运。

最初起因是齐国的大将田常调集军队去攻打鲁国，子贡便找到田常对他说："你攻打鲁国，实在是个大错误，因为它的城墙低薄，土地贫瘠，国君愚蠢，大臣无能，军队和老百姓又都讨厌战争，所以你很难打败鲁国。你不如去攻打吴国，吴国城墙坚厚，土地肥沃，武器坚利，兵精将广，大臣贤明，所以你能打败吴国。"田常一听，气得脸都变绿了，说："你认为困难的，正是人们认为容易的；而你认为容易的，却恰是人们认为困难的。你为什么来胡说八道呢？"

子贡说："我听说，忧患在内则攻击强敌；忧患在外则攻击弱者。现在你想攻击鲁国，虽然容易取胜，但每战必胜，必然导致贵国国君骄横傲慢，到处攻城掠地，臣子必然妄自尊大。你打败了鲁国，却使国君骄横而为所欲为，群臣放肆而争权夺利。这样一来，你反倒上与国君有隔阂，下与群臣有利害之争，你会在齐国无立足之地。所以说，你不如讨伐吴国。讨伐吴国不能获胜，则大臣战死在国外，朝廷空虚，就没人与你争权夺利，辅助国君的就只有你了。"

"这样做好是好，但军队已派往鲁国，现在突然离开鲁国而攻打吴国，国内的大臣们必然会对我产生怀疑，怎么办呢？"田常说。子贡解释道："您可按兵不动，我去吴国请求吴王救助鲁国攻打齐军，你再派兵去迎战吴国就顺理成章了。"田常同意了。

之后，子贡来到吴国见到吴王夫差，劝他说："想建立霸业就要战胜强大的对手。如今吴国和齐国势均力敌，此时齐国正在派兵攻打鲁国，进而与吴国争夺霸业。这样会打破双方力量平衡，我私下里为大王您担忧啊！如果您现在能出兵援救鲁国攻打齐国，既可扬名天下，又有利可图；既可以扶持诸侯，诛除齐国，还能使强大的晋国屈服。名义上为保全鲁国，实际上是困住了称霸的齐国，威慑了强大的晋国啊。"

吴王认为子贡说得有理，表示赞同。但因吴王刚打败了越军，担心越国趁机报复，所以表示要等消灭了越国，再去救鲁攻齐。

子贡见此，接着说："越国的力量不如鲁国，鲁国打不过齐国。大王放弃齐国而进攻越国，那么齐国就会趁机把鲁国吞并了。大王为了讨伐小小的越国而畏惧强大的齐国，并失去盟友鲁国，是不仁不义啊！如今您应该保存越国以表示您的仁慈，解救鲁国以表示您的义气，抗击齐国以表示您的勇敢，压制晋国以表示您的威严，那么，各国诸侯必然会竞相归顺大王，您的霸业也就成功了。"吴王表示同意，但仍面有难色。

子贡知他对与齐开战没有信心，便又说："如果您实在担心越国的话，我请求去面见越王，令他出兵，跟随大王一起讨伐齐国。"吴王于是十分高兴，就派子贡前往越国。

子贡到了越国，告诉越王勾践说："我劝说吴王救鲁攻齐，吴王虽然有想去的意思，但又害怕越国趁机攻打他们，声称等他讨伐越国后才行，如果这样，吴国必然来攻取越国。"

越王说："我与吴王打仗，被困于会稽，对吴国恨之入骨，日夜卧薪尝胆，只想与吴王决一死战，这正是我想要的啊。"

子贡接着说："我听说，没有报复别人之心，而让人产生怀疑，这是笨拙的人；

有报复别人之心，而被人知道，这是最危险的；事情还没办，就走漏了消息，这就可能毁于一旦。这三种情况都是成就事业的大患呀。"

越王沉思了片刻，觉得子贡说得有理，点头称是，并接着问子贡有何良策。子贡说："吴王为人勇猛残暴，众大臣都不堪忍受；国家因经常战争而国库空虚、土地荒芜，官兵们无法忍耐，百姓也都怨恨吴王。如今大王若能卧薪尝胆，藏怒于心，反而发兵帮助他讨伐齐国，那么，他一定会去讨伐齐国，而不再以越国为敌。如果他讨伐齐国没有取胜，则大伤元气；如果他战胜了齐国，那么吴、晋矛盾势必激发。到时我再去求见晋国国君，让他与诸侯一起讨伐吴国，这样吴国必然被削弱。这时大王再趁机进攻吴国，一定会灭掉吴国的。"

越王听了子贡的妙计非常高兴，同意按照子贡的计策行事。于是，子贡又返回吴国，对吴王说："我恭敬地将大王的话告诉了越王，越王听了十分恐惧，说他十分不幸，小时候便失去了父亲，又不自量力，得罪了吴国，以致军败受辱，栖身于会稽，全靠大王您的恩赐，才没有失去宗庙社稷。您的恩德，他到死也不敢忘记，哪里还敢图谋不轨呢？五天以后，他便亲自率兵跟随大王讨伐齐国。"

吴王听后非常得意，以为大事已成，于是便发动九郡的兵力去讨伐齐国。

子贡见吴王已派兵攻打齐军，便连忙又来到晋国，对晋国国君说："我听说，不预先考虑事情，就无法应付突然的事变；不预先分析军事形势，就不可能战胜敌人。现在吴国要去讨伐齐国，如果吴国打败了齐国，必然攻打晋国。"

晋国国君听了大吃一惊，连忙问子贡有什么办法。子贡接着说："唯一的办法就是修造武器，准备粮草，加紧练兵，联络诸侯，作好与吴国打仗的准备。"晋国国君于是下令加强了战备。

吴军与齐军交战，打败了齐军，果然兵临晋国，与晋军对阵。因晋军早有准备，所以很容易就打败了吴军。越王勾践则趁机袭击了吴国，吴王只得带兵离开了晋国，返回吴国，与越军交战。由于吴军远道奔袭，士兵疲惫，而越军复仇心切，勇往直前，两军交战，吴军大败。越军随即包围了王宫，杀死吴王，灭了吴国。

《史记·仲尼弟子传列》载："子贡一使，使势相破，十年之中，五国各有变"，具体而言就是:存鲁,乱齐,破吴,强晋而霸越。子贡高超的演说技能和外交能力也在此次外交活动中发挥得淋漓尽致!

谋略点评

子贡保护鲁国的突破口是抓住齐国大将的私心,权衡利弊之后劝其转而攻吴;抓住吴国的称霸之心劝其攻打实力相当的齐国;说服越国假意随吴攻齐,后又提醒晋国加强战备与吴作战。子贡的此番游说,保全了鲁国,削弱了齐国,使晋国强盛,吴国灭亡,越王称霸,改变了五个诸侯国的命运,真可谓一番宏论定天,要做到在五国中游刃有余,不仅需要有惊人的智慧、善于灵辩的口舌,还要对各国的形势有清醒的认识和深入的了解,而子贡正是在具备了上述因素和条件的情况下,才运用自己的伶牙俐齿达到了目的。

借箭反击,晏子自嘲以辱楚

春秋后期,齐国宰相晏婴是在各诸侯国中非常出名的人物,他的卓越才能不仅表现在学识渊博、机智善辩,而且突出表现在不惧大国淫威、常以大智大勇维护国家尊严的外交风采方面。

有一次,晏婴受命出使楚国。当时,楚国已成为南方的一个强国,在位的楚灵王有心折辱齐国。他与群臣针对齐国使臣晏婴身材矮小、其貌不扬的特点,精心策划了一系列羞辱晏婴的伎俩。

楚灵王给晏婴准备的第一个带有侮辱性的难题便是命人在城门旁开了一个小门。当晏婴来到城下,见城门紧闭,命随从叫门时,守门人不屑地指着城门旁边的那个小门说:"相国从此门进城,绰绰有余,何必要开大门呢?"

晏婴立即明白这是楚国故意在侮辱他,便提高嗓门大声说:"这是狗进出的洞,并不是人出入的门,出使狗国,才能从狗洞进,出使人国,只能从人门进。请问，贵国到底是狗国还是人国？"守门人无言以对，便将此话飞报楚灵王，楚灵王只好乖乖地命人打开城门，把晏婴恭恭敬敬地迎了进去。

晏婴拜见楚灵王时，楚王灵劈头就是一句："你们齐国没有人了吗，怎么派你这样一个身材矮小的人来出使我国呢？"晏婴哈哈大笑，回答道："我们齐国地广人多，人才济济，单是国都临淄城里聚集的人就可以呵气成云、挥汗成雨！怎么能说没有人呢？"楚灵王立即反问道："既然如此，为什么派你来做使者？"晏子不紧不慢地回答说："我们齐国向外选派使臣有个规矩：身材高大的人出使大国，身材矮小的人出使小国，出使礼仪之邦去拜会有德之君，就挑选体面能干的人为使臣；若是出使野蛮无礼的国家去见昏庸无能之君，则挑选丑陋无才的人为使臣。我晏婴在齐国无德无才，人又矮小，所以也就只配出使楚国了。"

本想羞辱晏婴的楚灵王一听，立即羞愧难当，只好命人摆开酒席以上等礼教迎接齐国的使者。但被晏婴拐着弯羞辱了一番的楚灵王心中的怨气始终不能平息，总要想办法一解心头之恨。

一天楚王正在盛请晏子喝酒，正喝得高兴的时候，有两个侍卫绑着一个人到楚王面前，楚王不耐烦地问道："绑着的是什么人？"侍卫回答说："他是齐国人，犯了偷窃罪。"楚王心想，既然犯罪的是齐国人看来终于有了报仇的机会了，便瞟着晏子故作疑问地说："难道齐国人本来就善于偷窃吗？"晏子离开座位，郑重地回答说："我听说过这样一件事，橘子生长在淮南是橘子，生长在淮北就是枳子，只是叶子的形状相似，它们果实的味道完全不同。这样的原因是什么呢？是水土不同。现在百姓生活在齐国不偷窃，来到楚国就偷窃，莫非是楚国的水土使百姓善于偷窃吗？"然后又指着那个犯人说："他偷窃怎么可以跟齐国扯到一起呢？"说完，开怀大笑。

楚灵王听完晏婴的这番话，心中不免暗暗称奇，至此，楚国君臣终于为晏婴卓尔不群的才智所折服了。后来，楚灵王非常坦诚地对晏婴说："寡人本来打算让您在今日受辱，哪里想到竟被您嘲笑了，这是寡人的过错，见谅寡人吧！"楚王善待晏婴，晏婴圆满完成了使命，回到齐国。晏婴面对着国强而盛气凌人的楚王,毅然予以反击,他昂然不屈,除了维护个人的名声,最终目标还是在保持齐国的声威。

《论语》中说:"出使四方,不辱君命。"晏婴坚守的也就是这种精神。

谋略点评:

楚王妄自尊大,逞强霸道,无缘无故欺辱来使,楚王对晏子的侮辱,自然不单单是涉及晏子个人名誉,而是关系到齐国的尊严。作为一国使者,晏婴虽然身材矮小、其貌不扬,但却是大智大勇之人,在楚王面前不卑不亢、从容镇定,针对楚王所持的口实,巧妙设喻,步步紧逼,即以其人之道还治其人之身,"使民善盗"的帽子扣到楚国的头上,置楚王于理屈词穷的尴尬境地,表现了一位外交使臣不凡的勇气和智慧。

晏子不辱使命,利用巧妙的外交辞令战胜了楚王的蓄谋,他的独到之处在于用对方的观点、言论和行为进行反击,好似以子之矛攻子之盾,这种借箭反击的辞令手法是值得我们学习的。

抛砖引玉,芒卯献地巧破秦赵联盟

公元前 310 年,秦赵联军攻魏,秦国和赵国都是当时的大国,联合来攻打相对弱小的魏国,魏国根本就不是对手,魏王对此非常惊恐不安,魏王找来相国芒卯商议。芒卯说:"大王不必担心,我有办法。"

魏王赶紧问他有何妙计,芒卯说:"请大王允许我派张倚对赵王说,'秦国和赵国联合来攻打我们魏国,我们自知不是对手,邺这个地方看样子是保不住了,现在如果大王和秦绝交而连魏抗秦,魏王就把邺地献给大王',赵王对邺城垂涎已久,必定会同意,等到他答应之后与秦国断绝关系后,来接受邺城的时候,臣就推说不知这件事情，那时，秦赵的联盟已经瓦解，赵王也必定不敢以强硬的态度来对付我们，也只能不了了之；而若没有赵国的支持，秦国也不会远道而来单独地攻打我们，我们也许就可以转危为安。"魏王听了认为可行，就立即让芒卯着手去做这件事情。

于是，芒卯授计说客张仪，派他去赵国来见赵王，告诉赵王说只要赵国与秦国绝交连魏抗秦，魏王就愿意献出邺地。赵王听后非常高兴，就找来赵国的相国，对他说："魏王请求把邺地献给我们，要我们不再和秦国联合，而和魏国联合抗秦，你认为我们与秦绝交收下邺地，这样做可以吗？"相国说："如果我们和秦国联合攻打魏国，我们得到的好处也不过就是得到邺地，秦君不会给我们更大的好处，现在我们不用兵就可以得到邺地，这样的好处，为什么不答应呢？请大王还是速速地答应魏国的请求吧！"

赵王答应了魏国的请求，这时，使者张仪对赵王说："我国负责交割城池给贵国的，已经在邺地等候了。既然大王答应收下邺地，那么大王又打算怎样来报答魏国呢？"赵王想到现在自己垂涎已久的邺地已经唾手可得，就下令关闭秦国通向魏国的所有关口。于是，秦国和赵国的关系迅速恶化，秦赵联盟也彻底瓦解了。

随后，赵王派使者来接收土地。谁知芒卯早已带兵守在城里。他对使者说："我们与赵国友好，目的正是要保全邺这块地方，哪有送人的道理？不是赵王听错了，就是张仪说错了。我们大王根本就没有这样交代过使者，你们有什么凭证？张仪能代表魏王吗？"

任凭他们的万般解释，芒卯依旧不开城门，赵国的使者也无可奈何，只得回去回复赵王。赵王听使者汇报后，气得七窍生烟。想发兵攻魏，可是又得到侦报说秦国恼恨赵国，正准备兴兵问罪。魏要是与秦联合攻赵，赵又抵挡不住，只好立即割让了土地讨好魏国，与其联盟。这样，魏国不但没有丢失城池，反而得了五座城池，更没有损失一兵一卒。

谋略点评：

芒卯在魏国危急关头，抓住赵王爱占便宜、对邺城垂涎已久的心理，先假意承诺以邺城献之，诱惑赵王上当，不费吹灰之力，成功地瓦解了秦赵联盟，而后又死不认账，赵国只好打掉牙往肚里咽，不仅没得到邺城，反而不得不割让土地与魏国结盟，真是赔了夫人又折兵。这种抛砖引玉的谋略用较小的代价，获得了较大的好处，作出较小的牺牲，却赢得了较大的胜利。它的可行之处是抓住了人们爱占便宜的弱点，以小便宜让对方尝到甜头而放松警惕，被迷惑诱骗。要预防这种圈套的方法便是不要贪图小利，在见到微利或微隙时要分析利弊得失，判断其是否只是个诱饵。抛砖引玉也是三十六计之一，在战争中常被用到。

大义凛然，蔺相如渑池会智斗秦王

蔺相如是赵国人，做赵国宦官头目缪贤的门客。赵惠文王时，赵国得到楚国的和氏璧。秦昭王听说这件事，派人送给赵王一封信，说愿意用15座城给赵国，请求换取和氏璧。赵王跟大将军廉颇及许多大臣商量：想把这块宝玉给秦国，又怕得不到秦国的城，白白受欺骗；想不给吧，又担心秦兵打过来。主意拿不定，想找个可以派遣去回复秦国的人，又找不到。

宦官头目缪贤说："我的门客蔺相如可以出使。"赵王问："您根据什么知道他可以出使呢？"缪贤回答说："我曾经犯有罪过，私下打算要逃到燕国去。我的门客蔺相如阻拦我说，'您凭什么知道燕王（会收留您）？'我告诉他，我曾跟随大王与燕王在边境相会，燕王私下握着我的手说'愿意交个朋友'，凭这个知道他，所以打算去他那里。蔺相如对我说：'如今赵国强，燕国弱，您又受赵王宠幸，所以燕王想跟您结交。现在您竟从赵国逃奔到燕国，燕王害怕赵国，这种形势下燕王一定不敢收留您,反而会把您捆绑起来送回赵国的。您不如袒胸露臂,趴在斧质上请罪,就能侥幸得到赵王赦免'。我听从了他的意见,幸而大王赦免了我。我私下认为蔺相如是个勇士,有智谋,应该是可以出使的。"

于是赵王召见蔺相如,问他:"秦王打算用15座城换我的璧,可不可以给他?"蔺相如说:"秦国强大,赵国弱小,不能不答应他的要求。"赵王说:"拿走我的璧,不给我城,怎么办?"蔺相如说:"秦王用城换璧而赵国不答应,理亏的是赵国;赵国给秦璧而它不给赵国城,理亏的是秦国。比较这两种对策,宁可答应秦的请求而让它负理亏的责任。"赵王问:"可以派谁去呢?"蔺相如回答说:"大王果真找不到人,我愿意捧着和氏璧出使秦国。城给了赵国,就把璧留在秦国;城池不给赵国,我保证完整无缺地把和氏璧带回赵国。"赵王就派蔺相如带着和氏璧向西进入秦国。

蔺相如到了秦国,秦王在王宫里接见了他。蔺相如双手把"和氏璧"献给秦王。秦王接过来左看右看,非常喜爱。他看完了,又传给大臣们一个一个地看,然后又交给后宫的妃子们去看。蔺相如一个人站在旁边,等了很久,也不见秦王提起割让15座城的事情,这时他已经知道秦王根本没有用15座城池换取宝玉的诚意。可是宝玉已经到了秦王手里,怎么才能拿回来呢?他想来想去,想出了一个计策。只见蔺相如走上前去,对秦王说:"这块和氏璧虽然看着挺好,可是有一点小瑕疵,让我指给大王看。"秦王一听和氏璧有瑕疵,赶紧叫人把宝玉从后宫拿来交给蔺相如,让他指出来。

蔺相如拿着和氏璧往后退了几步,身体靠在柱子上,理直气壮地对秦王说:"当初大王差人送信给赵王,说情愿拿15座城来换赵国的和氏璧。赵国大臣都说,千万别相信秦国骗人的话,但我说老百姓还讲信义,何况是秦国的大王!赵王听了我的劝告,这才派我把和氏璧送来。没想到方才大王把宝玉接了过去,随便交给下面的人传看,却不提起换15座城的事情来。这样看来,大王根本就没有用城换璧的诚心。现在宝玉在我的手里,如果大王硬要逼迫我,我情愿把自己的脑袋和这块宝玉一块儿撞碎在这根柱子上!"说着,蔺相如举起和氏璧,面对柱子,就要摔过去。

秦王本来想叫武士去抢，可是又怕蔺相如真的把宝玉撞碎，连忙向蔺相如赔不是，说："大夫不要着急，我说的话怎么能不算数哩！"说着叫人把地图拿来，假惺惺地指着地图说："从这儿到那儿，一共 15 座城，都划给赵国。"蔺相如心想，秦王常常会耍鬼把戏，可别再上他的当！他就跟秦王说::"和氏璧是天下公认的宝贝，赵王敬畏大王，不敢不献出来。赵王送璧的时候，斋戒了五天。现在大王也应斋戒五天，在朝堂上安设'九宾'的礼节，我才敢献上和氏璧。"秦王本不想这样做，但见蔺相如态度坚决，只得说："好！就这么办吧！"说完，他就派人送蔺相如到旅店去休息。

蔺相如拿着那块宝玉到了公馆里，叫一个手下人打扮成一个买卖人的样儿，把那块宝玉包着，藏在身上，偷偷地从小道跑回到赵国去了。

秦王斋戒五天后，就在朝堂上设了"九宾"的礼仪，宴请赵国使者蔺相如。蔺相如来到，对秦王说："秦国自从秦穆公以来的二十多个国君，不曾有一个是坚守信约的。我实在怕受大王欺骗而对不起赵国，所以派人拿着璧回去，已经从小路到达赵国了。再说秦国强大而赵国弱小，大王派一个小小的使臣到赵国，赵国会立刻捧着璧送来。现在凭借秦国的强大，先割 15 座城给赵国，赵国怎么敢留着璧而得罪大王呢？我知道欺骗大王的罪过应该处死，我请求受汤镬之刑。希望大王和大臣们仔细商议这件事。"

秦王和大臣们面面相觑，发出惊呼的声音。侍从中有的要拉蔺相如离开朝堂加以处治。秦王就说："现在杀了蔺相如，终究不能得到和氏璧，反而断绝了秦、赵的友好关系。不如趁此好好招待他，让他回赵国去。难道赵王会因为一块璧的缘故而欺骗秦国吗？"终于在朝廷上接见蔺相如，完成接见的礼节，送他回赵国去了。

此后秦国没有给赵国城池，赵国最后也没有把和氏璧给秦国。后来，秦军攻打赵国，攻下石城。第二年秦军又攻打赵国，杀了赵国两万人。

秦昭王依仗自己国家实力强大，想耍花招侮辱赵国。他向赵惠文王发出邀请，说要在渑池会面。赵王担心被秦王扣押，不敢接受邀请，但大臣廉颇和蔺相如都认为：如果不去只会长秦国的志气而灭自家威风，在诸侯面前丢脸。为此他们作了如下部署：由廉颇留守国都邯郸，一旦发生意外，立即立太子为国君；由平原君率兵数万驻扎在渑池附近，一旦有变，可以接应；由大将李牧带领5000精兵护送赵王前往渑池，由蔺相如陪同赵王前往。

赵王一行人到了渑池，秦王和赵王一起饮酒。酒兴正酣时，秦王忽然想出了个主意，想以此来侮辱赵王，他说："来呀，把瑟拿来。我听说赵王很爱好音乐，请为我演奏一段吧。"赵王不得已，便弹奏了一段。这时，秦王让史官记下了这件事，说："某年某月某日，秦王命令赵王弹瑟。"

蔺相如一听，立即拿起一个瓦罐到秦王面前，说："赵王也听说大王您很擅长秦国的乐器，现在就请大王弹奏一下瓦罐助兴吧！"秦王非常生气，拒绝击罐。蔺相如举起瓦罐上前几步，厉声说："五步之内，我可以把血溅到大王身上！"秦王的卫兵想上前杀死蔺相如，但蔺相如离秦王咫尺之遥，又怒目圆睁，卫兵被吓退了。秦王一看这情形，知道蔺相如不好惹，便很不情愿地敲了一下瓦罐。蔺相如立即回过头，叫来赵国的史官也记上一笔，说："某年某月某日，秦王为赵王击罐。"

秦国的大臣对此很不满意，为了使秦国占上风，便有一个人起来提议说："请赵王割让15座城池为秦王祝酒！"蔺相如反应极快，立即站起来说："请秦王割让出秦国都城咸阳为赵王祝酒！"秦王知道赵国对这次会面有所准备，也知道赵国的大军就在附近，便喝退了群臣，继续同赵王客客气气地饮酒。直到酒宴结束，秦王始终未能占赵国的上风。赵国又大量陈兵边境以防备秦国入侵，秦军也不敢轻举妄动。最后，秦王同赵王签订了双方互不侵犯的合约。此后的许多年，秦国也都不敢侵犯赵国了。正因为赵国有蔺相如和几位杰出武将。

谋略点评：

"完璧归赵"的故事让我们真正领略到了蔺相如的过人胆识和高深谋略。在外交场合交往中，难免会受到无理的挑衅和羞辱，特别是弱国在外交中更容易遭遇这种不公,所谓"弱国无外交"。但弱国也有自己的气节和尊严,维护自身的安全和荣誉是其成员义不容辞的责任,赵国在六国中虽算是大国,但与秦国实力相比明显处于劣势,可秦国以强欺弱,践踏赵国尊严自然为赵人所不容,面对强秦,蔺相如毫无惧色,大义凛然,以其凛然正气和超高的胆略威慑住了秦国君臣,使之不敢对其轻慢,从而挽回了国家尊严。但他的行为并非逞一时之勇莽撞行事,而是有胆有识,所以弱者战胜强者有利的武器除了勇气之外,更需要有智慧。

对症下药,张仪巧言行连横

张仪是魏国大梁(今河南开封市)人,曾随鬼谷子学习纵横之术,是战国时期著名的政治家、外交家和谋略家。战国末期,秦惠文王任用张仪做相国,用连横政策对付诸侯的合纵政策,取得巨大成功。

张仪先后去魏国四次,终于劝说魏哀王尊秦王为帝。接着,张仪以商於之地欺骗楚怀王,引起秦、楚两国在蓝田大战,结果楚军惨败,被迫与秦国结为盟邦。

张仪又趁势去威胁韩王,他说:"韩国地势险恶,百姓都居住在山区,赶上一年粮食歉收,就得吃糠度日。土地方圆不满 900 里,国库没有积存两年的粮食。大王的军队全国不足 30 万,而且还包括那些砍柴煮饭的杂役。如果除去防守驿站边防的兵卒,现有的军队只不过 20 万罢了。然而,秦国的军队却有一百多万,有战车上千辆、战马上万匹。那些勇猛的战士,能弯弓射箭、挥戈上阵的,多得不计其数。那些精良的战马,一跃两丈、奔驰迅速的,也多得数不尽。山东六国的兵士披甲戴盔,会合在一起与秦军作战,秦国的士兵却赤膊上阵,左手提着人头,右手拿着兵器,结果大败六国的军队。秦国的兵士真像孟贲、乌获那样的古代勇士一样勇敢,他们攻击弱小的国家,就像千钧的力量砸在鸡蛋上面,没有不胜利的。而那些诸侯国们多数不衡量自己国家土地的狭小、军队的怯弱,反而听信结党营私的小人的甜言蜜语，说什么'听从我的计策，可以称霸天下'。没有比这种不顾及长远利益，而听从短浅的意见的做法更贻误国君您的了。假如大王不臣服于秦国，秦国会派军队占领宜阳，断绝韩国通往上党地区的道路，然后再向东取得成皋、荥阳，大王的国家便被分裂了。服从秦国，便能得到安定；不服从秦国，便遭受危险。如果顺从楚国，背叛秦国，就会招来仇怨，要想国家不灭亡，是不可能的。秦国最希望的事，是削弱楚国。如果，大王西面侍奉秦国，而攻打楚国，秦王必定高兴，大王也能从楚国那里得到土地，实在没有比这计策更好的了。"韩王听从了张仪的建议。张仪返回，秦惠王封赏给张仪5个都邑，封他为武信君。

接着秦王又派张仪去劝说齐潜王。张仪到了齐国见到齐潜王，对他说："当今天下论富足没有能够超过齐国的，朝中的大臣都是同姓父兄，人民众多，富足安乐。但是，为大王出计策的人，都是只求暂时的愉快，而不顾国家长远的利益。那些主张合纵的人游说大王，必会说齐国西面有强大的赵国，南面有韩国和魏国。齐国是背靠大海的国家，土地广大，人民众多，兵卒强健，战士勇敢，秦国再强大也对齐国毫无办法。大王赞许他们的说法，却不衡量实际情况。我听说，齐国和鲁国打了三次仗，三次都是鲁国胜利，但是鲁国却因此而衰弱，随之而灭亡了。名义上虽战胜，而实际上却亡国，这是什么原因呢?那是因为齐国大而鲁国小啊!如今秦国和赵国相比，就同齐国同鲁国相比一样。秦、赵两国在黄河和漳水边上交战。打了两次，赵国都战胜了秦国。但是等到第四次交战后，赵国损失了几十万军队，最后仅存下都城邯郸。赵国虽然名义上取胜了，但国家却破烂不堪，这是为什么呢? 还是因为秦国强大而赵国衰弱啊!

"如今，秦、楚两国已经联姻，结为兄弟之邦。韩国向秦国献上宜阳，魏国向秦国献上河外，赵国也在渑池与秦国会盟，割让河间一带地方侍奉秦国。假如大王不臣服秦国，秦国必将让韩、魏两国攻打齐国南边，让赵国的军队全力渡过清河，指向博关。这样一来，齐国的都城临淄将受到威胁，到那时，齐国想臣服也来不及了。望大王考虑一下吧!"齐王感激地回答说："齐国地处偏僻，远在东海边上，从来就不曾考虑过国家的长远利益，多亏您为我们打算。"于是，他答应了张仪的服从秦国的要求。

张仪离开齐国之后，到赵国去劝赵王："秦国派遣我这个使臣，来给大王您献上一个计策。大王率领天下诸侯来共同抗拒秦国，使得秦兵15年之久不敢走出函谷关，大王在各国声名远扬，秦国非常畏惧和佩服。这期间，秦国只能修治战车，磨砺兵器，练兵习武，努力种田，积存粮食，防守边境，不敢稍微有所行动，唯恐大王责备我们的过失。如今依靠大王的督促，秦国已经攻下巴蜀，兼并了汉中，占领了东、西二周，得到了传国的九鼎，防守着黄河南岸的白马津。秦国虽处在偏僻荒远的地方，但心怀愤懑的日子已经很久了。

"现在，秦国有一支不算精良的军队，驻扎在渑池，正准备渡过黄河，越过漳水，进占番吾，聚集到邯郸城下，并准备效法武王伐纣的做法，在甲子这一天，与赵国交战。秦王因而慎重地派遣我为使臣，来敬告大王。

"算来大王最相信的，而且依靠他来推行合纵政策的人，就是苏秦。苏秦蛊惑诸侯，颠倒黑白，混淆是非。他想暗中颠覆齐国，却使自己被车裂在刑场上，现在各国诸侯无法再联合为一体，已经是显而易见的事了。如今，秦、楚结为兄弟之邦，韩、魏都已经向秦国称臣成了秦国东边的藩属国。齐国也献上生产鱼盐的地方给秦国，这就等于斩断了赵国的右臂。断去右臂而和人争斗，失去同党而孤立，赵国的危险是迫在眉睫啊！

"现在假设秦国联合四国军队共同攻打赵国，赵国将不得不将土地分成四份给参战的四国。我私下里为大王着想，最好的办法是和秦王在渑池会谈，互相见面，在口头上作个约定，请求军队不要进攻。希望大王早作决定。"

赵王听了，急忙解释说："先王在世的时候，奉阳君专权，蒙蔽欺压先王，那时我还身居在宫内，跟随师傅读书，不参与国事。等先王去世后，我年纪还小，继承王位的时间还不长。后来，我也暗自揣摩，诸侯联合而不服从秦国，不是国家的长远之计。所以，我将改以往的做法，准备割让土地给秦国，以赎回以前的过错。我正在预备车辆，前去请罪，正好接到使者您明智的劝告。"赵王答应了张仪的建议。于是张仪又动身北去燕国，去劝燕王，成功地说服燕王献上5座城池，亲秦弃赵,实现了连横策略。

　　张仪凭借着高超的智谋和说辩之术,瓦解了苏秦生前所创的六国合纵。在他死后,虽然六国背离连横恢复合纵的情况,但是已无法持久。可以说,张仪的连横之术成为了后来秦灭六国、统一天下的基本战略。

谋略点评:

　　张仪实现连横策略的原因在于审时度势、鞭辟入里地分析各国自身的优劣及周边形式,抓住各国君王内心所想,各个击破达到了连横的目的。用秦国的强大与韩国的弱小相比来说服韩国归顺,而对于实力相对强一些的国家如齐国、赵国来说则抓住对方顾虑重重、不敢轻易作战的心理说服其友好联盟,所以想让自己的建议让对方采纳,需要从对方的角度和全局的眼光来分析,充分了解对方心理,找到症结才能够对症下药,达到预想的目的。

抓住弱点,范雎赠金破六国合纵

　　战国末期,经过激烈的兼并战之后,只留下了七个强国。其中秦国地处函谷关以西,民风剽悍。特别是在商鞅变法以后,更是国势日强。秦军铁骑常常杀出函谷关,令关东六国胆寒。后来在苏秦的极力游说下,关东六国采取合纵之策,建立了以赵国为首的军事联盟,借此来抵御秦国的侵扰和劫掠。这样一来,秦国的确不似先前那样横行无忌了,秦昭襄王对此也不禁大为犯愁。

　　这时,在秦昭襄王身边出谋划策的是魏国人范雎。他本是魏国的显官,因招人陷害,就逃到了秦国。秦昭襄王很赏识他的才学,对他也十分倚重,就拜他为首辅。面对被六国联合封杀的局面,昭襄王对范雎抱怨说:"现今天下的英雄豪杰都四处鼓吹,响应合纵,还聚集在赵国,不仅把我们的军队压制在函谷关难以东进,更要谋划如何攻打秦国,我们不能这样坐以待毙,可是又该如何是好呢?"范雎胸有成竹地说:"大王大可不必如此忧愁,我自有良谋来破解他们的谋划。秦国与天下的豪杰并没有什么怨仇,他们之所以会协助赵国谋划攻打秦,不过是为了求得一己的功名富贵。这就好比是一群狗,如果关在一处,卧的卧,立的立,走的走,停的停,各安本分,自然不会互相争斗。但是倘若投一块肉骨头过去呢,每一只狗都会起来抢夺,并且互相撕咬,这是为什么呢?因为有了那块骨头,互相就会起争夺之意。"秦王一听顿时恍然大悟。

于是,昭襄王就派范雎带了 5000 斤黄金,在武安大摆筵宴,要送给那些主张合纵的英雄豪杰们。消息传出后,那些豪杰们多认为不可受秦国恩惠,但也有少数几个前往武安去了。范雎就厚待他们,所来的人都得到了十分丰厚的礼金和相当尊敬的礼遇。

后来,前来武安的人越来越多,范雎就开始因人而异,有时还故意或是厚此或是薄彼,于是不满和争吵在这些豪杰中逐渐出现。最后,当越来越多的人聚集在武安的时候,很多争吵开始演化成了争斗。范雎带来的 5000 斤黄金,实际上也只用了 3000 斤,曾经齐聚赵国的各路豪杰就已经互相攻击、争斗不止。最后,他们相约要谋划攻打秦国的事情早就被抛到九霄云外,最终不了了之。而后,秦军铁骑再次杀出函谷关,各自为政的关东六国,只能再次疲于应付,最后又不得已割地求和。

周赧王五十五年(公元前 260 年),秦军进军赵国。老将廉颇率赵兵迎敌,筑营垒待时机,与秦军相持于长平近两年,仍旧难分胜负。秦国君臣将士个个焦躁万分,却又束手无策。秦昭王问计于范雎,说:"廉颇多智,知道秦军强大而不轻易出战,但秦军是远征而来,不能久拖不决,时日一长很容易深陷泥淖,无力自拔,到那时该怎么办?"范雎对赵国文臣武将的优劣了如指掌,深知秦军若想速战速决,必须设计除掉廉颇。于是,他沉吟片刻,想出了一条反间计。

范雎遣一心腹门客,从便道进入赵国都城邯郸,用千金贿赂赵王左右亲近之人,散布流言道:"秦军最惧怕的是赵将赵奢之子赵括,年轻有为且精通兵法,如果担任将领一定可以胜任。廉颇因为老变得胆怯，屡战屡败，现已不敢出战，又为秦兵所迫，没过多久一定会投降的。"赵王听了将信将疑便派人催战，廉颇仍行"坚壁"之谋，不肯出战。赵王对廉颇先前损兵折将本已不满，今派人催战，却又固守不战，又不能驱敌于国门之外，于是轻信流言，顿时疑心大起，竟不辨真伪，匆忙拜赵括为上将，赐以黄金彩帛，增调20万精兵，持节前往以代廉颇。

赵括虽精通兵法，但死读经文书传，不知变通，只会坐而论道，纸上谈兵，而且骄傲自大，刚被任命为将军便变得不可一世、盛气凌人起来，使各将领都怕他。他还把赵王所赐黄金、财物悉数藏于家中，日日寻思购买便利田宅。

赵括来到长平前线，一改廉颇往日固守之策，更换将领，掉换防位，一时弄得全军上下人心浮动、紊乱不堪。范雎探知赵国已入圈套，建议昭王白起为将军火速出战，最后赵军惨败，赵括本人也被乱箭射死。长平一战，大大挫伤了雄踞北方的赵国的元气，使其从此一蹶不振。战后，秦军乘胜进围赵都邯郸。即使有赵国名士毛遂自荐，赴楚征援，又有魏国信陵君窃符救赵，也只是大势已去，赵国难逃灭亡的厄运。

谋略点评：

范雎之所以能破六国合纵是因为他成功地抓住了人性中的弱点，利用金钱诱惑使看似坚不可摧的六国联盟内部出现内讧。挑拨离间，引发敌方内部矛盾，可以说是行之有效而又事半功倍的方法，内部矛盾一旦被激化，外部即使有再大再坚硬的外壳都会变得不堪一击。

以少胜多,班超振士气夜袭敌营

班超,字仲升,扶风郡平陵县人,是徐县县令班彪的小儿子。他为人很有志向,不拘小节,但品德很好,在家中每每从事辛勤劳苦的粗活,一点不感到难为情。班超很有口才,广泛阅览了许多书籍。

汉明帝永平五年,班超的哥哥班固受朝廷征召前往担任校书郎,他便和母亲一起随从哥哥来到洛阳。因为家中贫寒,他常常受官府所雇以抄书来谋生糊口,天长日久,非常辛苦。他曾经停止工作,将笔扔置一旁叹息道:"身为大丈夫,虽没有什么突出的计谋才略,总应该学学在国外建功立业的傅介子和张骞,以封侯晋爵,怎么能够老是干这笔墨营生呢?"周围的同事们听了这话都笑他。班超便说道:"凡夫俗子又怎能理解志士仁人的襟怀呢?"

东汉永平十六年(公元73年),匈奴屡次入侵汉境,汉明帝派奉车都尉窦固带兵去与匈奴作战,任命班超为假司马,让他率领一支军队去攻打伊吾,双方交战于蒲类海,班超杀死了很多敌人回来。窦固认为他很有才干,便派遣他随幕僚郭恂一起出使西域。

班超和文官郭恂带领36人来到西域的鄯善国。鄯善王想归附汉朝,但又害怕得罪匈奴,正在举棋不定之间,班超一行人来到后,鄯善王恭敬异常,三日一小宴五日一大宴。可是过了一段时间,鄯善王对他们就不如先前热情了,供给的酒食也不如从前丰盛了。

班超马上跟随从人员议论:"你们难道没觉察鄯善王广的态度变得淡漠了吗?这一定是北匈奴有使者来到这里,使他犹豫不决,不知道该服从谁好的缘故。头脑清醒的人能够预见到还未发生的事情,何况现在已明摆着呢!"班超说:"我猜，是匈奴使者到了。鄯善王怕得罪匈奴，特意冷淡咱们了！"正在这时，鄯善王的手下人送酒食来。班超眼珠一转，说："我知道北匈奴的使者来了好些天了，现在住在哪里？"那侍从禁不起班超这么一诈，忙如实相告："不瞒班大人，匈奴人来了三天了。他们住的地方离这儿有 30 里地。"班超又问了些情况，之后怕走漏风声，马上把这个侍从关押起来。

接着班超召集 36 个随从人员喝酒，正喝得酣畅淋漓时，班超双手捧起酒碗，突然站直身子，冲着大家激愤地说："你们诸位与我都身处边地异域，想通过立功来求得富贵荣华。但现在北匈奴的使者来了才几天，鄯善王广对我们便不以礼相待了。如果一旦鄯善王把我们缚送到北匈奴去，我们不都成了豺狼口中的食物了吗？你们看这怎么办呢？"大家都齐声说道："我们现在已处于危亡的境地，是生是死，就由你司马决定吧。"班超便说："不入虎穴，焉得虎子。现在的办法，只有乘今晚用火进攻匈奴使者了，他们不知我们究竟有多少人，一定会感到很害怕，我们正好可趁机消灭他们。只要消灭了他们，鄯善王广就会吓破肝胆，我们大功就告成了。"

大家听了面面相觑，因为匈奴使者手下有 100 多号人手，远比自己人多，杀他们可不太容易，不禁小声嘀咕："这可是一件大事，要跟郭恂从事商量一下吧。"

班超双目怒睁："大丈夫立大功称英雄，在此一举。郭从事是个庸俗的文官，胆小如鼠，叫他知道了会泄露出去误大事，是男子汉的就跟我干！"话音刚落，班超端起酒碗，仰起脖子，一饮而尽。众随从见状，觉得班超比自己官职大都豁出去了，再者班超有勇有谋，跟着他干很可能成功，于是也纷纷端起酒碗一饮而尽，表示要跟随班超大干一场。

天一黑，班超就带领兵士奔袭北匈奴使者的住地。当晚正好刮起大风，班超吩咐 10 个人拿了军鼓，隐藏在屋子后面。他们相约："一见大火烧起，就立刻擂鼓呐喊。"其余人都带上刀剑弓箭，埋伏在门的两旁。于是班超亲自顺风点火，前后左右的人便一起擂鼓呼喊。匈奴人一片惊慌。班超亲手击杀了三人，部下亦斩得北匈奴使者及随从人员三十多人，还有一百多人统统被烧死在里面。第二天一早,班超才回去告诉了郭恂。郭恂一听大惊失色,但一会儿脸色又转变了,班超看透了他的心思,举手对他说:"你虽未一起行动,但我班超又怎么忍心独占这份功劳呢?"郭恂这才高兴起来。接着,班超就把鄯善王广请来,将北匈奴使者的头髗给他看,鄯善举国震恐。班超趁势对鄯善王晓之以理,又安抚宽慰了他一番,于是接受鄯善王的儿子作为人质。班超回去向窦固汇报,窦固十分高兴,上书朝廷详细报告班超的功劳,并请求另行选派使者出使西域。汉明帝很赞赏班超的胆识,就下达指令与窦固:"像班超这样得力的使臣,为什么不派遣他,而要另选别人呢?可以提拔班超做军司马,让他继续完成出使的任务。"

班超再次接受了使命,窦固想叫他多带些人马,他说道:"我只要带领原来跟从我的三十余人就足够了,如果发生意外,人多了反而更增加累赘。"当时,于阗王广德刚刚打败了莎车国,于是声威大振,雄霸南道,而北匈奴又派了使者来监护他。班超西行,首先到达于阗国,广德王态度礼节十分冷淡,而且这个国家的风俗很迷信神巫。神巫散布空气说:"天神发怒了,你们为什么想去归顺汉朝?汉使有一匹嘴黑毛黄的好马,你们赶快把它弄来给我祭祀天神!"于阗王广德听了就差人向班超索取那匹马。班超暗中已得知这一阴谋,但仍满口答应献出此马,只不过提出要让神巫亲自来索取才行。不一会儿神巫来到,班超立即砍下他的脑袋,亲自去送给于阗王广德,并就此事责备他。广德早就听说班超在鄯善国诛灭匈奴使者的事,因而非常惶恐不安,便下令攻杀北匈奴的使者而归降班超。班超重重赐赏了广德及其臣下,于阗国就这样安抚镇定了。

谋略点评:

在这则故事中,班超将气势的作用发挥到了极致,能够说服鄯善王归顺的关键便是以少胜多打败匈奴使者,显示出东汉大国的气势,告诉对方东汉有能力保护他们;在杀匈奴使者前首先是提高自己团队的气势,用激将法鼓舞士气,加强团结,在作战过程中,营造虚假声势,使对手首先在气势上处于劣势,对方不清楚虚实,犹若惊弓之鸟,队伍不战而溃,所以高昂的气势好比一股有力的绳子可以将整个团队的力量有力地凝聚起来,高昂气势的威慑力是不可估量的。在外交中自身所体现出的气势很关键,或者是小国对大国的不卑不亢,或者是大国对小国友好和善都是一种姿态、一种气势,对对方的影响是不言而喻的。

班超是东汉初期杰出的使者,在出使西域的30年中,打通了中西交通,恢复了东汉朝对西域的统治,他的功绩永垂青史,他的外交经验是值得我们后人借鉴的。

先发制人,周瑜巧拒蒋干游说

周瑜是东汉末年东吴名将,赤壁之战中,周瑜可谓是尽显风流,大放异彩。其中,周瑜巧拒蒋干游说成为著名的故事。

赤壁之战中,虽然曹操兵力更胜一筹,但吴军凭借周瑜的智慧,却能挫败曹操的大军。恼怒的曹操对谋臣们说:"我们屡次被吴军打败,全靠一个周瑜。当依何计破之?"蒋干自告奋勇:"我与周瑜自幼同窗交契,愿凭三寸不烂之舌,往江东说此人来降。"曹操大喜,置酒与蒋干送行。

蒋干驾一只小舟,径直来到周瑜军营前,令传报:"故人蒋干来访!"周瑜早已猜到蒋干此行的目的,一见蒋干便故意问道:"子翼兄,不辞辛苦,跋山涉水,是为曹操做说客的吗?"蒋干大惊,回答:"我许久没有与周兄相见,特意前来叙旧。为什么怀疑我是说客?"周瑜说:"我虽然不是聪明人,但是听到琴弦之音,还是可以辨别曲子雅俗的。"蒋干故意生气地说道:"既然周兄不相信我,认为我是说客,那就此拜别。"周瑜大喜,挽住蒋干的胳膊说:"唯恐子翼兄是曹操的说客,既然不是,何妨离开?我们还要好好地叙旧!"

当晚,周瑜大摆筵席,宴请蒋干。周瑜传令让所有的江东英杰与蒋干相见。须臾,文官武将,各穿锦衣;帐下偏裨将校,都披银铠,分两行来到了宴会大厅。周瑜将他们介绍给蒋干，让其就列于两旁而坐。周瑜说："这是我的同窗好友，特意前来叙旧，不是曹操的说客。大家就不要怀疑了。今天难得轻松，诸位就尽情饮酒。"然后将他佩戴的宝剑交给自己的侍从，说，"你可以佩带我的剑做监酒，今日宴饮，只是叙说朋友交情；如有提起曹操与东吴军旅之事者，即斩之！"侍从应诺，按剑坐于席上。蒋干惊愕，不敢再提游说的任何字眼。

席间，周瑜拉着蒋干，同步走出帐外，让其观赏自己的军队。左右军士，持戈执戟而立。周瑜问："我的军队，雄壮威武吗？"蒋干心虚地说："真熊虎之士也。"周瑜又引蒋干到帐后，只见粮草堆积如山。周瑜又问："我的粮草可充足啊？"蒋干更加心虚："兵精粮足实在是名不虚传。"周瑜大笑说："大丈夫在世，遇到一个明主，就应该外尽君臣的情义，内结骨肉的恩情，对君主是言必行，计必从，祸福共分享。就算是苏秦、张仪、陆贾复活人间，口似悬河、舌如利刃，也不能游说我啊！这世间又有谁能打动我呢？"言罢大笑。蒋干听了面如土色。

夜深了，蒋干终于找到离开的理由："我已经不胜酒力了。"周瑜立即命令撤席，说："今晚一定要与子翼兄同床而眠，叙叙旧，说说近来的事。"周瑜由于喝得太多没来得及脱衣服便倒床睡着了。蒋干却恰恰相反，辗转反侧难以入睡，自知此行的目的难以达成。直至熬到二更见周瑜鼻息如雷，悄悄起身偷看帐内桌上的文书，其中有一封是"蔡瑁张允谨封"。蒋干偷读这封信后心想："原来蔡瑁、张允结连东吴！"不禁庆幸终于不虚此行，于是将书信暗藏于衣内。这时，周瑜像是有动静，蒋干不敢再偷看其他文书。

蒋干考虑："周瑜是个精细人，天明看不见文书，必然害我。"时至五更，天刚蒙蒙亮，蒋干便趁着天黑，迅速返回曹营。蒋干回到曹操那里，说周瑜有宽宏的度量和高尚的品格，不是用言辞所能离间他和孙权之间的关系的。蒋干又说："虽不能说动周瑜，却为丞相察探到了一件重要的事情。"曹操听完蒋干的讲述之后大怒，没作太多考虑便立即斩了训练水军的将领蔡瑁、张允，之后才知中了周瑜的计。

谋略点评：

  故事中周瑜知道蒋干前来的目的是充当曹操的说客劝其归降，但聪明的周瑜步步为先，首先亮明自己的立场，让蒋干一直没有说出来意的机会；继而带其观赏自己的雄壮威武军队，查看堆积如山的粮草，向蒋干展示自己的兵精粮足的实力，这时的蒋干早已没了说出来意的勇气；最后，周瑜的一番慷慨陈述，使蒋干完全失去了说服周瑜的机会；周瑜处处先发制人，始终处于主动地位，是其巧拒成功的原因。同时他还先下手采取离间计主动出击，曹操的军士多来自北方，在四处为水的南方作战自然处于不利地位，中了周瑜的圈套之后怒斩训练水军的将领，大大地削弱了曹操军队作战力，为曹操在赤壁的惨败埋下了隐患。在双方势均力敌的情况下先发制人，占据主动地位是一个很有效的方法。

攻心为上，羊祜怀柔收东吴

  羊祜(公元221—278年)，字叔子，青州泰山人(今山东新泰羊流)，西晋初年的名将。晋武帝司马炎称帝以后，任命羊祜为都督，让其统率大军镇守荆州和襄阳一带，以伺机进伐东吴。

  羊祜率军镇守荆州，上任后并没有急于加强军事措施，而是实行怀柔政策、他开设学校、赈济灾民、安抚百姓，很快得到这一带百姓的拥护。他还对吴国人开诚布公，凡是以前来投降的人，若想要再离开这里也绝不阻拦，去哪儿都可以。

  东吴石头城的守军距襄阳地界七百余里，常骚扰边地，羊祜认为是一大边患，最终用巧妙的计策使吴国撤去守军。于是晋国戍边巡逻的士兵减少了一半，所减士兵用来垦荒八百余顷，大获其利。羊祜刚到荆州时，军中没有百日的存粮，到了他镇守荆州的后期，有可供10年的粮草的积蓄。

羊祜鉴于春秋时鲁国的孟献子在武牢筑城而郑国惧怕，齐国的晏弱在东阳筑城而莱子畏服，就占据险要地势，筑 5 座城池，控制了大片肥沃的土地，夺取了吴国人大量的资源。吴国石头城以西，都成为了晋国的地方。从此吴国人前后来归降的人络绎不绝。羊祜于是就修德讲信，来安抚初降的吴人，有吞并东吴的慷慨大志。每次和吴国人交战，他总是先约定日期，不搞突然袭击。有人俘虏了吴国人的两个小孩，羊祜便把他们遣送回家。吴国将军陈尚、潘景来侵犯边境，羊祜派兵追击并杀了他们。羊祜很赞赏他们为国而死的气节，就用隆重的礼节安排他们的丧事。潘景、陈尚的家人迎丧时，羊祜以礼发送。羊祜行军每到吴国境内，在田里割谷做军粮，都要算出所割谷子的价值，送一些绢来补偿人家；每次在江汉一带会众打猎，总是限在晋国范围(不进吴国境内)；打猎时如有被吴人射伤的禽兽却又被晋兵得到了的，都原样送还吴人。于是吴国人都心悦诚服，称羊祜为羊公，不呼其名。

羊祜和吴国的将领陆抗交战时，两军使者常有来往。陆抗十分称赞羊祜的德行和度量，认为即使乐毅和诸葛亮也不能与他相比。陆抗有次生病，羊祜了解了他的病情后，就派人给他送药去。陆抗高兴地服下，一点儿也没疑心。有人怕药里有毒，进行劝阻，陆抗批评说："羊祜哪里是个会害人的人呢？"陆抗自然也清楚羊祜实行的是怀柔政策。因此，他常常告诫他的部下："如果羊祜他们专门施德，而我们专用暴力，这就会不战自败啊！现在只要各保自己的疆界就可以了，不要去追求小利。"吴国的皇帝孙皓听说吴晋边境和好，便责问陆抗。陆抗回答说："一个小镇、小乡，尚且不可以没有信义，何况泱泱大国！我如果不这么做，就只会使羊祜的名声更大，对他毫无损伤。"

羊祜在对吴国军民实行怀柔政策的同时，也注重修缮盔甲、训练士兵，作了广泛的军事准备。他上书给晋武帝说：蜀地平定已经 13 年了，现在吴国的孙皓暴虐无道，吴国的百姓困苦不堪，而我们晋军的力量比过去更加强大，应该抓住时机，平定东吴、统一天下啊！

后来羊祜因病回到洛阳，他又抱病向晋武帝当面陈述伐吴大计。此后晋武帝还派中书令张华去询问他的筹划和策略。但羊祜病情越来越重,他便推举杜预接替自己,不久便病逝了,享年58岁。殡葬羊祜的那天天气很冷,晋武帝穿着丧服亲自在他灵前悲伤地哭泣,泪水流到鬓须上都结了冰。在他曾任职的荆州地区,人们在集市上听到羊祜病逝的消息,没有一个不号啕痛哭的,集市贸易也因而停止,哭声连成一片。吴国一些守边的将领知道羊祜已经去世,也都伤心地为他哭泣。

羊祜死后两年,吴国被平定,群臣向武帝称贺,武帝端着酒杯流泪说:"这都是羊太傅的功劳啊!"

谋略点评:

羊祜之所以生前死后可以受到上至君王的器重下至百姓的爱戴是因为他所用的怀柔之策:对敌军以礼相待,对敌国百姓提倡仁德。表面上是为敌国军民着想,实则是通过安抚、笼络,瓦解敌军的斗志,获得民心,继而为平定吴国铺平道路。

怀柔战术的核心是攻心为上,做到取信于人,利人利己。做好这一点并非易事,需要宽仁,懂得设身处地地从对方的角度出发考虑问题。宽仁体现于细微之处,羊祜开设学校重视教化,与敌交战不搞突袭,用民食粮等价支付等,这些细节无不折射出羊祜的高风亮节;宽仁还体现于原则,对于带兵进犯的气节高尚的敌国将领,绝不姑息,该杀则杀,但出于尊重又厚加殡殓;宽仁还体现于信义,羊祜以德取信于人,开诚布公,安抚百姓,吴国孙浩反其道而行,必将走向国破家亡、众叛亲离。

机智善辩,逢尧巧说突厥可汗

唐太宗主张"中国既安,四夷自服"的方针,决不轻易对周围少数民族用兵,但是要坚决抵制周边外族的侵扰,形成了中国历史上少有的民族融和、版图一统的和谐局面。这和自唐太宗以来对少数民族恩威并施的政策密不可分。唐朝往往是在军事反击取得一定成果后,就采取和亲政策,这样长久一来就和周围各民族建立了和睦相处的亲戚关系。中晚唐时期,尽管国力渐衰,但和亲的政策依然持续着。不过,和亲的使节已经不似以往受到礼遇和尊重,需要运用自己的智慧和辩才来维护大唐王朝以及和亲使者的尊严。

唐睿宗时,突厥的默啜可汗希望和唐朝联姻,想迎娶一位大唐公主为妻。唐睿宗答应了他的请求,就挑选了一位皇室宗亲的公主远嫁突厥,并命御史中丞和逢尧辅助鸿胪寺卿护送公主的车乘,一同出使突厥。突厥的默啜可汗极为盛情地迎接了和亲的使节,十分有礼地将公主迎进突厥。和逢尧和鸿胪寺卿都长舒一口气,看来这次的和亲任务该是能顺利完成了。可是,他们还没心安多久,两个突厥的兵士横眉冷对地冲进唐使休息的帐篷,二话不说就把他们押到了默啜可汗帐中。和逢尧两个人被弄得晕头转向,进到大帐中,才惊觉气氛十分紧张。默啜可汗面色难看,他身边周围的大小头领也都不怀好意地盯着他们。和逢尧首先镇定下来,他冲着可汗深施一礼,问道:"不知道可汗突然以这样的方式请我们前来,有何贵干?"默啜可汗冷哼了一声就偏过头去,他身边的近侍文书站出来说:"可汗有话问唐使。大唐皇帝的书信上明明讲的是赠送金镂鞍作为嫁妆,我们核实检查后却发现只不过是些银胎涂上金粉。这哪里是盛朝天子应有的作为?若不是你们这些人为臣不忠,偷偷把东西给换了,那就必定是唐朝天子和亲的心意不诚,那和亲的公主恐怕也是假的吧!果真如此,就请立即退还信物,取消和亲之事!"

鸿胪寺卿一听大惊失色，和逢尧却听得满心怒气。但是他强压怒火，有条不紊地说："我们汉人很看重女婿，今天陪送的金镂鞍，只是要取'平安长久'的吉利意义。如果非得辨明它的材质，按金银来衡量它的价值，只怕有辱这'平安长久'的祝福之意！难道可汗是重金银而轻礼仪吗？如果真是这样，不劳突厥提出，我们便会取消和亲。"和逢尧一席陈词，整个汗帐中没有反驳之词。默啜早就改了倨傲的态度，赶紧设摆筵宴招待唐使。把和逢尧他们送走之后，默啜感慨地说："汉人的使节真是不可轻视啊！"后来，默啜可汗还听从了和逢尧的建议，让自己的儿子同和逢尧一起回到长安去觐见唐睿宗，以示敬意和友好。

谋略点评：

　　机智灵活、能言善辩是一个外交家必备的基本素质，需要有好的口才。好的口才是与人交流的法宝，它可以拉近与对方的距离，取得对方的信任，从而为己所用。好的口才需要建立在丰富的知识和迅速的应变基础上，丰富的知识是精彩语言的源泉，应变能力则需要较高的心理素质了，在紧张危机的情况下依旧需要保持冷静的头脑。和逢尧在遭遇突发事时没有像鸿胪寺卿一样大惊失色，而是镇静地回答对方的诘问，灵活地利用自己的智慧，首先巧妙地将"鞍"理解为"安"，为"平安长久"之意，表明金镂鞍只是一种祝福的象征。与此同时，进一步据理力争，反问对方只是"重金银轻礼仪"，让对方无言以对，而且心悦诚服。

【六】
升迁有道——官场谋略

官场历来就是斗争最为复杂、竞争最为激烈的地方，明枪暗箭、尔虞我诈、钩心斗角等所有的阴谋、阳谋和斗争手段，在官场中表现最为明显和突出。稍有不慎，不仅会导致升迁无门、前程尽毁，而且还会遭受杀身之祸。因而要想获得升迁，就要参透官场的要领或玄机。官场谋略不一定是搞阴谋诡计，而是要有做人的智慧、做事的技巧，要选择或把握好时势。只有如此，才能在官场中游刃有余，才是调整位势的上上之策。

看准时机，渭水钓鱼顺时应势

姜子牙，名尚，号飞熊，他的祖先曾经辅佐大禹治水，因功封于吕。据说姜子牙满腹经纶、才华出众，但在商朝却一直怀才不遇，直到80岁还一事无成。他因家贫，为维持生计，年轻时曾在商朝国都朝歌城里宰牛卖肉，当过屠夫，也曾在孟津开过酒店，但均以失败而告终。甚至卖点面粉，上天都会一阵风把他箩筐中的面给吹跑，可谓倒霉透顶了。连他六十多岁的老婆都觉得实在没有指望，不相信这位"贤人"能有什么出息，离他而去。然而阅历过人的姜子牙却从未放弃，一直在寻求施展才能与抱负的机会。姜子牙曾在商朝做过小官，商朝末年纣王荒淫无道、残暴不仁，只知沉湎酒色，全不问国家大事，使得奸臣当道、天下大乱，忠良不是被杀就是被疏远，人民生活非常艰苦。姜子牙因不满纣王暴政，毅然辞官，离开商都朝歌，躲到渭水河边过着隐居的日子。

渭河一带是周文王姬昌的管辖范围，周文王胸怀大志，很爱惜人才，四处寻访智谋之士。姜子牙是个有雄才大略的人，他胸怀济世之志，想施展自己的抱负，可是一直怀才不遇。他听说周文王的圣名后，便来到渭水河畔，假借垂钓之名来观望时局，希望能得到周文王的常识，使自己的才华得以施展。为了吸引周文王的注意，姜子牙天天坐在河边钓鱼。他的鱼钩是直的，没有鱼饵，离水面有三尺高。他一边钓一边说："鱼儿呀，你快点上钩吧！"有人好意地告诉他这样钓不到鱼，姜子牙只是笑着说："鱼儿自己会上钩的。老夫在此，虽然名义上是垂钓，但是我的本意不在鱼，鱼儿自己会上钩的。我宁可直中取，不向曲中求，不为锦鳞设，只钓王与侯。"人们听了之后都嘲笑他，他也不理会。姜子牙异于常人的做法最终惊动了求贤若渴的周文王。

周文王心想他可能是个有才能的奇人，就派士兵去请他来。姜子牙看到是士兵,不但不理睬,还继续钓鱼,嘴里还一边念着:"钓、钓、钓,鱼儿不上钩,虾米来捣乱!"士兵只好回去报告。周文王到底是有心之人,他对垂钓老人的言行举止苦思冥想许久,终于恍然大悟:也许这个不同凡俗的老人正是自己苦苦寻求的天下奇士、智谋非凡的大贤人呢,只怪自己没有恭敬谦虚地向人家求教,所以他才如此清高自诩。

其实,周文王的想法一点也不错。垂钓渭水之滨的姜子牙正是大贤大德之人,他早知道周文王有心兴师伐纣,解除天下黎民疾苦,就想助他一臂之力。

周文王一改往日的矜持,亲自去请姜子牙。他毕恭毕敬地来到渭河边向姜子牙施礼,姜子牙说:"我久闻大王贤良,也愿出山相助。只是不知大王是否能信得过我?大王是否真的真情相邀。"周文王赶忙说:"本王真是求贤若渴呀!"随后向他请教兴国大计。两人谈得非常投机。让周文王惊讶的是,一个天天以钓鱼为乐的穷老头,对天下大事以及国家的武攻文治知道得这样清楚,知识又是如此的渊博,而且观点新颖、见解独到。他还发现这个钓鱼的穷老头对五行数术及用兵之法有很深的造诣。

求贤若渴的周文王从姜子牙睿智、机敏的谈吐中发现,此人正是自己所要寻访的大贤人。他高兴地感叹:"我的先祖太公,早就寄希望于你啦!"于是周文王用最隆重的礼节款待他,并把他让上自己坐的马车。

于是,83岁的姜子牙出山当上了西周国师,大力辅佐周文王姬昌。由于他辅国有方、安民有法,文王得辅,国势初定,西周国力日渐昌盛起来。周文王逝后姜子牙又辅助周武王,起兵伐纣,经过多次有道征无道的血战,终于完成兴周800载大业。

谋略点评:

姜子牙在商朝做官时,看到纣王荒淫无道、残暴不仁,奸臣当道,天下大乱,就毅然辞官,以致八十多岁还怀才不遇;在听说周文王的圣名后,便来到渭水河畔,以直钩垂钓的方式来吸引文王的注意力,终于为文王赏识,在83岁的高龄得以被重用。这一方面说明姜子牙对政治形势有清醒的认识和准确的判断能力，能精准地把握时势，所以才能顺时而动，做到"良禽择木而栖，良臣择主而侍。"

另一方面也说明姜子牙把握机遇方面有独到的方式。他在时机成熟的时候，不是一味地消极等待，而是主动用特立独行的举动来引起周文王对自己的关注，进而顺势而上赢得其赏识。"姜太公钓鱼，愿者上钩"是对姜子牙"钓"的机遇和时势的最好解释。

抓住机会，毛遂自荐脱颖出

秦昭襄王四十九年(公元前258年)，秦将白起带兵围困赵国的国都邯郸。赵国虽然竭力抵抗，但因为在长平遭到惨败后，兵微将寡，邯郸城中又缺吃少穿，难以长久坚守下去，赵王不得不派人前往楚国求救。平原君既是赵国的相国，又是赵王的叔叔，国难当头，他决定亲自去同楚王协商联合抗秦的事。

平原君打算带20名文武全才的随从跟他一起去楚国。他手下虽然有数千门客，可是真要从中找出文武双全的人才，却并不容易。挑来挑去，只挑中19个人，其余都看不中了。

就在这个时候，毛遂缓缓地从座位上站了起来说："毛遂不才，愿意前去。"平原君以前没有看到过毛遂，觉得面孔生疏，便故意试探的说："先生在我这里有多久了？"毛遂回答说："已经有三年了"，听到毛遂的话后，平原君轻视的说："有才能的人活在世上，就像一把锥子放在口袋里，它的尖儿很快就冒出来了。可是您来到这儿三年，我没有听说您有什么才能啊。你还是留下吧！"

毛遂并没有退却的意思，立刻说道："您说的是有道理。贤士应该展示自己的才能，但是要表现自己的才能也必须有机会表现才行。三年来，我之所以没有名气，是因为您没有用我。如果今天您把它放到袋子中，锥子会立刻显露出来的！"

　　平原君对毛遂的对答，感到很惊讶，因为事态紧急，便同意毛遂一同前去。其余19人虽听了毛遂适才的一番言论，仍然看不起毛遂，都以为毛遂只不过徒逞口舌之能而已。这19人都以为自己学富五车，一路之上便经常高谈阔论，毛遂和他们谈论时，总能一语中的，很快19个人便处于下风了，没多久便被毛遂折服了。

　　平原君来到楚国，进宫同楚考烈王谈论联合抗秦的事，谈论了整整一天也毫无结果。这时，台阶下的门客等得实在不耐烦，可是谁也不知道该怎么办，有人想起毛遂在赵国说过的一番豪言壮语，就悄悄地对他道："毛先生，平原君进去那么久还没有出来，看来情况不妙啊，我们只有看你的啦！"毛遂其实早已忍耐不住，闻听此言，立刻按剑登上台阶，进了大殿，跟平原君说："联合抗秦的利害，两句话就可以说清楚了。您怎么能谈了一天，还没有说出个道理来，这是怎么搞的呢？"楚王对平原君说："这个人是干什么的？"平原君说："这是我的舍人。"楚王怒斥道："为什么不下去？我是在同你的君侯说话，你算干什么的？"

　　毛遂拿起剑，向前走了一大步说："大王之所以敢怒斥我，无非是仗着楚国人多势众。现在十步以内，大王的人再多，又有什么用！现在，大王的性命掌握在我的手中。在我的主人面前，你呵斥什么？再者，我听说商汤凭借70里的土地而最终拥有了天下，周文王依靠百里的土地而使天下诸侯臣服，难道他们靠的是地多人众吗？其根本原因是他们能够审时度势，发扬威力啊！而今楚国领土五千里，武装百万兵，这是大王称霸的资本啊！凭现在楚国的强大，天下应该是没有对手的。秦将白起不过是个匹夫而已，可他率领几万人，头一仗就拿下了楚国的郢都，第二仗就火烧了楚国先王的坟墓夷陵，凌辱了大王的先人，这种百世深仇，连我们赵国都引以为耻，可大王却毫无羞耻之心！老实说，今天我们主人跟大王来商量合纵抗秦大计，主要是为了楚国，也不是单为我们赵国啊。"

　　毛遂这一番话，真像一把锥子，一句句戳痛了楚王的心。他不由得脸红了，汗流浃背地对毛遂说："先生说的是，说的是。"毛遂又追问道："联赵抗秦决定了吗？'楚王连忙说："决定了！决定了！"毛遂当即回过头，叫楚王的侍从马上拿鸡、狗、马的血来。他捧着铜盘子，跪在楚王的跟前说："大王是合纵的纵约长，请您先歃血，其次是我的主人，再其次是我。"于是，楚国与赵国歃血盟誓。楚王立即派春申君黄歇为统帅，率领8万大军，前往救援赵国。

平原君签订"合纵"盟约之后回到赵国说："赵胜(我)不敢再鉴选人才了。我一直认为我所鉴选人才，多的千人，少的百人，从未失去天下的人才；却不曾想差点失去了先生这位不可多得的人才。毛先生一到楚国，就使赵国的威望高于九鼎和大吕，毛先生的三寸不烂之舌可抵上百万的军队了。这让我羞愧得再也不敢鉴选人才了。"于是毛遂被平原君作为上等宾客对待。

谋略点评：

毛遂自荐的成功需要两个条件，第一，毛遂本人具有卓越的才能；第二，毛遂抓住机会积极表现自己，二者缺一不可。有的人很有才能，但得不到发挥才能的机会和平台，他仍旧如黑暗中的金子一般，只能等待在阴暗的角落里不能发光，也就不能为人所知为人所用，不能实现自己真正的价值。所以是金子不等于你就已经成功了，还要去积极主动地寻找能够照亮自己的阳光。所以，善于抓住机会积极地表现自己也是成功的重要因素之一。

巧借外力，李斯妙谏当宰相

李斯生于战国末年，是楚国上蔡(今河南上蔡县西南)人，年轻时做过掌管文书的小吏。司马迁在《史记·李斯列传》中记载了这样一件事：有一次，他在厕所见到老鼠吃人粪，一见到人和狗，老鼠就被吓跑了。后来，他在仓库里看到老鼠很自在地偷吃粮食，也没有人去管。于是，他发出了这样的感慨："人之贤不肖，譬如鼠矣，在所自处耳！"这就是说，一个人要想在社会上出人头地，就应该像在粮库里偷吃粮食的老鼠，才能为所欲为，尽情享受。可以看出，在战国时期人人争名逐利的情况下,李斯也是不甘寂寞,想干出一番事业来。为了达到飞黄腾达的目的,李斯辞去小吏,到齐国求学,拜荀卿为师。荀卿是当时著名的儒学大师,他是打着孔子的旗号讲学的。但是,他不像孟子那样墨守成规,而是从当时的政治形势出发,对孔子的儒学进行了发挥和改造,因而很适合新兴地主阶级的需要。荀子的思想很接近法家的主张,也是研究如何治理国家的学问,即所谓的"帝王之术"。李斯学完之后,反复思考应该到哪个地方才能显露才干,得到荣华富贵呢?经过对各国情况的分析和比较,他认为楚王无所作为,其他各国也在走下坡路,决定到秦国去。

临行之前,荀卿问李斯为什么要到秦国去,李斯回答说:"干事业都有一个时机问题,现在各国都在争雄,这正是立功成名的好机会。秦国雄心勃勃,想奋力一统天下,到那里可以大干一场。人生在世,卑贱是最大的耻辱,穷困是莫大的悲哀。一个人总处于卑贱穷困的地位,那是会令人讥笑的。不爱名利、无所作为,并不是读书人的想法。所以,我要到秦国去。"李斯告别了老师,到秦国去实现自己的愿望了。

战国时,秦国一直比较开放,他们连续几代注意招纳客卿,在用人上从不排外。于是很多人才都流向秦国,这些人才对秦国的日益富强起了很大的作用。但是到了秦王嬴政时,由于发现了来自韩国的间谍——郑国,秦国宗室大臣上书秦王嬴政驱逐来自其他国家的客卿。秦王嬴政依言下了逐客令。

这时,作为客卿的李斯,同样也在被驱逐之列。他在被驱逐的途中,向秦王上书说:"泰山不拒绝一抔一勺的土,才形成了它的高大;沧海不对涓细的河流进行挑拣,才形成了它的广袤;为君王者不拒绝平民百姓,才能行成他的仁义道德。"他还引用了历史上著名的事件,"从前,秦穆公任用戎狄的由余、宛地的百里奚、宋国的蹇叔、晋国的公孙支和丕豹,才成就了他的霸业。秦孝公用客卿商鞅变法使秦国走向强盛,惠王用客卿张仪破坏六国合纵,昭王用客卿范雎获得远交近攻的计策,这四位国君都是依靠客卿才取得成效。没有这些客卿,君王自己即使想到计策也不会如此迅速有效。今天大王要驱逐他们,他们定会纷纷离开秦国而被别国所用,别国强大相当于秦国的衰弱。人才一旦流走,想让商鞅、百里奚那样的人回来就太难了。而失去这样的人才,对秦国来说,可能比失去土地、金银财宝更加严重,其他的人才听说秦国驱逐客卿,也不会到这里来的。这样,秦国的信誉也差了许多。"

秦王嬴政看了李斯的上书,恍然大悟,意识到客卿对国家强盛起到至关重要的作用,于是立即下令召回被逐的客卿,废除了逐客令,并对他们以礼相待。这样悬崖勒马,阻止了秦国的人才外流。后来,李斯当了秦国的宰相,辅助秦王统一六国,为秦王统一中国立下了汗马功劳。

谋略点评:

"以史为鉴"是君王统治国家、安邦定国的重要准则,从历史中可以获得宝贵的经验。李斯正是以此劝说秦王要重视人才,再伟大的君王也需要依靠人才的辅佐和帮助才能成就大业,人才外流无异于增强他人的实力。

我们可以从这个故事中学到两点,要从历史中寻求宝贵的经验,避免前人所犯的错误;还是要学会利用自己周围的人和事物为自己服务,使他人的优势为我所用是取得成功的重要途径。

明哲保身,王翦故意自污避免猜疑

王翦是战国末期秦国著名战将,与其子王贲一并成为秦始皇统一六国的最大功臣。杰出的军事指挥才能使其与白起、李牧、廉颇并列为战国四大名将。

战国末年,秦王嬴政灭了韩、赵、魏三国,赶跑了燕王,多次击败楚军。他嬴政准备一鼓作气,吞并楚国,继续统一中国的大业。为此,他召集文臣武将们商议灭楚战争。

青年将领李信，在攻打燕国时，曾以少胜多，秦王嬴政认为李信忠勇贤能，很是赏识他。所以，他首先问李信："李将军，你看吞并楚国需要多少人马呢？"李信年轻气盛，不假思索地回答："20万人足够了！"嬴政暗暗称赞李信果然是少年英雄。嬴政又把目光转向老将王翦，问道："王将军，您的意见呢？"久经沙场的老将王翦，已经觉察出秦王对李信意见的倾向。他神色凝重地面对秦王，回答说："灭楚，非60万大军不可。"嬴政听了，冷冷地说："哼哼，看来，王将军果真是老了，为什么这么胆怯呢？还是李将军有魄力，我看他的意见是对的。"于是，嬴政就派李信和蒙恬率领20万大军南下攻楚。

王翦因为自己的意见没有被秦王采纳，就托病辞官，归老家频阳养老。这时的秦军在李信的率领下攻平与蒙恬攻寝丘，大破楚军。李信又乘胜攻鄢、郢，均破之，于是引兵向西与蒙恬军会师城父。谁知项燕率领的楚军乘机积蓄力量，趁势尾随追击秦军，三天三夜马不停蹄，攻入秦军的两个壁垒，杀死7名都尉，李信的部队大败而归。

秦王嬴政闻秦军失败，非常生气。他终于知道王翦的确有远见，因此，立即将李信查办革职。然后，亲自飞马前往频阳，请老将王翦出马，统率灭楚大军。秦王向王翦道歉，说："由于寡人没有听从将军的意见，轻信李信，终使秦军受辱，误了国家大事。现在楚军天天西进，将军虽有病在身，怎能忍心背弃寡人？务请将军抱病上阵，出任灭楚大军的统帅。"王翦推辞道："老臣体弱多病，狂暴悖乱，脑筋糊涂，希望大王另选良将。"秦王嬴政恳求道："好了，老将军就不要再推辞了。"王翦说："如果大王一定要任用我为灭楚大军的统帅，那就非60万人马不可。"秦王连忙说："我完全按照老将军的意见办。"

王翦率领60万大军出发攻楚。60万人马，几乎是秦国的全部军力。王翦统率60万军队，等于完全掌握了秦国的兵权，秦王嬴政当然不会完全放心。大军出征那天，秦王亲自率领文武百官送行到灞上。王翦深知秦王嬴政为人多疑，因此，喝了饯行酒后，王翦便请求秦王赐给他一大批良田、住宅和园林。秦王听了，笑道："老将军放心地去作战吧。你是寡人的肱股之臣，我富有四海，你还用得着担心贫穷吗?"王翦说:"大王废除了裂土分封制度,臣等身为大王的将领,虽立战功却终不得封侯。所以只得趁着大王还相信我的时候,请求多恩赐些良田、池塘、住宅、园林,作为留给儿孙们的产业。"秦王笑着答应了。

王翦到达函谷关后,先后五次派使者回朝廷,请求恩赐良田、住宅、园林和池塘。有的部将对王翦的做法不理解,问王翦:"老将军这样不厌其烦地请求赏赐,不是太过分了吗?"王翦说:"不!我这样做,是为了解除后顾之忧。秦王的为人你们不是不知道,他粗暴又对人不轻易相信。为了灭楚,他如今把60万大军全部交给我指挥,心里不会不对我产生疑虑。我只有以多请田宅作为子孙基业的方法来稳固自家,打消秦王对我的怀疑,认为我并没有什么野心,从而使他不再疑心我军权在握会威胁到他的王位。"

秦王嬴政二十三年(公元前224年),王翦领兵伐楚。楚军听说王翦集60万大军前来,也尽发国中兵力以抗秦。王翦大军抵达楚国国境之后整整一年坚壁不出,60万士兵都驻扎起来休养生息,坚壁而守,不肯出战。楚军屡次挑战,秦军始终不出。王翦每日要求士兵休息洗沐,安排美好饭食安抚他们。同时与士卒同饭同食,意在养精蓄锐,消耗敌军,以待最后殊死一战。不久,王翦打听士兵以什么来娱乐,有人回答说:"投掷石头、跳远比赛。"于是王翦发令出兵,大破楚军,追至蕲南(今安徽宿州东南),斩杀将军项燕(一说项燕自杀),楚兵败逃。秦借胜势,一年就平定了楚国城邑,俘虏楚王负刍,楚地终成秦的一个郡县。王翦于是又率兵南征百越,取得胜利,因功著而晋封武成侯。

谋略点评:

王翦给人的印象是一员智将。王翦深知秦王嬴政为人多疑,而自己统率60万军队出征,等于完全掌握了秦国的兵权,秦王嬴政当然不会完全放心。因而在伐楚之时,他用请求赏赐田地来消除秦王的疑心,并成为一个典故,"王翦请田"也就成了明哲保身的代名词。从王剪率60万秦军伐楚直到班师回朝,秦王都不曾表示过怀疑。大凡有心计的政治家,都知道释疑避谗必须讲究艺术,而不能直来直去地分辩。只有时刻提防来自四面八方的谗言,消除来自顶头上司的疑忌,才能保证劳而有功。

藏露适宜,庞统终得高升

庞统,字士元,襄阳人,博学多识。在他刚刚 20 岁时见到颍阳名士司马徽,二人坐在桑树下畅谈天下大事,整整谈了一天一夜,自此名声大振。时人称诸葛亮为"卧龙",称庞统为"凤雏"。

三国时期,流传有"卧龙、凤雏得一人而安天下"的说法,即是说,魏、蜀、吴三国,不论哪个国家得到卧龙或凤雏其中一人即可夺得天下,可见凤雏先生庞统的本事是非同寻常的。但是庞统生得怪异,不太令人喜欢,吴国孙权没有留用他,他就去蜀国投奔刘备。此时庞统带着孔明的推荐信,如果庞统见到刘备呈上孔明的信件,定会得到重用。但庞统进见刘备并没有呈上这封信,只是以一个平常谋职者的身份求见的。因此,刘备也未能重用他,只是让他去治理一个小县。身怀治国安邦之才的庞统没有拒绝这个一般人瞧不起的职位。

刘备占据荆州以后,经人引荐,庞统见到了刘备。当时刘备已用诸葛亮为军师,又不知道庞统的才能如何,便让庞统到耒阳做县令。庞统到任以后却终日饮酒,不问政事。刘备得知后,便派张飞到耒阳去调查。张飞到了耒阳县,发现县里的公务积压了一大堆,不禁大怒,对庞统说:"我哥哥看你是个人才,让你做县宰,你为什么把县里的事务都荒废了呢?"庞统听了,微笑道:"区区小县,有甚难办之事?"当即命令手下把简牍文书全都抱到堂上。庞统在堂上耳听口判,曲直分明,积压了一百多天的文书,不一会儿就被处理完毕。这时,庞统把笔扔在地上,问张飞:"我究竟荒废了主公什么事情?"

张飞大吃一惊,连忙谢罪,马上起身回到荆州向刘备禀报,刘备才知庞统是位不可多得的人才。不几天，刘备又接到东吴大将鲁肃的一封信，信中说："庞士元不是百里之才，只有让他做治中、别驾一级的官员，才能充分发挥他的才能。"军师诸葛亮也向刘备大力推荐，称道庞统的才能。于是刘备任命庞统为治中从事，不久又升至军师中郎将。

庞统是实现隆中战略不可或缺的重要人才，他的加盟，为刘备集团提供了进一步飞跃的契机。按照隆中对的规划，取得荆州、站稳脚跟是第一步，其次是西取巴蜀，跨有荆益，然后兵分两路，最终消灭曹操统一天下。刘备联合东吴，在中打败南下的曹操，又趁机取得荆南四郡，进驻南郡，为实现"隆中对"的初步目标起了很大的作用。

庞统适时地不露真本事，低姿态入场，在可以一显身手的时候，才将自己"卖了"个好价钱——军师中郎将。

谋略点评：

人在困难面前不能低头，但也不能总是高扬头颅，眼睛向上，藐视一切，善于张扬个性，率意而为，锋芒毕露，甚至硬往前撞。这固然表明一个人的勇气和自信，但最终的结果反而是到处碰壁。而涉世渐深后，逐步走向成熟，开始明白了轻重，分清了主次，学会了内敛，懂得低调做人高调做事，在需要的时候不失时机地显露自己的才能，才更容易被人所赏识为人所信服。刘备三低头，每一次低头，都会踱到"柳暗花明又一村"，终成"三足鼎立"中的伟绩。越王勾践低头卧薪尝胆，收回旧山河。有时低头确实是需要一定的勇气。但一时低头不等于事事低头，更不等于低人一等，学会低头是一种智慧。

找准捷径,马周代书引关注

马周字宾王,是博州荏平人。他年幼时死去父母成为孤儿,家里贫穷拮据。他十分喜爱学习,精通《诗经》《春秋》,性格开朗豪迈,乡里的人都认为他不讲究小节,看不起他。武德年间,州里的助教一官无人,他补职任官,事情治理得不好。刺史达奚恕常常责怪他,马周于是离去,客居到密州。赵仁本推崇他的才气,给他准备了很多行装,让他进关。马周途中客住汴州时,被浚仪县令崔贤侮辱,于是心中悲愤不已,又向西走,住在新丰。旅店的主人不照顾他,马周就要了一斗八升酒,悠闲地在那儿自斟自饮,众人对此都感到奇怪。他又到了长安,住在中郎将常何家中。

公元631年唐太宗贞观五年,天下大旱。有一段时间,唐太宗李世民浑身燥热,坐立不安。按传统的思维,认为这一定是朝廷治理出了问题导致的,所以上天才会示警,要求皇帝检查自己是否有什么过错。所以唐太宗便颁布诏书,令文武百官上书,允许畅所欲言,揭露、指责皇帝和朝廷的一切毛病。对于官员们来说,这是一次显示才干的好机会,于是纷纷上书,奏章雪片般地飞入皇宫。

出人意料的是,唐太宗不久却收到常何的奏章。他知道常何胸无点墨,肯定写不出什么东西来,但为了表示自己的诚心,还是漫不经心地打开看,却马上被其中洋洋洒洒的议论吸引住了。文章写得极有条理,批评和建议罗列了许多条,都是很中肯、很有价值的建议。唐太宗很兴奋,又很奇怪,心想:常何什么时候变得这么有能耐?随即传旨宣常何上殿。

常何是一个武将,没有什么学问,马周为他分列条目写了20多件事,都是切中时务的。太宗感到奇怪,便问常何,常何说:"这不是我所能想出来的,家中的门客马周教我这样说。这个门客,是个忠厚孝义之人。"唐太宗就召见马周,过一会儿还未到，太宗接连派使者去敦促了四次。等到马周前来拜见，太宗与他谈话谈得非常高兴，下诏让他入职门下省。第二年，又拜马周为监察御史，马周恭敬地接受了命令，而且胜任了这一职务。唐太宗因为常何而得到马周这个人才，就赐给常何300匹丝帛。

马周善于陈述奏章，机敏、辩证、清晰、深入，切中要害，处理问题周密，在当时有很高的声誉。太宗常说："我一时不见马周就想他。"岑文本对他亲近的人说："马周论事，文采洋溢，切合情理，没有一字可以增删，听起来洋洋洒洒，能使人忘却疲倦。苏秦、张仪、终军、贾谊正是这样啊。然而他两肩上耸，面有火色，向上升官一定很快，只是恐怕不能活得长久。"没过多久，马周升任治书待御史，兼谏议大夫职务，代理晋王府长史。贞观十八年，他又升迁中书令。当时设置太子司议郎，唐太宗抬高了此官的官阶。马周感叹道："只遗憾我资质、品格不够，不能当上这个官职。"唐太宗远征辽东，留马周在定州辅佐太子。等到太宗回来，马周又担任吏部尚书，晋升银青光禄大夫。唐太宗曾经用飞白书赐给马周，上面写着："鸾凤直冲霄汉，一定要凭借羽翼；辅佐所要寄托依靠的，关键在于尽忠尽力。"

马周患消渴病多年，太宗亲自到翠微宫去，寻找好地方为他建造宅第，经常让御厨为他备饭，御医前去看护。唐太宗又亲自为他调药，太子也前去探视。病更重时，马周就把原来上的奏章全部烧掉，他说："管仲、晏子显露君主的过失，博取身后的名声，我不这样做。"贞观二十二年，马周去世，年仅48岁。唐太宗追赠他为幽州都督，陪葬在昭陵。

谋略点评：

有才识者要充分发挥自己的才能，必须尽快获取高层的赏识和任用，而这往往需要搭建一条通向高层的桥梁才能办到。这座桥梁的搭建却大有可讲究之处：投靠精明官员以其做桥梁，虽然可以收到英雄相惜的效果，但投靠者的才能却往往被精明官员的才能所掩盖和利用，致使高层迟迟难以发现投靠者的才能；投靠愚钝官员以其做桥梁，虽然有明珠暗投的嫌疑，但愚钝官员的无能在投靠者才能的帮助下迅速改观，高层惊讶之余追查之下，投靠者的才能往往马上就能拨开云雾而见天日。马周不过一介草民而已，虽然他极有才干，但如果仅仅以自己的名义上书，无论再怎么折腾，恐怕也没有上达天听的指望。为常何这样的大老粗官员捉刀代言，很快就引起皇帝的关注，这也算是获取赏识的一条"终南捷径"了。

居功不傲，郭子仪功高主不疑

郭子仪是武举出身，高七尺三寸，勇武不凡。安史之乱时任朔方节度使，在河北打败史思明。后连回纥收复洛阳、长安两京，功居平乱之首，晋为中书令，封汾阳郡王。代宗时，叛将仆固怀恩勾引吐蕃、回纥进犯关中地区，郭子仪正确地采取了"结盟回纥，打击吐蕃"的策略，保卫了国家的安宁。郭子仪戎马一生，屡建奇功，到84岁高龄才告别沙场，天下因有他而获得安宁达20多年。他"权倾天下而朝不忌，功盖一代而主不疑"，享有崇高的威望和声誉。

唐末藩镇割据，君臣互相猜忌，文臣武将皆感自危，甚至连私下的交往都深觉恐惧。一些人怕引起别人的怀疑，恨不得一入深宅，便与世隔绝，和谁也不相往来。在众臣子中，唯有汾阳王郭子仪与众不同。郭府每天大门敞开，任人出入，他竟不闻不问。

有一次，他麾下一将军离京赴职，前来告辞，看见他在夫人和孩子面前，有如仆人一样随便，甚感惊讶。郭子仪的儿子们也觉得父亲做得太过分了，劝他说："您功业显赫，但不尊重自己，不管尊卑贵贱都随便进入你的卧室。古代的圣人和权臣也不会这样做。"郭子仪笑着对儿子说："你们怎么知道我的用意。我有马500匹，部属仆从千人。如果我修筑高墙，关闭门户，和朝廷内外不相往来，倘若与人结下私怨，再有嫉贤妒能之人挑唆，那我全家的大祸也就不远了。现在我坦荡无邪，四门洞开，纵有人谗言污我，也找不到借口加害。"

郭子仪不但在家中如此，在朝中也处处表现得坦荡无私。鱼朝恩曾请他同游，有人告诉郭子仪，说鱼朝恩准备害他。当时有将士300，纷纷要求随同保护。但郭子仪临行时，却只带几名家童。鱼朝恩感到奇怪，郭子仪便以实言相告。鱼朝恩抚胸流涕，惶恐地说："像郭公这样的长者，谁还能怀疑呢？"

另有一则故事，是在郭子仪的晚年，他退休家居，以纵情声色来排遣岁月。那个时候，后来在唐史《奸臣传》上出现的宰相卢杞，还未成名。有一天，卢杞来拜访他，他正被一班家里所养的歌伎们包围，正在得意地欣赏玩乐。一听到卢杞来了，马上命令所有女眷，包括歌伎，一律退到大厅会客室的屏风后面去，一个也不准出来见客。他单独和卢杞谈了很久。等到客人走了，家眷们问他："你平日接见客人，都不避讳我们在场，说说笑笑，为什么今天接见一个书生却要这样的慎重？"郭子仪说："你们不知道，卢杞这个人，很有才干，但他心胸狭窄，睚眦必报，长相又不好看，半边脸是青的，好像庙里的鬼怪。你们女人们最爱笑，没有事也笑一笑，如果看见卢杞的半边蓝脸，一定要笑。他就会记恨在心，一旦得志，你们和我的儿孙，就没有一个人活得成了！"不久，卢杞果然做了宰相，凡是过去有人看不起他、得罪过他的，一律不能免掉杀身抄家的冤报。只有对郭子仪的全家，即使稍稍有些不合法的事情，他还是予以保全，认为郭令公非常重视他，大有知遇感恩之意。

安史之乱平定后很多年，天下安定了，但各地军阀藩镇却强大起来，不时出现叛乱的事件。郭子仪当年手下有一名大将叫仆固怀恩，此人在安史之乱立过战功，后来因不满意唐王朝对他的待遇而发动叛变，派人跟回纥和吐蕃联络，欺骗他们说，郭子仪已经被宦官鱼朝恩杀害，要他们联合反对唐朝。

公元765年，仆固怀恩带领回纥、吐蕃数十万大军进攻长安。仆固怀恩到了半道上，得急病死了。回纥和吐蕃的大军继续进攻，唐军抵抗不住，回纥、吐蕃联军一直打到长安北边泾阳(今陕西泾阳)，长安也受到了威胁。

唐代宗和朝廷上下都震动了，宦官鱼朝恩劝代宗再一次逃出长安。由于大臣们反对，才没有逃走。大家都认为，要打退回纥、吐蕃，只有起用郭子仪。那时候，郭子仪正在泾阳驻守，手下没有多少兵力，根据侦察到的情况，回纥和吐蕃两支大军虽说是联军，但是也在闹不团结。他们本来是仆固怀恩引进来的，仆固怀恩一死，谁也不愿听谁的指挥，两股力量拧不到一块儿去。

郭子仪知道了这个情况，决定采取分化敌人的办法。回纥的将领过去跟郭子仪一起打过安史叛军，有点老关系，郭子仪就决定先把回纥将领拉过来。

当天晚上，郭子仪派他的部将李光瓒偷偷地到了回纥的大营，去见回纥都督药葛罗。李光瓒跟药葛罗说："郭令公派我来问你，回纥本来和唐朝友好，为什么要听坏人的话，来进攻我们呢？"药葛罗说："郭令公还活着？我听说郭令公早已被杀，你别骗人了。"

李光瓒回报说，回纥都督药葛罗声称，要是郭令公真在此地，那就请他亲自来见个面。郭子仪说："既然这样，我就自己去走一趟，也许能劝说回纥退兵。"郭子仪带着几个随从兵士，骑马向回纥营的方向走去。兵士们一面走，一面叫喊："郭令公来了！郭令公来了！"药葛罗和将领们目不转睛望着来人，异口同声地叫了起来："啊，真是令公他老人家！"说着，大伙一起翻身下马，围住郭子仪下拜行礼。药葛罗很抱歉地说："我们受了仆固怀恩的骗，以为皇帝和令公都已经死去，中原没有主人，才跟着他上这里来。现在知道令公还在，哪会同您打仗呢？"郭子仪说："吐蕃和唐朝是亲戚关系，现在吐蕃侵犯我们，掠夺我们百姓的财物，实在太不应该啦！我们决心要回击他们。如果你们能帮我们打退吐蕃，对你们也有好处。"药葛罗听了郭子仪的话，连连点头说："我们一定替令公出力，将功补过。"药葛罗跟郭子仪起了誓，祭了酒，双方订立了盟约。

郭子仪单骑访回纥大营的消息，传到吐蕃营里，吐蕃的将领们害怕唐军和回纥联合起来袭击他们，就连夜带着大军撤走了。

谋略点评：

郭子仪被唐德宗尊称为"尚父"，举国上下，享有崇高的威望和声誉。他精于谋略、用兵持重、身经百战、功勋卓著，时常救唐于水火之中，天下因有他而获得安宁达 20 多年。常言道:"伴君如伴虎",身居高位自然所担风险然也大。但郭子仪无论在家中还是在朝中处处表现得坦荡无私,居功但不自傲,处事严谨周密,因而才"权倾天下而朝不忌,功盖一代而主不疑",可见他的明哲保身之道是相当高明的。

大处着眼,吕端棋高一着

公元 995 年,吕端被宋太宗提升为宰相。对这个一人之下、万人之上的位置,吕端并不觉得有多了不起,他想的是如何调动全体臣僚的积极性,为此不惜自己放权和让位。当时和他有同样声望的还有一位名臣寇准,办事干练,很有才能,但是性子有些刚烈。吕端担心自己当了宰相后寇准心中会不平衡,如果耍起脾气来,朝政会受到影响,于是就请太宗另下了一道命令,让担任参知政事(副宰相)的寇准和他轮流掌印,领班奏事,并一同到政事堂中议事,得到了太宗的批准,也平和了寇准的情绪。后来,太宗又下诏说:朝中大事要先交给吕端处理,然后再上报给我。但吕端遇事总是与寇准一起商量,从不专断。过了一段时间,吕端又主动把相位让给了寇准,自己去当参知政事。这种主动让权,在世人的眼中自然是"糊涂"的举动。

有一年,朝中大臣李惟清被太宗从掌管全国军事的枢密使位子上换下来,去当负责监察百官的御史中丞。虽然是平调,但实际权力发生了变化,他认为是吕端在中间使坏。于是,李惟清趁吕端有病在家休息,没有上朝的机会,告了吕端一个恶状。事情传到吕端耳中后,吕端不以为然,既没有去对皇帝表白,也没有去找李惟清算账,而是淡淡地说:"我一辈子行得正、坐得直,没有做什么对不起人的事,又怕什么风言风语呢?"这种不与人计较的坦然心态也被人认为是"糊涂"。

在吕端刚刚担任参知政事的时候,他从文武百官前面经过,一个小官由于平时听多了吕端"糊涂"的传闻,对他很不服气,以很不屑的口吻来了一句:"这个人竟也当了副宰相?"吕端的随行人员觉得很不公平,要问那个人的姓名,看看他是干什么的。吕端制止说:"不要问,你问了他就得说,他说了我也就知道了。而我一知道,对这种公然侮辱我的人便会终生不能忘。着意地去报复对我来说是肯定不会的,但以后如果有什么事涉及他,撞到我手里,想做到公正对待也一定很难。所以,还是不知道的好。"这种君子不念恶,揣着明白装糊涂的举动对吕端来说,是一种反映自我修养的高尚境界,但在世人眼中,自然又被看成了"糊涂"。

吕端的"糊涂",还在于他的不置产业。他不仅为官非常清廉,贪污受贿之事从来没有,就是应得的那份俸禄也常常分出一些周济照顾别人。以至于后来吕端去世后,他的两个儿子竟因生活困难,没钱结婚,只好把房产抵押给别人。真宗皇帝知道这个事情后,很受感动,从皇宫的开支中支出了500万钱把房产赎了回来,另外又赏了不少金银和丝绸,替吕家还清了旧账。以宰相之尊,而后人贫困至此,在常人的眼里又是多么"糊涂"。

吕端这种对个人利益,对自身名利淡然处之的"糊涂",是那么的可贵,那么值得后人学习,难怪他的"糊涂"要受到人们的称赞了。吕端经历了北宋太祖、太宗、真宗三朝,他具有很好的政治才能,在内政、外交等方面都有独到的见解。北宋的开国宰相赵普曾这样评价他:得到褒奖不曾高兴,遇到挫折不曾害怕,具有宰相的气度。但真正使他名传千古的,还是由于他的"大事不糊涂"。这种不糊涂,主要表现在两件事上。

一是安抚李继迁。李继迁是党项族人,曾归顺北宋,后来叛宋,在西北部边境上屡次骚扰。一次在与宋军的交战中,他没有保护好他的母亲,老娘当了宋军的俘虏。这个消息报到朝廷后,太宗就想处死这个老太太。当时寇准正担任掌管全国军事的枢密副使,太宗单独召见了寇准,跟他商量此事,准备在边境上大张旗鼓地把老太太杀掉,以惩戒那些与朝廷作对的人。

寇准从太宗处回去时,经过宰相的办公地,吕端猜想可能是要与他商议大事,就对寇准说:"边境上的日常事务,我没必要知道。如果是军国大事,我位居宰相，你应该告诉我。"虽然不是军国大事，但寇准也原原本本地告诉了他。吕端说："这样做好像不太合适，请你暂缓处理，我去找皇帝说说。"他来到太宗面前说了一通道理："从前楚汉相争时，项羽抓住了刘邦的父母，想要把他们在阵前用锅煮了。可是刘邦说如果你一定要煮，那么分我一杯肉汤喝吧。做大事的人不会顾虑到他的父母，更何况李继迁这样的蛮夷叛乱之人呢？陛下今天杀了老太太，明天就能捉住李继迁吗？如果捉不住，那只能结下怨仇，更坚定他的反叛之心。"

太宗觉得他说的很有道理，就问："那你说应该怎么办呢？"吕端说："不如在延州(陕西延安)妥善安置老太太，对李继迁实行攻心战。虽不一定能招降，但他母亲总还在我们的掌握中。"太宗连连说好："多亏了你，否则几乎误了国家大事。"后来，李母病死在延州，而李继迁则在公元1004年攻打吐蕃的时候中箭身亡，他的儿子归顺宋朝。吕端的高瞻远瞩收到了很好的效果。

公元997年，宋太宗病危。由于在太祖与太宗的交替过程中，曾出现了"烛影斧声"的千古疑案，因此在太宗病危的敏感时期，吕端每天都陪着太子(宋真宗)到太宗的床前探望。当时得宠的宦官王继恩担心太子继位后对自己不利，就先串通好了皇后，再暗中勾结了参知政事李昌龄、殿前都指挥使(掌管御林军)李继勋、知制诰(管草拟诏书)胡旦等人，图谋拥立楚王赵元佐(太宗的长子)，一场宫廷政变在紧锣密鼓地展开着。太宗一咽气，皇后马上就派王继恩召见吕端，计划逼着吕端同意立楚王为君。其实在他们刚开始谋划的时候，吕端已经有所耳闻了，现在听到皇后召他入宫，知道局势可能有变，就果断地把王继恩锁在了自己家的书房中，派人严加看守，然后入宫晋见。果然，皇后对他提出了立楚王的问题。吕端毫不客气地顶了回去："先帝在的时候已经明确了太子，我们怎么能不听他的话呢？"由于谋变的关键人物王继恩已经被控制了起来，皇后一时也没了主意。吕端趁热打铁，率领大臣共同保太子(真宗)继位。真宗登基后，坐在大殿上垂帘接受群臣的朝拜。吕端站在底下不肯下跪，要求卷起帘子来，然后登上台阶察看确实是真宗本人，才走下台阶，率领群臣磕头跪拜。接着，又把那几个犯上作乱的分子发配到外地，彻底平息了这场争端，确保了政权的稳固。

吕端一生经历了三代帝王，在 40 年的宦海生涯中几乎没有受到什么冲击，这种经历在封建王朝中实在是不多见的。

谋略点评：

功名富贵是世人孜孜以求的东西，也是最容易斤斤计较的，吕端却表现了一种淡然的态度。也正是由于他对这些人们通常关注的官位高低、金钱多少等问题的漠然，才留下了"糊涂"的说法。但他在事关大局的问题上却从来不糊涂。在他敏感地觉察到皇帝与大臣密商军国大事时，以宰相之职主动干预，以正确主张纠正既定决策，而且为实践证实其高明。在太子拥立问题上能针锋相对、果断处置，这些都说明吕端的大智大勇，并非真正的糊涂。吕端之所以一生经历了三代帝王，在 40 年的宦海生涯中没有受到什么冲击，与他在大局、大节问题上毫不糊涂，但在事关个人利益的问题上却能"糊涂"了事的品质是有很大关系的。对于我们今天的人来说，不管是当官还是为人处世，都应该学学这种"糊涂"的精神。

低调谦和，邓绥被册封皇后

东汉和帝邓皇后，名绥，是汉光武帝时太傅邓禹的孙女，其父邓训，曾为护羌校尉，抚边有功，其母为东汉第二任皇后阴丽华的堂侄女。邓绥之所以成为皇后，却与别的皇后有所不同，靠的全是她谦让的美德。

邓绥自幼性格柔顺，非常善于忍让，甘愿委屈自己，以宽慰他人。她 5 岁的时候，有一次，祖母为她剪发，由于老眼昏花，不小心将邓绥的前额碰破。邓绥强忍疼痛，一声不吭。别人感到十分不理解，问她："你难道不知疼痛吗？"邓绥却说："我不是不知疼痛。只是我的祖母疼爱我，为我剪发，我若喊痛，就会伤她老人家的心，所以我忍着。"

邓绥 15 岁(公元 95 年)时,被选入宫中,因外貌出众,次年即升为贵人。第二年,另一个贵人阴氏因出身贵戚,靠着娘家的势力被立为皇后。从此,邓绥格外谦卑小心,一举一动皆遵法度。对待与自己同等身份的人,邓绥常常克己事之;即使是对待宫人隶役,邓绥也从不摆主人的架子。

有一次,邓绥得了病,按照当时的规定,外人是不能轻易进宫探视的。和帝特别恩准邓绥的母亲、兄弟进宫照顾,并且不作时间上的限制,这在当时看来,是特殊的恩典。邓绥知道后,便对和帝说:"宫廷禁地,对外人限制极严,让臣妾的亲人久留宫中很不合适。人家会说陛下私爱臣妾而置宫禁于不顾,也会说臣妾受陛下恩宠而不知足。臣妾受别人的非议倒是小事,但由此损害了陛下的威德,臣妾实在担当不起,臣妾真的不愿陛下这样做。"和帝听后,觉得她是个识大体的人,非常感动,说:"别的贵人都以家人多次进宫为荣,只有邓贵人以此为忧,这种委屈自己的做法是别人比不了的。"从此,对邓绥更加宠爱了。

邓绥虽然得到和帝的宠爱,但一点也不骄傲,反而更加谦卑。她知道皇后阴氏的脾气,也隐隐约约感到因为皇帝过于宠爱自己而使皇后对她有所嫉恨,所以对皇后更加谦恭,皇后也不好过于找她的麻烦。每次皇帝举行宴会,别的嫔妃贵人都竞相打扮,服装非常艳丽,以此来炫耀自己。邓绥独穿素服,丝毫没有装饰。她非常细心,每当发现自己所穿衣服的款式颜色与皇后相同或相似时,就立即加以更换。若与皇后同时觐见,她从不敢正坐。和帝每次提问,邓绥总是让皇后先说,从不抢她的话头。

邓绥这种发自内心的谦恭,使其进一步赢得了和帝的好感;反而,皇后阴氏的骄横和嫉妒倒很使皇帝讨厌。后来,皇后也逐渐感觉到邓绥对她的威胁,就采取阴险恶毒的手段来对付她。永元十四年(公元 102 年),皇后阴氏伙同别人制造巫蛊之术,企图置邓绥于死地。不料阴谋败露,阴氏被幽禁,不久忧愤而死。

阴氏死后,和帝很想立邓绥为皇后。邓绥知道后,觉得不合适,自称有病,躲藏起来,以示辞让。这反而更激发了和帝立邓绥为后的决心,和帝说:"皇后之尊,与朕同体,上承宗庙,下为天下之母,只有邓贵人这样的有德之人才可承当。"当年冬天,邓绥终于被立为皇后。

谋略点评:

老子道家思想的最高境界是"无为无所不为"、"唯其不争,天下莫能与之争"。跳高时,退得远,才能跳得更高。获得赏识也是一样,暂时的谦让,往往可以获得更长远的利益。谦让既是中华民族的美德,也是一种谋略,邓绥之所以被立为皇后就在于她巧妙的一退一让之间。可见,以退为进,不仅可以把事办好,而且还可以取得事半功倍的效果。

【七】
处变不惊——应变谋略

处变不惊,就是指处在变乱之中,能够沉着应对,一点儿也不慌乱。自古以来,凡能成大事者,无一不是能够在大动荡、大波折中泰然自若、随机应变的人物。善于谋略者,常常是根据具体情况,从当时、当地的客观实际需要出发,作出特殊的处置,不拘常法,随机应变,或随敌变而己变,或以不变应万变。处变不惊很重要,又很难做到。说它重要,重要在不惊才能应变;说它难,难在人对变总始料不及,总缺乏准备,一旦有变自然会惊。事变是这样,人变是这样,情变是这样,理变也是这样。

急中生智，弦高献牛退秦师

晋文公打败了楚国，会合诸侯，连一向归附于楚国的陈、蔡、郑三国的国君也都来了。郑国虽然跟晋国订了盟约，但是因为害怕楚国，暗地里又跟楚国结了盟。

晋文公知道这件事，打算再一次会合诸侯去征伐郑国。大臣们说："会合诸侯已经好几次了，咱们本国兵马已足够对付郑国，何必去麻烦人家呢？"

晋文公说："也好。不过秦国跟我们约定，有事一起出兵，可不能不去请他。"

秦穆公正想向东扩张势力，就亲自带着兵马到了郑国。晋国的兵马驻扎在西边，秦的兵驻扎在东边，声势十分浩大。郑国的国君慌了神，派了个能说会道的烛之武去劝说秦穆公退兵。

烛之武对秦穆公说："秦晋两国一起攻打郑国，郑国准得亡国了。但是郑国和秦国相隔很远，郑国一亡，土地全归了晋国，晋的势力就更大了。它今天在东边灭了郑国，明天也可能向西侵犯秦国，对您有什么好处呢？再说，要是秦国和我们讲和，以后你们有什么使者来往，经过郑国，我们还可以当个东道主接待使者，对您也没有坏处。您看着办吧。"

秦穆公考虑到自己的利害关系，答应跟郑国单独讲和，还派了3个将军带了2000人马，替郑国守卫北门，自己带领其余的兵马回国了。

晋国人一瞧秦军走了，都很生气。有的主张追上去打一阵子，有的说把留在北门外的2000秦兵消灭掉。

晋文公说："我要是没有秦君的帮助，怎么能回国呢？"他不同意攻打秦军，却想办法把郑国拉到晋国一边，订了盟约，撤兵回去了。

留在郑国的3个秦国将军听到郑国又投靠了晋国，气得吹胡子瞪眼睛，连忙派人向秦穆公报告,要求再讨伐郑国。秦穆公得到消息,虽然很不痛快,但是他不愿跟晋文公扯破脸,只好暂时忍着。

过了两年,也就是公元前 628 年,晋文公病死,他的儿子襄公即位。有人再一次劝说秦穆公讨伐郑国。他们说:"晋国国君重耳刚死去,还没举行丧礼。趁这个机会攻打郑国,晋国决不会插手。"

留在郑国的将军也送信给秦穆公说:"郑国北门的防守掌握在我们手里,要是秘密派兵来偷袭,保管成功。"

秦穆公召集大臣们商量怎样攻打郑国,两个经验丰富的老臣蹇叔和百里奚都反对。蹇叔说:"调动大军想偷袭这么远的国家,我们赶得精疲力乏,对方早就有了准备,怎么能够取胜? 而且行军路线这样长,还能瞒得了谁? "

秦穆公不听,派百里奚的儿子孟明视为大将,蹇叔的两个儿子西乞术、白乙丙为副将,率领 300 辆兵车,偷偷地去打郑国。

秦军到了滑国,郑国的商人弦高正巧到周地贩牛也经过滑国。弦高知道秦军要经过滑国去偷袭郑国,便随机应变,一面派人快马加鞭回郑国报告消息,一面直接去见秦军。他先送去四张熟牛皮,再用 12 头牛去犒劳秦军,说:

"敝国的国君听说贵军将要行军到敝国去,特地让我冒昧地来犒劳犒劳。虽然敝国并不富裕,但是,只要贵军在敝国住上一天,敝国就会提供一天的食用给养;要是贵军离开敝国,敝国也会护送贵军安全离开。"

孟明等人一听全都愣了:原来郑国果然如蹇叔所说早有准备,怎么办呢?

孟明于是对西乞术和白乙丙说:"郑国已经有所防备,我们的偷袭是没有指望了。硬攻是不可能一下子成功的,我们又没有后援,还不如顺水推舟,灭了滑国回去吧。"

商议已定,孟明等人对弦高说:"我们并不是要到贵国去,只不过是到滑国而已。"于是灭了滑国回师。

郑穆公接到弦高的急报后,派人侦察杞子等人住的地方,发现他们果然已经捆扎行装,秣马厉兵了,于是便派人驱逐他们出境。杞子逃到了齐国,逢孙和杨孙逃往宋国。

孟明等人回师经过崤山时，遭到晋军的伏击，全军覆灭，孟明、西乞术、白乙丙三人都被晋军活捉了去。

秦穆公痛悔没有听从蹇叔的话，使自己偷鸡不成倒蚀一把米，造成了惨重损失。

秦穆公偷鸡不成倒蚀一把米，实在与郑国商人弦高有很大关系。虽然蹇叔早已预见到这一结局，但却由于弦高的推动把它变为了现实。

假如不是弦高假冒使者去犒劳秦师，一语点破秦军的企图，那孟明等人说不定可以偷袭郑国成功也未可知。

假如孟明等人识破弦高，杀了他再连夜赶往郑国，那可能也还有机会。

当然，这些都是假设。真实的是，弦高随机应变，把自己所贩之牛用来犒劳秦军，进而暗示郑国已早有准备，使秦军将领信以为真，从而取消了偷袭郑国的计划，结果反被晋国所伏击。

弦高的本来目的是贩牛，但在遇到紧急情况时以牛为礼物，自己也摇身一变由商人成为国使，替郑国解了大围，成为千古传诵的爱国主义者。

谋略点评：

如果不是弦高随机应变献牛，郑国必不能逃掉这一场战争。所以说，在遇到紧急情况的时候，只有学会随机应变，沉着应付，才能得到好的结果。

但随机应变也不是说随随便便就可以乱来的，随机应变的前提是审时度势，了解实际情况和时机，并随着实际情况和时机的变化而变化，灵活机动、应付自如。

随机应变的目的是克敌制胜，而不是故弄玄虚，显耀巧智。不然的话，很容易失之于油滑，聪明反被聪明误。总而言之，随机应变不是小聪明而是大智慧。

旁敲侧击，淳于髡谏齐威王

战国时代，齐国有一个名叫淳于髡的人，他的口才很好，也很会说话。他常常用一些有趣的隐语，来规劝君主，使君王不但不生气，而且乐于接受。

齐威王八年，楚国发兵攻打齐国。威王派淳于髡出使赵国求救，叫他带 100斤金、10 驾马车去送给赵王。淳于髡忍不住仰天大笑，就连系帽子的带子都笑断了。威王问他是不是嫌带去的礼物太少，淳于髡说："岂敢，岂敢，我只是想到一件好笑的事情罢了。"威王一听是好笑的事情，连忙叫淳于髡讲给他听。淳于髡于是说："今天我从东边来时，看见路旁有个种田人在祈祷。他拿着一只猪蹄子、一杯酒祷告上天保佑他五谷丰登，米粮堆积满仓。我见他拿的祭品很少，而所祈求的东西却太多，所以笑起来了。"

齐威王当然听懂了他的意思，便把去赵国的礼物增加到 1000 镒金、10 对白璧、100 驾马车。

淳于髡到赵国献上礼物，陈说利害关系，赵王于是决定发出精兵 10 万支援齐国。楚军听说后连夜退兵回国了。齐威王非常高兴，在宫内设酒宴为淳于髡庆功。

威王问淳于髡要喝多少酒才会醉，淳于髡回答说喝一斗酒也会醉，喝 10 斗酒也会醉。威王觉得他真有意思，既然喝一斗就会醉了，怎么还能喝 10 斗呢？因此要他讲一讲这其中的道理。淳于髡于是便说起了他的酒经：

"如果大王当面赏酒给我喝，执法官站在一旁，御史官站在背后，我战战兢兢，低头伏地而喝，喝下一斗就会醉了。如果父母有贵客来我家，我恭谨地陪酒敬客，应酬举杯，喝不到两斗也会醉了。如果有朋自远方来，相见倾吐衷肠，畅叙友谊，那就要喝上个五六斗才会醉了。如果是乡里之间的宴会，有男有女，随便杂坐，三两为伴，猜拳行令，男女握手也不受罚，互相注目也不禁止，自由自在，开怀畅饮。这样,我就是喝到八斗也只会有二三分醉意。如果到了晚上,宴会差不多了,大家撤了桌子促膝而坐,男女都同坐在一个坐席上,靴鞋错杂,杯盘狼藉。等到堂上的蜡烛烧尽了,主人送走客人而单单留下我,解开罗衫衣襟,微微能闻到香汗的气息。这时,我欢乐之极,忘乎所以,要喝到 10 斗才会醉。所以说,酒喝过头了就会乱来,欢乐过头了就会生悲,世上的事情都是这样的啊!"

齐威王听了他这一段精彩的酒经,沉思了好一会儿,然后说:"讲得好啊!"于是戒掉了通宵达旦饮酒的坏习惯。

谋略点评:

说话是一门技巧,更是一门艺术。一句恰到好处的话,可以改变一个人的命运;一句言不得体的话,可以毁掉一个人的一生。人人都爱听好话,尤其是当你指出别人不足的时候就更需要小心润色,委婉曲折地提出自己心中所想。

说话的艺术有很多种,指桑骂槐激烈,循循善诱委婉,旁敲侧击则是幽默。激烈是猛击一掌,是强心针,效果强劲,却总让人心里不舒服;委婉是细雨滋润,是润滑剂,总是能够达到润物细无声的效果;幽默则妙趣横生、意味深长,是开心果、酸梅汤,让人在听话之余,能够常常品味、时时思索。

知己知彼,孙膑小计赢千金

孙膑从魏国逃到齐国后,受到齐国将军田忌的热情接待,两人经常在一起谈论兵法。孙膑那睿智的谈吐和惊人的韬略使田忌佩服不已,几天后便无话不谈了。

当时,齐威王在空闲时喜欢和王亲大臣们赛马。田忌老是输,每次都输掉不少黄金,为此而非常烦恼。这一天,两人谈话谈到投机处,田忌无意间说出了自己的烦恼。孙膑说："没关系，下次将军赛马的时候，让我去看一看。"

隔了几天，田忌果然邀请孙膑一道去观看赛马。孙膑看了看，田忌的马其实与威王的马实力差不多，双方都有上、中、下三等马，但三局比赛田忌都输了。孙膑于是对田忌说："将军明日再与威王赛马，我可以保证您取胜。"

田忌大喜，说："先生如果真能使我取胜，我就去向威王挑战，下个大赌注，每局1000两黄金，怎么样？"孙膑说："将军只管去下注好了。"田忌便对威王说："臣赛马屡赛屡输，明天我愿以所有的家产来与大王一赌输赢，每局赌注1000两，好吗？"威王一听便大笑起来，连说："够刺激，够刺激！"于是一言为定，只等第二天开赛。

第二天一大早，王公贵族们都驾着装饰华丽的车马来到赛马场，老百姓数千人也都闻讯赶来观看这激动人心的一赌。

赛马就要开始了，田忌不禁紧张起来，悄悄问孙膑说："先生，您的必胜秘诀在哪里呢？这可是千两黄金一局的赌注啊，开不得玩笑！"孙膑这才不慌不忙地说："威王的马胜将军的马一筹，如果您的马按顺序对等与他的马比赛，自然非输不可。现在您只需要略施小计，第一局用您的下等马去对他的上等马，第二局用您的上等马去对他的中等马，第三局用您的中等马去对他的下等马。这样比赛下来，您的马虽然会败一局，但必然会胜两局。三局二胜，1000两黄金不就是将军的了吗？"田忌一听忍不住叫了起来，一拍大腿说："妙啊！我以前怎么就没想到这一点呢？"

比赛开始，第一局当然是田忌输了。齐威王大笑不止，田忌说："大王，还有两局呢。如果这两局臣也输了，大王再笑臣也不晚啊！"结果，第二局、第三局都不出孙膑所料，田忌的马都赢了。观众掌声雷动，欢呼声不绝于耳。田忌满面红光地从齐威王手中接过1000两黄金。

比赛结束后，齐王很是不理解，为什么同样的马，同样的赛法，这一次田忌会获胜呢？田忌忍不住把自己的秘诀告诉了齐王。他对齐王说："这哪里是臣的马的功劳啊，完全是因为孙膑的计谋。"威王听了感叹说："在这种小事上就可以看出孙膑先生的过人智慧!"于是赶忙召来孙膑,请教兵法,拜为军师。

谋略点评:

正如齐王所疑惑的那样:为什么同样的马,同样的赛法,田忌会获胜呢?其中的奥妙就在于孙膑事先对双方的力量作了充分了解,做到了知己知彼,然后稍微调整布局,以变应不变,赢得了最后胜利。孙子兵法上说:"知己知彼,百战不殆。"意思是,如果对敌我双方的情况都了解得一清二楚,打起仗来才不会有危险。要做到知己知彼,就得用心观察,仔细思量。只有知道自己的优势所在,不足之处在什么地方,扬长避短,找出对方的弱点所在,了解对方的优势是什么,这样才有可能取胜的把握,否则也只能是竹篮打水一场空。因此,无论做什么事情,都要做到心中有数,决不可盲目行事。

循循善诱,触龙劝说赵太后

战国时代,赵孝成王继位的时候还很年幼,母亲赵太后代行国政。不久,秦国加紧了对赵国的进攻。赵国请求齐国出兵援救,齐国要求赵国把赵太后的小儿子长安君送到齐国去做人质,然后才肯派出援兵。赵太后舍不得长安君,大臣们纷纷劝说。赵太后恼怒地说:"有谁再来劝我送长安君到齐国去,本宫就要吐他口水了!"老臣左师触龙说他想拜见太后,太后不好不接见,但却怒气冲冲地等着他来,看他要说些什么。

殊不知触龙并没有提送长安君到齐国去的事,而是来拜问太后的身体。他先问了问太后的起居情况,太后告诉他说行动不太方便了,出门全靠坐车。

然后又问太后的饮食,太后告诉他说主要是喝点稀粥罢了。触龙也说了说自己的情况,不外乎是些老年人常见的毛病。同病相怜,同龄人相通,太后的脸色慢慢好起来,怒气没有了。

这时,触龙对太后说:"我有个孩子名叫舒祺,排行最小,不大成才。但我已经老了,心里总还是疼爱他的啊。我想请求太后准许把他补充到侍卫队里去了,让他保卫王宫,我也就算放心了。"太后说:"好啊!他今年多大啦?"触龙说:"15 岁了。虽然年纪还不大,但我却想趁自己还没死的时候把他拜托给太后您。"

太后说:"男人家也知道疼爱小儿子吗?"

触龙回答说:"怎么不知道疼爱呢?说不定还超过妇女们呢!"

太后不禁笑起来了,说:"还是妇女们更疼爱她们的儿子吧。"

触龙终于不失时机而又一点不露痕迹地引出了正题:"可老臣觉得太后疼爱女儿燕后超过了疼爱小儿子长安君呢。"

太后说:"您错了,我疼爱她可不如疼爱长安君啊!"

触龙说:

"父母疼爱子女,就得替他们作长远打算。当初燕后出嫁燕国时,您老人家非常舍不得,哭个不停,悲伤她嫁得太远了。她走后您也很思念她吧?可每逢祭祀的时候,您却为她祈祷说:'千万别让她回来啊!'这是因为您替她打算,希望她的子子孙孙永远继承王位,所以虽然想念她还是不希望她回来。"

太后说:"是啊。"

触龙说:"可您对长安君就不是这样的了。您想想看,无论是赵国还是其他诸侯国,过去那些子孙后代被封为侯的,他们的继承人还有多少在位的呢?"

太后想了想说:"很少了。"

触龙说:"这说明他们中间有的是自身遭到了祸患,有的是子孙遭到了祸患。难道诸侯们的子孙就一定不好,一定不能继承王位吗?不是。只是因为他们地位虽高,养尊处优,自己却没有什么作为,没有建功立业。现在长安君正是这样啊。您老人家给了他一切,却舍不得让他去为国出力,建功立业。一旦太后作古,长安君靠什么在赵国自立呢?所以老臣觉得太后为长安君打算得不够长远,不如对燕后那样疼爱啊!"

太后终于想通了，说："好吧，就请您安排吧！"

于是赵国为长安君准备了100辆车，送他到齐国去做人质，齐国也就出兵援赵了。

谋略点评：

开口说话，看似简单，实则不容易，会说不会说大不一样。赵太后盛怒之下，任何谈及人质的问题都会让太后难以接受，使得结果适得其反。所以触龙在揣摩透太后心理的情况下，面对怒气冲冲、盛气凌人的赵太后，不是直言相谏，而是避其锋芒，对让长安君到齐国做人质的事只字不提，而是转移话题。先问太后饮食住行，接着请托儿子舒祺，继之论及疼爱子女的事情，最后大谈王位继承问题。不知不觉之中，太后怒气全消，翻然悔悟，明白了怎样才是疼爱孩子的道理，高兴地安排长安君到齐国做人质。赵太后溺爱孩子，众人皆知，触龙从请托孩子谈起，欲擒故纵，故意诱导赵太后谈及"丈夫亦爱怜其少子乎？"从而自然引到赵太后疼爱孩子问题上，这一对话深深地打动了赵太后。"良药苦口，忠言逆耳"是自古皆知的道理。

药能治病，却非常苦，所以人们学会了在药里加上蜂蜜，或者在旁边准备蜜饯等吃食。进言也是如此，如果明明知道所说的话会让上位者不高兴，却还偏偏要说，就是不知变通的迂腐之人了。那为什么不能像吃药一样，在说话的时候稍加修饰，用委婉的口气说出自己想说的话呢？这样既能达到进言的目的，又不招致怨恨。两全其美，何乐而不为？

杜甫曾有诗云：好雨知时节，当春乃发生。随风潜入夜，润物细无声。倘若用在说话上，便也是一门艺术。不知不觉间，就让别人将自己的话听进去，并达到"润物细无声"的效果，难道不是一门上乘的谏言功夫吗？

当然，从另一个角度来说，它也是一种计谋，一种夺人心志、征服灵魂的计谋，只不过穿上了一件真诚关心的外衣罢了。

走为上计，鸿门宴刘邦智脱身

秦末，刘邦与项羽各自攻打秦朝的部队。刘邦兵力虽不及项羽，但先破咸阳，项羽勃然大怒，派英布击函谷关。项羽入咸阳后，到达戏西，而刘邦则在灞上驻军。刘邦的左司马曹无伤派人在项羽面前说刘邦打算在关中称王，项羽听后更加愤怒，下令次日一早让兵士饱餐一顿，击败刘邦的军队。一场恶战在即。在这时，项羽的军队有40万人，驻扎在新丰县鸿门；刘邦的军队有10万人，驻扎在灞上。范增劝告项羽说："刘邦在崤山以东时，贪图财物，喜欢美女。现在进入关中，财物一点都不要，妇女一个也不亲近，这表现他的志向不小。我叫人去看过他那里的云气，都是龙虎形状，成为五彩的颜色，这是天子的云气啊。（你）赶快攻打（他），不要失掉时机！"

楚国的左尹项伯这个人，是项羽的叔父，平时一向与张良友好。张良这时候跟随着刘邦，项伯就在夜里骑马赶到刘邦军中，私下会见了张良，详细把事情告诉张良，想叫张良和他一起离开刘邦，项伯说："不跟我走将会一起被杀。"张良说："我替韩王护送沛公入关，沛公现在有急难，我逃跑离开是不讲道义的，我不能不告诉他。"张良就进去，把情况详细告诉刘邦。刘邦大吃一惊，说："怎样应付这件事呢？"张良说："谁替大王献出这个计策的？"刘邦回答说："浅陋无知的人劝我说：'把守住函谷关，不要让诸侯进来，秦国所有的地盘都可以由你称王了。'所以我听信了他的话。"张良说："估计大王的军队能够抵挡住项王的军队吗？"刘邦沉默一会儿说："自然是不如人家，怎么办呢？"张良说："请让我去告诉项伯，说沛公不敢背叛项王。"刘邦说："你怎么和项伯有交情的？"张良说："在秦朝的时候，项伯和我有交往，项伯杀了人，我救了他的命；现在有了紧急的情况，所以幸亏他来告诉我。"沛公说："他和你的年龄，谁大谁小？"张良说："他比我大。"沛公说：

"你替我把他请进来，我得用对待兄长的礼节待他。"张良出去，邀请项伯，项伯立即进来见沛公。沛公就奉上一杯酒为项伯祝福，并约定为亲家，说："我进入关中，财物丝毫都不敢据为己有，登记官吏、人民，封闭了收藏财物的府库，以等待项羽的到来。之所以派遣官兵去把守函谷关，是防备其他的诸侯进入和意外变故。我日日夜夜盼望着项羽的到来，怎么敢反叛呢？希望你在项羽面前转达我的意思，我是不敢忘恩负义的。"项伯答应了，跟沛公说："明天你不能不早些来亲自向项王谢罪。"沛公说："好。"于是项伯又在夜里离开，回到项羽军营里，就把沛公的话全部报告项王。趁机说："沛公不先攻破关中，你怎么敢进来呢？现在人家有大功你却要打人家，这是不仁义的。不如就趁机友好地款待他。"项王答应了。

第二天一大早，刘邦只带了随从百余人到鸿门拜见项羽，赔礼道歉、表白心迹。项羽于是设宴款待刘邦，项伯、范增作陪，刘邦方面只有张良作陪。刘邦向项羽谢罪说："我和将军合力攻打秦国，将军在黄河以北作战，我在黄河以南作战。然而自己没有料想到能够先入关攻破秦国，能够在这里再看到将军您。现在有小人的流言，使将军和我有了隔阂。"项羽说："这是你左司马曹无伤说的。如果不是这样，我怎么会生气到这种程度呢？"

酒过数巡，范增多次暗示项王动手干掉刘邦，项王装着未看见不予理会。范增好几次给项王递眼色，又好几次举起身上佩戴的玉块向他示意，项王只是沉默着，没有反应。范增起身出去，叫来项庄，对他说："君王为人心肠太软，你进去上前献酒祝寿，然后请求舞剑，趁机刺击沛公，把他杀死在坐席上。不然的话，你们这班人都将成为人家的俘虏啦。"项庄进来，上前献酒祝寿。祝酒完毕，对项王说："君王和沛公饮酒，军营中没有什么可以娱乐的，就让我来舞剑吧。"项王说："那好。"项庄就拔剑起舞，项伯也拔剑起舞，常常用身体掩护沛公，项庄没有办法刺击沛公。

张良一看情势危急，也连忙到军营门口唤来樊哙。樊哙一听情况紧急，便带着宝剑拿着盾牌就往军门里闯。交叉持戟的卫士想挡住不让他进去，樊哙侧过盾牌往前一撞，卫士们仆倒在地。樊哙于是闯进军门，挑开帷帐面朝西站定，睁圆眼睛怒视项王，头发根根竖起，两边眼角都要睁裂了。项王伸手握住宝剑，挺直身子，问："这位客人是干什么的？"

张良说："是沛公的护卫樊哙。"项王说："真是位壮士！赐他一杯酒！"手下的人给他递上来一大杯酒。樊哙拜谢，起身站着喝了。项王说："赐他一只猪肘！"手下的人递过来一只整猪肘。樊哙把盾牌反扣在地上，把猪肘放在上面，拔出剑来边切边吃。

项王说："好一位壮士！还能再喝吗？"樊哙说："我连死都不在乎，一杯酒又有什么可推辞的！那秦王有虎狼一样凶狠之心，杀人无数，好像唯恐杀不完；给人加刑，好像唯恐用不尽，天下人都叛离了他。怀王曾经和诸将约定说'谁先击败秦军进入咸阳，让他在关中为王。'如今沛公先击败秦军进入咸阳，连毫毛那么细小的财物都没敢动，封闭秦王宫室，把军队撤回到灞上，等待大王您的到来。特地派遣将士把守函谷关，为的是防备其他盗贼窜入和意外的变故。沛公如此劳苦功高，没有得到封侯的赏赐，您反而听信小人的谗言，要杀害有功之人。这只能是走秦朝灭亡的老路，我私下认为大王您不会采取这种做法！"一番话说得项王无话回答，只是说："坐！坐！"樊哙于是挨着张良坐下来。

一会儿，刘邦起身上厕所，叫樊哙与他一起出去。刘邦出去后对樊哙说："现在情况很危急，就这样不辞而别，是不是不太合适呢？"樊哙回答说："做大事顾不了细节，讲大礼顾不了小的地方。现在人家是菜刀和砧板，我们是被宰割的鱼和肉，还有什么可告辞的呢？"

这时张良也出来了。张良问道："大王来时带些什么礼物？"刘邦说："我拿一对白玉璧，准备献给项王，一对玉酒杯，要送给范增。正赶上他们发怒，不敢献上去，你替我献给他们吧。"刘邦于是留下张良送礼给项王和范增，自己丢下随从，只与樊哙等四人抄小路悄悄回到自己的军营。并对张良说："从这里走小路回去不过 20 里，你估计我已回到军营中后才进去向他们送礼致谢。"

刘邦走了之后，估计抄小道已经回到军中，张良才进去辞谢，说："沛公不能多喝酒，已经醉了，不能前来告辞。谨叫我奉上白玉璧一对，拜两次敬献给大王；

玉杯一对,拜两次敬献给大将军范增。"项羽说:"沛公在哪里?"张良说:"听说大王有意责备他,他脱身独自离开了,已经回到了军中。"项羽就接受了白玉璧,放到座位上。范增接受玉杯,丢在地上,拔出剑砍碎了它,说:"唉!这小子不值得和他共谋大业!夺走项王天下的一定是沛公。我们这些人就要被他俘虏了!"

就这样,刘邦借上厕所之机而逃离鸿门宴。大难不死,缓过气来才得以大败项羽于垓下,自己做了汉朝的开国皇帝。

谋略点评:

三十六计,走为上计。说的是在敌我力量悬殊的不利形势下,采取有计划的主动撤退,避开强敌,寻找战机,以退为进,另图东山再起。当然,这种"走"当然不是"弃甲曳兵而走",而是主动退却;不是怯懦,而是一种明智的选择。刘邦在鸿门宴上,眼见范增屡次要加害自己,处境十分危急,在"人为刀俎我为鱼肉"的情况下,听从樊哙的建议,借上厕所之际及时抽身逃走,实在是明智之举。

虚实相生,李广疑兵计撤退

西汉景帝时期,北方匈奴势力逐渐强大,不断兴兵进犯中原。当时飞将军李广任上郡太守,负责抵挡匈奴的入侵。

李广,陕西成纪人,骁勇善射。文帝时,曾出击匈奴,杀敌甚重,被拜为武骑常侍。景帝即位后,先调他为上谷太守,后又徙迁至上郡。在汉军四大将军,车骑将军卫青、骑将军公孙敖、轻车将军公孙贺、武骑将军李广中,匈奴最畏惧的就是李广。李广的一生,大都投入了抗击匈奴的事业。他身经大小七十几次战斗,由于英勇善战,成为匈奴贵族心目中可怕的劲敌。

汉景帝中元六年六月,匈奴再次大举入侵边关,入雁门,进上郡,掠走了朝廷所养的大批马群。景帝闻讯,立即派出一幸臣宦官前往边关,督促汉军抵御匈奴。

有一天,皇帝派到上郡的幸臣宦官带领一些人骑马外出打猎。打猎途中偶遇三个匈奴兵,于是就展开了一场小规模的遭遇战。战斗中宦官被匈奴兵射伤,狼狈逃回了汉军营地。李广查看了宦官及几名受伤的汉军士兵,说道:"射伤你们的这几个胡人,一定是善射之人!"于是,李广亲自率领100余名骑兵前去追击。三个匈奴士兵没有马而是步行,李广带骑兵一直追了几十里地,终于追上了这三个匈奴兵。于是李广就命令部下左右包抄,自己居中放箭,结果杀了两个,活捉了一个。

他们正准备回营时,忽然发现有数千名匈奴骑兵也向这里开来。李广的骑兵非常恐慌,都欲打马回奔。李广沉着地稳住队伍说:"我们只有百余骑,离我们的大营有几十里远。如果我们掉头逃跑,匈奴肯定会追杀我们。匈奴骑兵善于骑射,掉头逃跑,我们将无一人能够生还!如果我们按兵不动,敌人肯定会疑心我们有大部队行动,他们决不敢轻易进攻。现在,我们继续前进。"

说着,命令属下向前开进。一直到了离敌阵仅二里地的地方,李广这才下令:"全体下马,解鞍休息。"属下多有不解,问:"匈奴兵有数千人马,如果现在解下马鞍,敌人杀来将如何迎战?"李广笑了笑,沉着地回答道:"匈奴骑兵以为我们会逃走。现在我们解下马鞍,就是暗示敌人,我们不会轻易逃走,这样他们就更加疑惑,而不敢随便发动攻击了。"于是李广的士兵卸下马鞍,悠闲地躺在草地上休息,看着战马在一旁津津有味地吃草。

匈奴部将见前面的百余汉骑,不退反进,还下马解鞍,就地休息起来,感到十分奇怪,更加恐慌,料定李广胸有成竹,附近定有伏兵。因为害怕中了对方诱敌之计,就忙下令停止进击,远远地观察汉军的虚实,不敢上前来。两军相持了两个时辰,双方都不敢轻举妄动。终于,匈奴方面首先沉不住气,就派了一名骑白马的将军出阵观察形势。李广见状立即命令十余个精锐士兵上马,自己带头冲杀过去,张弓搭箭,一箭将这名白马将军射死于马下。然后又回到原地,下马继续休息。

匈奴兵越看越怀疑。天黑下来之后,李广的人马仍无动静。他们认定汉军一定有埋伏,匈奴部将怕半夜遭到汉军大部队的突袭,就连夜引兵慌慌张张地全部逃回去。到了天亮,李广一瞧,山上已没匈奴兵,才带着一百多名骑兵安然返回大营。

谋略点评:

李广不仅骁勇善战,而且足智多谋。在敌众我寡的情况下,他临阵不乱,使出诈术,令匈奴军难测虚实,最后退去。这就是兵家常说的"兵不厌诈",运用成功,便可化险为夷,有惊无险。

在行军打仗的时候,最忌暴露自己的全部实力,这会让敌人将自己摸得一清二楚,从而有所对策。迷惑敌人可以使对方获取到关于自己的错误信息,作出错误的判断,从而自己"知己知彼"而敌人"知己"不知"彼"甚至是错误的"彼"。历史上很多实例表明:兵不厌诈,兵需用诈。交战双方,虚实相间、虚实相映,虚实相生。只有这样,才能迷惑敌人,令敌人不敢轻举妄动,从而制订一系列的计划,赢得胜利。

以退为进,陈平脱衣险渡河

陈平为人机敏、谦逊有礼,又很有学识,在秦末乱世之中很想凭借自己的聪明才智求取功名。当得知项羽率军到达黄河岸边时,陈平就别妻离子前去投奔。只可惜,项羽虽然勇猛无人能敌,却猜忌多疑、心胸狭窄,没有容人之量。陈平虽自许才高,但在项羽眼里根本只是个读书识字的书生而已。于是,陈平尽管在项王手下勤恳多时,也只不过是个校尉。

陈平于是默默隐忍等待,后来终于等到了建功的机会。被项王封在殷地的殷王司马卬起兵叛反楚国,项羽大为恼怒,立刻派遣陈平所在的军队前去平叛。一路上,陈平出谋划策,屡建奇功,很快就招降了司马卬。项羽对陈平的表现十分满意,不仅加官晋爵,还赏赐千金。这样前所未有的恩赏让陈平受宠若惊,他觉得自己就此可以在项王手下一展抱负了。只可惜好景不长,刚刚被招降的司马卬,没过多久再次叛楚。这次更绝,为了躲过项羽的压制,他干脆投降了汉王刘邦,以谋求保护。这让项羽大为恼火,他不但准备发兵征讨刘邦,更迁怒于曾经到殷地平叛的将军官吏,一定要杀之以解心头之恨。陈平听到消息,十分害怕,立刻挂印封金,只身抄小路逃走。他觉得此时尚能和项王一决高下的只有汉王刘邦,就决定西去投靠刘邦。

陈平不分昼夜,一路西行,终于来到了黄河边上,浩荡的河水挡住了他的去路。陈平看见岸边停靠着几只小舟,就急忙雇了条船过河。那几个船夫都是身材魁梧的彪形大汉,膀大腰圆看似很有力气。陈平只想快点逃到黄河对岸,见到汉王自己就当真安全了,完全没有注意到这几个船夫打量他时贼贼的目光。直到船已经离开河岸一段距离,陈平才注意到几个船夫一边摇船,一边不怀好意地盯着自己,还不时窃窃耳语几句。陈平这才惊觉自己是上了贼船了,这几个船夫看自己衣着光鲜,又身佩宝剑,一定认为自己是携宝出逃的将领,没准儿正打算杀了他以劫取珍宝呢。

这让陈平万分害怕,就此丧命实在冤枉,更何况他是封金逃走,身上根本就没有多余的金银珠宝,这样被劫杀,岂非更是无妄之灾?陈平思索再三,决定不能就这么坐以待毙。既然自己身上根本没有珠宝,让这些船夫知道了,也许能躲过一劫。

主意一定,陈平立刻走出船舱,冲着摇橹的船夫说:"这会儿风大浪急的,老哥实在辛苦,就让小弟也帮上一把吧。"然后他把衣服脱掉,光着膀子,一边和几个船夫拉着战乱之中不易生存的家常,一边奋力撑船。几个船夫先是吃了一惊,不过看陈平这么不在意就把衣服扔在一边,全身上下也没个能藏珠宝的地方,看来不是什么有钱的主,于是就打消了要杀人劫财的念头。

等船到了岸,陈平付了船钱,急忙穿好衣服,跳上河岸,向汉军大营奔去。

谋略点评：

陈平是楚汉争霸时期很重要的一个人物，他最初跟随项王攻打秦军可谓战功卓著。然而天有不测风云，他落在唯利是图、心狠手辣的水寇手中，又急于逃难，敌强我弱，稍不慎重，轻则伤身，重则丧命。在这种危急时刻，陈平没有惊慌失措，而是运用以退为进、委曲求全的策略来保全自己，达到化险为夷的目的。

因此说，在遇到危机的时候，一定要冷静行事，或以退为进，或避实就虚，都要小心翼翼地谋划一番才好。有时候，迂回一下，比直接冒失前进的效果要好得多。

临危不乱，孔明弹琴退雄师

诸葛亮在错用马谡，兵失街亭后，连忙分拨各路将军安排退兵，自己只带了5000军士到西城县搬运粮草。

突然，有士兵飞马来报："司马懿率大军15万，往西城蜂拥而来！"

当时，诸葛亮身边无一员大将，只有一班文官。所带5000兵士，一半已分配运粮草去了，只剩下2500名在城中。众官员听到这个消息，个个大惊失色，不知所措。诸葛亮登上城头一看，果然尘土冲天，魏军分两路往西城县杀来。不过，诸葛亮并没慌张，而是迅速传令将旌旗全部收起来，叫军士巡逻站岗，不准任何人随意进出战门，不得高声喧哗。大开四个城门，每个城门用20个军士扮做百姓打扫街道，魏兵到时不可乱动。然后，诸葛亮自己披鹤氅，戴纶巾，带着两个少年来到城头上，面对敌人来的方向，凭栏而坐，焚香弹琴。

魏军的前哨看到这个情况，连忙报告司马懿。司马懿命令军队暂停前进，自己飞马上前观望。果然见诸葛亮坐在城楼上焚香弹琴，从容不迫，笑容可掬。左边一个少年手捧宝剑，右边一个少年手执尘尾。城门内外有二十来个百姓低头打扫街道，旁若无人。司马懿看后心中大疑，想那诸葛亮一定埋下了重兵，连忙指挥部队后退。司马懿的儿子司马昭说："父亲为什么要退兵呢？说不定诸葛亮没有什么兵力，故意做出这个样子呢？"司马懿说："诸葛亮平生谨慎，从不冒险。今天大开城门，必有重兵埋伏。我们如果冲进去，就中他的计了。你们懂得什么？还不快退！"

诸葛亮见魏军远去了，就拍掌大笑。众官员都惊恐得不得了，现在才问诸葛亮说："司马懿是魏国的名将，又带了 15 万大军来到这里，见了丞相，怎么就慌忙撤退了呢？"诸葛亮说："他知道我平生谨慎，从不冒险。见到我们这样镇定自若，必然怀疑有重兵埋伏，所以慌忙撤退。当然，我也的确不是冒险，而是不得不这样啊！"

众人都敬佩地说："丞相的计谋真是神出鬼没啊！如果是我们，肯定是弃城而逃了。"诸葛亮说："我们只有 2500 人，如果弃城而逃，能逃得过 15 万大军吗？岂不被司马懿生擒活捉了？"

说完便下令叫西城的百姓随军一起赶快撤回汉中。

谋略点评：

这是《三国志》中著名的一段：空城计。空城计，是一种被动作战的被动行为。当那些实力空虚、因遭受意外压力被迫走投无路的一方，采用此招，目的就是企图蒙混过关或避免遭受更大的损失。由于此计具有很大的不确定性和风险性，有许多主动权和机遇还掌握在对方手里，因而，在万不得已的情况下，不宜使用空城计。同时，此计也不宜重复、多次地运用。空城计的奇巧之处在于：要善于正确、及时地把握对方的战略背景、心理状态、性格特性等，因时、因地、因人地以奇异的谋略解除自己的危机。三国时，诸葛亮之所以能大胆地以"空城"退敌，就是他准确地揣摸到了司马懿谨慎、多疑而心虚的心理状态。而诸葛亮独出心裁、奇异的思维方式，使他成功地化解了一时的危局。

随机应变，卫瓘急智灭钟会

三国末年，蜀吴势衰，魏国越来越强大。随着蜀国五虎将相继逝去，丞相诸葛亮操劳而终，一时间"蜀中无大将"的局面使得原本在三国中就很弱小的蜀国更显得捉襟见肘。于是，魏国在发动兼并战争时的第一个牺牲品也就是蜀国。

魏国派钟会、邓艾为主将，卫瓘为监军兴兵伐蜀。面对魏军强大的攻势，蜀简直没有招架之力。很快，刘蜀败亡，蜀中落入曹魏之手。钟会和邓艾因此立下大功。但是两个人互相猜忌，都认为对方有抢功之嫌。最后，钟会向曹魏朝廷告发邓艾有占据蜀中自立为王的野心。

钟会的谋士也劝他趁这个机会，扳倒邓艾，杀掉卫瓘，就可以安心地独占蜀中，成就一番乱世英雄的霸业。早就看邓艾很不顺眼的钟会，不禁心中蠢蠢欲动，开始紧锣密鼓地筹备反叛。

钟会盘算着如果他向朝廷揭发，朝廷势必会暗中命令监军卫瓘进行调查。只要卫瓘杀了邓艾，他就可以再给卫瓘罗织罪名，直接除掉这个强大的对手。钟会知道卫瓘已经接到了朝廷密令，就跑来见卫瓘，话语中旁敲侧击告诉卫瓘：邓艾谋反早是事实，如果卫瓘一味偏袒，就是对司马大将军的不忠，理应和反贼同罪。

这时，刚才还对朝廷密令用意十分疑惑的卫瓘立即明白了这一切只是钟会设下的局。对眼前局势心知肚明的卫瓘，虽然知道这时擒杀邓艾只会于己不利，但是，如果立时拒绝钟会的要求，肯定会遭毒手。毕竟山高皇帝远，自己眼下只是没有太多兵权的监军，如果没有朝廷的指令，自己在这里什么都做不了。倒不如先答应下来捉拿邓艾，只要不引起邓艾手下将士的怀疑，要比拒绝钟会更安全些。只要能活着回到京师，就还有机会向司马大将军告发钟会的种种劣行。

于是，卫瓘就表面上对钟会唯唯诺诺，表示会服从朝廷的命令，还和钟会约定第二天一早就捉拿邓艾父子，希望钟会出兵协助。钟会以为卫瓘不明就里已经上钩，不禁心里大喜。他连连应承，一面命人加强对卫瓘的监视，一面调动手下准备将邓艾一党一网打尽。

第二天凌晨，卫瓘持司马大将军手谕号令全军，说邓艾谋反，凡悬崖勒马站在官军一边的，就可以加官晋爵；要是执迷不悟仍要和邓艾为伍者，就与邓艾同罪，诛三族。这样，邓艾的将士纷纷离开邓艾的军营，与卫瓘合兵一处。而邓艾父子还在睡梦中就稀里糊涂地被抓了起来。

钟会见邓艾父子已经被囚禁，就紧接着将他不信任的将领也全部关押起来，把兵权集中在自己手里。然后，他利刃相加，威逼卫瓘下手杀了邓艾父子和那些不听话的将领。卫瓘知道，钟会是铁了心要举旗造反了。于是他一面假意应承，借口这几天为邓艾的事情操劳过度，身体很差，实在需要休养几天，等他身体稍好立即着手办理；一面想办法通知那些尚有实权的将军们钟会即将造反的实情。

但是，钟会对卫瓘监视严密，卫瓘根本没机会通知那些将军。为了放松钟会的警惕，卫瓘大喝盐水，吐得昏天黑地。他本来身体就虚弱，这样一来，更是精神涣散就像突发大病一样。钟会虽然疑心卫瓘只是在拖延时间，可是他派去的亲信和医生都认为卫瓘的确是身体不适，没发现丝毫的破绽。钟会终于相信卫瓘果然是病势沉重了，就不那么顾忌卫瓘，而更加肆无忌惮起来。

卫瓘一见时机成熟，就赶紧联络诸军，告知钟会谋反的消息，要求各军将领于次日晨发兵围攻钟会。就这样，钟会还在为自己即将成为蜀中之王沾沾自喜的时候，就被卫瓘带兵剿灭了。

谋略点评：

卫瓘能够在钟会的威胁下全身而退，继而抓准时机将其一举歼灭，不能不说是谋略和智慧灵活运用的典范。临危不乱、处事不惊是善于谋略者处世的基本素质，审时度势、随机而变就是他们所应该具有的应变手段。在面对已经谋划许久、杀机立现的对手时，首先应该学会保全自己，仔细谋划，然后才能随机应变，找出对手的弱点，彻底地变被动为主动。

事急则乱，事缓则全。在危乱的事情来临的时候，一定不能惊慌失措，要尽可能推延和对手过招的时间，转移对手的注意力，制造假象迷惑对手，争取时间，想出应对之策，才会在突如其来的危难中化险为夷。

【八】
方圆有度——处世谋略

　　《红楼梦》中有这么一句话："世事洞明皆学问，人情练达即文章。"也就是说只有对社会上的各种事情都了解透彻了，才算是学问；处理人情世故的时候干练而通达，才能算得上是心中有锦绣文章。为人处世，需要方圆有度，该圆就圆，该方就方，做到千变万化，才可圆润通达。刚为方，柔为圆，方是以不变应万变，圆是以万变应不变。无论做事还是做人，无论对人还是对己，都要圆内有方，方中有圆；都要方中做人，圆中归真。这就是方圆之道，这就是处世哲学。

功成身退,范蠡功退成巨富

范蠡,字少伯,春秋末年楚国宛县(今河南南阳)人。年轻时,他曾师从奇人计然。对于范蠡的才学,越国大夫文种非常敬佩,便把他推荐给越王勾践,成为勾践的主要谋士,开始走上了"平吴霸越"的坎坷之路。

周敬王二十六年(公元前494年),越王勾践被吴王夫差打败,退守会稽。于是,勾践采纳了范蠡的计谋,向吴国称臣纳贡,并亲自去吴国做人质。当时,吴王夫差听说范蠡很有才能,便对他说:"听说聪明的妇女不会嫁给即将破亡的家庭,有才能的人不会去辅佐即将灭亡的国家。现在,你们君臣都是我的奴仆,我准备赦免你的罪过,让你改过自新,弃越归吴,你看怎么样?"

这时,越王勾践担心范蠡真的会离他而去,只好伏地哭泣。可是,范蠡却不卑不亢地回答:"我也听说,已经亡国的臣子没有资格议论朝政;已经战败的将军,也不配谈什么勇敢。过去,我没能好好地辅佐越王,以致得罪了大王。幸亏大王宽厚、仁慈,给我们留了一条命。现在,我已经很满足了,哪还敢奢望荣华富贵?"

就这样,范蠡陪着勾践在吴国当了几年人质。后来,他们又一起回到越国,卧薪尝胆、发愤图强。周元王四年(公元前473年),越王勾践出兵一举消灭了吴国。

班师回国后,君臣设宴庆功。席间,乐师作了一首《伐吴》之曲,称颂范蠡、文种之功,勾践听后却面无喜色。范蠡见了,不禁心里"咯噔"一下,立刻明白了一切:勾践这个人善猜疑,嫉妒之心很强,不喜欢臣下功高震主。看来,自己若不及早脱身,日后难免招来杀身之祸。一想到这里,他便决定急流勇退。

第二天,范蠡就去见勾践:"臣闻主辱臣死! 20年前,大王受辱于会稽,臣之所以忍辱偷生,只是为了能复兴越国。现在,吴国已灭,如果大王能赦免臣的罪过，我愿金盆洗手，退隐江湖。"勾践一听，神色凄然："没有先生，寡人就没有今天。如果先生留在我身边，我将和您一起共享越国；倘若先生私自逃走，必将身败名裂，一家老小难保！"

范蠡曾辅佐越王勾践多年，对他的心思非常了解，而且早就看透了世态炎凉，根本不敢奢望"共享越国"。所以他断然表示："大王，您如果要处死我，我也是罪有应得。但我的妻子、儿女又有什么罪过？现在，他们的死活也只能听凭大王处置，我也管不了那么多！"

当晚，范蠡便不辞而别，乘着一叶小舟，涉三江，入五湖，辗转来到齐国陶山，在那里隐居，自称"陶朱公"，做起生意来，成为中国历史上第一位大商人。

范蠡走后，忽然想起曾经风雨同舟的好朋友文种，便修书一封，派人送给他。文种打开信一看："狡兔死，走狗烹；飞鸟尽，良弓藏；敌国破，谋臣亡。越王勾践为人，长颈鸟喙，可与共患难，不可与共安乐，先生何不速速出走？"

文种看后，想到勾践近来与功臣们日渐疏远，这才如梦方醒，便假托有病，不再上朝。可是，一切都晚了。勾践深知文种才华过人，担心他一旦有二心，没人能对付得了他，便对他起了杀心。这时，有人诬告文种图谋不轨，勾践就赐给文种一柄宝剑："过去，先生教我伐吴七策，我仅用三策就灭掉吴国。现在，请先生去地下实行其他四策吧！"文种捡起宝剑一看，见上面写着"属镂"二字，正是吴王夫差令伍子胥自裁的那柄剑，只好仰天长叹，拔剑自刎。由于范蠡的出色智慧，给春秋晚期的吴越争霸增添了一些传奇色彩，而范蠡本人也知道进退，所以后人曾有评论："文种善图始，范蠡能虑终。"相比起来，文种的结局就有些悲凉，越发衬托出范蠡的过人之处。难能可贵的是，在自己事业的最高峰，范蠡看透了权力场，毅然急流勇退。这种大智大勇实在是千古罕见，不是常人所能及！

谋略点评：

老子说："功遂身退，天之道。"这是有一定道理的。范蠡正因为深谙此道，才能最终全身而退；而文种由于醒悟得太晚，最后竟招来杀身之祸。

自古以来,政治与权力互为表里,在某种意义上说,政治就是权力之争。一旦功高盖主,使主上的权力受到威胁,就难免有杀身之祸,成为权力的牺牲品。

功成身退,从人生观上来说,是基于一种见好就收,豁达大度的胸怀。

急流勇退,范雎全身离相位

范雎原本是魏国人,家境贫寒,由于没有钱财去接近魏王,只得先去侍奉魏国中大夫须贾。后来他遭须贾诬陷,被相国魏齐打得死去活来丢在厕所里。幸亏魏人郑安平救了他,改名换姓为张禄。不久,秦国使者王稽出使魏国,郑安平让他见了范雎。王稽与范雎谈话后,觉得他的确很有才能,便设法把他带回了秦国。

范雎到秦国时是秦昭王三十六年,当时,秦国在南方打败了楚国,东边攻破了齐国,又屡次围困韩、赵、魏三国,形势大好。因此,秦昭王讨厌那些说客辩士,这使得范雎到秦国后一年多还没有得到秦昭王的接见。后来,秦相国穰侯想越过韩国和魏国去征伐齐国的纲寿,借此扩充他在陶的封地。范雎知道后,就写了一封长长的书信托人呈交给秦昭王,秦昭王读信后终于同意接见他了。

范雎见到秦昭王后,谈古论今,话说天下大势,分析秦国现实,深得秦昭王信服,两人谈得十分投机。话到关键处,范雎说:"现在穰侯想越过韩、魏两国去攻打齐国的纲寿,这是极不明智的。"

昭王正为此事举棋不定,听范雎一说,连忙问范雎的理由。

范雎陈述说:"如果秦国出兵太少,根本就打不了齐国;如果出兵过多,又害怕国内空虚。何况,现在韩、魏两国对秦国本来就不够亲善友好,你还要越过他们的国土去攻打齐国,这妥当吗? 从前齐国曾南征讨伐楚国,破楚军,杀楚将,又占领了方圆千里的土地,可最终却没有得到这些土地的一尺一寸。这是为什么呢? 难道是齐国不想得到这些土地吗? 当然不是。那是因为形势所迫,使他们不得不放弃。因为各国诸侯见齐国远征楚国,疲惫困乏,就乘机联合起来进攻齐国,使齐国顾此失彼,大伤元气。齐国失败的原因,正是由于它讨伐楚国而使韩国和魏国得到了好处。这就像人们常说的那样,把兵器借给强盗,把粮食送给小偷,岂不是荒谬之极的行为吗?"

昭王觉得范雎说得完全正确,便进一步问范雎该怎么办。

范雎说:"以在下的看法,大王不如远交近攻,即交好远方的国家,进攻邻近的国家。这样,占领一寸土地就得到一寸土地,占领一尺土地就得到一尺土地。而不会像穰侯想做的那样,舍近求远,得不偿失。"

昭王听后茅塞顿开。接着,范雎又为他描绘了控制韩、魏以威慑楚赵,制约楚、赵以威慑齐国的蓝图。昭王于是拜范雎为客卿,发兵攻打魏国和韩国。秦昭王四十一年,又拜范雎为相,封应地,号为应侯。

以后多年,秦国一直采用范雎远交近攻的策略,从秦昭王到秦始皇,终于先后消灭了韩、赵、魏、楚、燕、齐六国而统一天下。

范雎用"远交近攻"的策略说动秦昭王后,被秦昭王拜为客卿。以后又为秦昭王出谋划策,废黜了专权的宣太后,驱逐了把持朝政的穰侯、高陵君、华阳君、泾阳君等人,维护了昭王的绝对权威。

范雎做了相国后,更是屡建奇功,成为秦昭王最信任的人。他得志不忘故人,保举把他从魏国带来秦国的王稽做了河东太守,又保举在魏国救过他的郑安平做了将军。

后来,郑安平带领 2 万人投降了赵国,王稽也犯了通敌罪被杀头。根据秦国的法令,举荐者也应治罪。虽然秦昭王考虑到范雎的功劳很大没有治罪,但范雎自己心里感到不自在。

这时,燕国人蔡泽来到了秦国。他为了能够见到范雎,先托人在范雎面前说了一番激怒他的话:"燕国来了一位说客蔡泽,非常能言善辩。他说如果他一旦见到昭王,昭王一定会不重视你并夺去你的相位。"

范雎决定见一见这个不速之客。蔡泽见到范雎后,气宇轩昂,谈吐不同凡响,范雎不得不服。蔡泽对范雎说："人们常说，太阳运行列中天便要偏西，月亮圆满便要亏缺。物盛则衰，这是天地间的自然规律。你现在功劳很大，官位到了顶点，秦王对你的信任也无以复加，正是退隐的好时机。这时退下来，还能保住一生的荣耀，不然的话，必有灾祸。这方面的教训是很多的。想当年，商鞅为秦孝公变法，使秦国无敌于天下，结果却遭到车裂而死的下场；白起率军先攻楚国，后打赵国，长平之战杀敌40万，最后还是被迫自杀。又如吴起，为楚悼王立法，兵震天下，威服诸侯，后来却被肢解丧命；文种为越王勾践深谋远虑，使越国强盛起来，报了夫差之仇，可是最终还是被越王所杀。"

范雎听后不禁耸然动容。蔡泽稍稍停了一会儿又说："这四个人都是在功成名就的情况下不知退隐而遭受了祸患，这就是能伸而不能屈，能进而不能退啊！倒是范蠡明白这个道理，能够超脱避世，做了被人称道的陶朱公。我听说，以水为镜，可以看清自己的面容；以他人为镜，可以知道自己的祸福。《逸书》说：'成功之下，不可久处。'你何不在此时归还相印，让位给贤能的人，自己隐居山林，永保廉洁的名声、应侯的地位，世世代代享受荣耀呢？"

蔡泽的话终于说服了范雎。于是，他待蔡泽为上客。过了几天，范雎向秦昭王介绍了蔡泽，说服昭王拜蔡泽为相国，自己托病归还了相印。就这样，范雎急流勇退，全身离开了相位。

谋略点评：

如果说逆水行舟是一种前进的策略，那么急流勇退就是一种以退为进的艺术。高明的人往往深谙急流勇退的道理，因为他明白，只有退得及时，才能常立于不败之地。急流勇退虽然是一种放弃，但却是一种智慧的表现，是一种清醒的选择，是一种明智之举。

从智谋上说，急流勇退是一种回避，避开矛盾激化的可能性，避开那种必然会造成的令人痛心的局面。正如蔡泽劝范雎时所说的那样：太阳运行列中天便要偏西，月亮圆满便要亏缺。物盛则衰，这是天地间的自然规律。因此范雎在秦王对他的信任无以复加、地位正如日中天的时候，听从了蔡泽的劝告，及时抽身，急流勇退，的确是一种明智之举。

廉洁奉公，晏婴律己得美名

晏婴身为齐相，平时穿粗布衣，一件狐皮大衣穿了十几年，即使祭祀祖先也不过将衣服和帽子洗干净穿上罢了。

一天，齐景公的使者到晏婴家，恰巧赶上晏婴将要吃饭。晏婴就把饭分一份给使者吃，结果两人谁也没有吃饱。使者将此事告诉了景公。

齐景公听说晏婴吃饭很节俭，便亲自到他家去看。的确，晏婴吃的是糙米饭，只有一荤一素两个菜。景公以为晏婴非常贫困，为此还作了自我批评。晏婴解释说："现在老百姓生活很苦，一般人家勉强每顿能吃上大米饭。而我的一顿饭就等于他们三顿用的钱，可我的德行和才能并不高出他们一倍。由此看来，我的生活并不贫穷。"

齐景公想改善一下晏婴的居住条件，于是对晏婴说："您的住所距市场太近，既低下狭小，又喧闹多灰尘。您身为齐相，住在这里实在不合适，请换一处地势高、宽敞、明亮的地方，建造新居吧！"晏婴不肯，说："我祖祖辈辈都住在这里，我继承这份遗产，对我来说已经太奢侈了，不敢再有别的奢望。"后来，景公乘晏婴出使晋国的机会，给他建造了一处新居。等到晏婴返回齐国时，新居已建成了。他拜谢了景公，随后将它拆掉，按照原来百姓的住房重新建造好，让原来的住户重新搬回来，自己还是回到原来的住宅。

晏婴上朝时，总是乘坐一辆劣马拉着的破旧车子。景公以为他的俸禄少，才乘坐与自己身份不相称的车子。晏婴说："由于您的赏赐，不仅我吃得饱、穿得暖，有车子坐，还有力量帮助别人，我的生活已经很好了。"晏婴走后，景公派人送他一辆由几匹膘满肉肥的马驾着的漂亮车子。一连送了三次，晏婴始终不肯接受。景公很不高兴，迅速召他问其原因，并说："如果您不接受，我也不再坐车子了。"晏婴说："您任用我管理全国的官吏，我怕他们奢侈浪费和行为不正，要求他们节衣缩食，以减轻老百姓的负担。现在您在上面乘坐好的马车，我也如此，上行下效，奢侈之风就会在全国盛行，那时候我就无法禁止了。"最后景公只好顺从了晏婴的意见。

晏婴不仅在衣、食、住、行方面严于律己，而且对待封邑问题，也显出他的高风亮节。

一次，景公要把富庶的平阳(今山东平阳东北)和棠邑(今山东聊城西北)赏赐给晏婴。晏婴不肯接受，并说："由于您喜欢修建豪华的宫殿，弄得老百姓筋疲力尽；又由于您贪图享乐，弄得老百姓贫困不堪；还由于您动辄对外兴师打仗，老百姓将要活不下去了。因此，百姓十分怨恨朝廷和官府，所以我不敢接受您的赏赐。"景公说："您说得对，那么您就不想富贵吗？"

晏婴答道："我以为当臣的，首先为君主，然后才为自己，先为国而后为家。怎么说唯有我不想富贵呢？"景公说："那么用什么东西来赏赐您呢？"晏婴答道："您下令减免渔盐商人的税收；对农民实行'十一'税；减轻刑罚，该判死刑的减为徒刑，该判徒刑的改为较轻的处罚，该判较轻处罚的免罪释放。您做到以上这几点，那就是对我最好的奖赏。"景公照办了，不仅本国人民得到了好处，同时也改变了齐国在列国中的不好形象。

晏婴不仅是一位德高望重的贤相，而且对其夫人的爱情也是忠贞不渝的。景公有个最心爱的女儿，希望能把她嫁给晏婴。一天，景公去晏婴家，看到他的妻老而且丑，当即要把自己年轻漂亮的女儿许配给晏婴为妻。晏婴立即表示："我的夫人当年很漂亮，只是现在老了。我曾经答应过，永远不遗弃她。我不能违背自己的诺言。"晏婴婉言谢绝这门亲事。晏婴不喜新厌旧，身居高位不弃糟糠之妻的高尚品质，为后世所称颂。

晏婴临终前还告诫他的夫人："我死后，不管世道如何变化，一定要保持我们的家风，不要改变你以往的习俗。"对他未成年儿子的遗言大意是：富贵了，不要奢侈腐化，不要挥霍浪费，不要骄傲放纵，不要贪财自私。

谋略点评：

晏婴聪明机智、学识渊博，能言善辩，是我国古代著名的政治家和外交家之一，历任齐灵公、庄公、景公的三朝大臣。

当时的齐国崇侈靡费，风流绮靡畅行于宫廷内外，晏婴慨叹、愤激。他力图靠自身的节俭、自律，并且希望能以自己的诚挚之情、艰苦朴素的生活感动别人。他乘的是老马旧车，一顿正餐也不过是一荤一素而已，其衣、食、住、行都持俭自律。"达则兼济天下，穷则独善其身"，晏子这种严于律己、生活上愿向下层比较的思想，值得后世的我们学习。

防患未然，孟尝君狡兔三窟

齐国有个名叫冯谖的人，家境贫困，难以养活自己，托人请求孟尝君，愿意寄食门下。孟尝君问："先生有什么爱好吗？"冯谖说："没有。"孟尝君又问："先生有什么特长吗？"他说："也没有。"可就这样一个既无爱好又无能耐的人，孟尝君居然也收留了他。可那些佣人可就不干了，看不起冯谖，成天给他粗茶淡饭。

过了一段时间，冯谖就倚门弹剑哼歌了："长剑长剑咱们回去吧！吃饭没有鱼。"佣人就把这事向孟尝君打起了小报告，孟尝君大手一挥说："给他吃鱼，待遇跟别人一样。"又过了一段时间，冯谖又故技重演，这回唱的是："长剑长剑咱们回去吧！出门没有车。"别人就把这事当笑话一样的讲给了孟尝君听，孟尝君豪爽地说："给他车子吧，与别的乘车人一样。"这下，冯谖可就得意了，驾着车子去看他的朋友并且说："孟尝君非常尊重我。"可没过多久，他又开始弹剑唱道："长剑长剑咱们回去吧!没有钱养我家。"这下,别人都觉得他太过分了,简直是贪得无厌,就去孟尝君那儿报告。孟尝君倒不在意,在得知他家中尚有一老母后,就叫人按时供给其母吃穿用度。这使冯谖深受感动,决心不再向孟尝君索取,一心一意地等待为孟尝君效力的机会。

过了一年的时间,冯谖什么话也没再说。而此时,孟尝君正在做齐国的相国,在薛地被封万户食邑。由于门下养有三千多食客,封邑的收入不够奉养食客,于是派人到薛地放债收息以补不足。但是放债一年多了,还没收回息钱,门下食客的奉养将无着落。孟尝君于是想在食客中挑选一位能为他收取息钱的人。孟尝君出了一通告示,问门下食客:"请问哪一位通晓账务会计,能替我到薛地收债呢?"冯谖署上名字说:"我能。"孟尝君看了很诧异,向左右随从:"这是谁呀?"人们答道:"就是那个唱'长剑呀,我们回去吧'的人。"孟尝君笑道:"他果然有才能。我真对不起他,还未曾见过面呢。"于是请他来相见,道歉说:"田文每日为琐事所烦,心身俱累,被忧愁弄得神昏意乱,而且生来懦弱笨拙,只因政务缠身,而怠慢了先生。好在先生不怪我,先生愿意替我到薛地收债吗?"冯谖说:"愿效微劳。"于是孟尝君替他备好车马行装,让他载着债券契约出发。辞别时,冯谖问:"收完债后,买些什么回来?"孟尝君回答:"先生看着办,买点我家缺少的东西吧。"

冯谖辞别了孟尝君,驱车到了薛地,派官吏召集应该还债的人,偿付息钱。结果得息钱 10 万,但尚有多数债户交纳不出。冯谖便用所得息钱置酒买牛,召集能够偿还息钱和不能偿还息钱的人都来验对债券。债户到齐后,冯谖一面劝大家饮酒,从旁观察债户贫富情况,一面让大家拿出债券如前次一样验对,凡有能力偿还息钱的,当场订立还期;对无力偿还息钱的,冯谖假托孟尝君的名义将债款赏给这些百姓,并烧掉了那些券契文书,百姓感激得欢呼万岁。

冯谖又马不停蹄地返回齐国都城临淄,一大早求见孟尝君。孟尝君很奇怪他回来得这么快,穿好衣服接见他说:"收完债了吗?何以回来得这般快捷?"冯谖答道:"都收完了。""先生替我买了些什么回来?"冯谖说:"殿下曾言'买些家中缺少的东西',臣暗想,殿下宫中珠宝堆积、犬马满厩、美女成行。殿下家中所缺少的,唯有仁义了,因此臣自作主张为殿下买了仁义回来。"

孟尝君说:"你怎么买仁义的?"冯谖答道:"您有了个小小的薛邑,不把那里的百姓当做自己的子女一样加以抚爱,却用商贾手段向他们敛取利息。我认为不妥,就假托您的旨义,把债赏赐给那些无力偿还的百姓,这就是我替您买的仁义呀!"孟尝君很不高兴,说:"我知道了,先生退下休息吧。"

又过了一年,有人在齐湣王面前诋毁孟尝君,湣王便以"寡人不敢把先王的臣当做自己的臣"为借口罢掉了孟尝君的相位。孟尝君罢相后返回自己的封地,距离薛邑尚有百里,百姓们早已扶老携幼,在路旁迎接孟尝君。孟尝君此时方知冯谖焚券买义收德的用意,感慨地对冯谖说:"先生为我买的'义',今天方才看到。"冯谖对孟尝君接着进言说:"狡兔三窟,才可得以免死。如今殿下只有一洞穴,尚未能得以高枕无忧,臣愿替殿下再凿两穴。"孟尝君便给他50辆车,500斤金去游说魏国。冯谖西入大梁,对惠王说:"齐国放逐了大臣孟尝君,诸侯谁先得到他,谁就能富国强兵。"于是魏王空出相位,让原来的相国做上将军,派出使节,以千斤黄金、百乘马车去聘孟尝君。冯谖先赶回薛地对孟尝君说:"千斤黄金是极贵重的聘礼,百乘马车是极隆重的使节,咱们齐国该知道这件事了。"魏国使者接连跑了三趟,可孟尝君坚决推辞不就。

齐国人听到这个消息,君臣震恐,连忙派遣太傅带着1000斤黄金,两乘四马花车及宝剑一把,外附书信一封向孟尝君道歉说:"都是寡人行为的兆头不吉祥,遭受祖宗降下的神祸,听信谗言,得罪了先生。寡人无德,虽不足以辅佐,但请先生顾念先王宗庙,暂且回国执掌政务。"冯谖劝孟尝君说:"希望殿下索取先王的祭器,立宗庙于薛。"宗庙落成,冯谖回报说:"三窟已就,殿下可安心享乐了。"

自此以后,孟尝君担任齐相几十年,果然没有遭到什么祸害。冯谖"狡兔三窟"的计谋收到了实效。

谋略点评:

冯谖为孟尝君赢得了百姓的爱戴,以及无上的名誉,还有宗庙的保护神。三道坚固的防御使孟尝君立于了不败之地。

"狡兔三窟"的关键在于居安思危,用全局的、发展的眼光考虑问题,预作多种避祸的准备。就连兔子尚且懂得多建造几个洞穴以求自保,更何况人呢? 这告诉我们,即便是在顺风顺水的时候,也应当积极准备,防患于未然。

防患于未然,是智者避免灾祸的良方,是降低损失的最佳措施。古有亡羊补牢者,但亡羊补牢到底还是会有损失,不如防患于未然。与其在事故发生之后再采取措施来弥补,不如在其之前就对可能发生的危机进行防范。

小心谨慎,萧何自污名节免猜忌

在历史上,兔死狗烹、鸟尽弓藏的例子数不胜数,那些辅助君王打天下的开国功臣,很少有能得到善终的。但作为刘邦辅弼之臣的萧何却是其中的一个异数,他始终稳坐丞相的高位,在官场上风风光光达数十年之久。

萧何在追随刘邦起义之前,一直在沛县做文官工作,主管人事。当时刘邦还是四处游荡的一介草民,萧何为人忠厚、待人诚恳而没有官架子。他始终没有因为刘邦地位低微而瞧不起他,而是与他倾心结交,并且经常暗中帮助他,让刘邦少吃了不少官司。刘邦当上了亭长之后,经常与萧何交往,关系很深。后来刘邦斩蛇起义以后,萧何一直跟随他,刘邦差不多对他言听计从。萧何在刘邦战胜项羽、建立汉朝的过程中,立下了汗马功劳。刘邦平定天下后,论功行赏,群臣争功,一年多还定不下来。最后,还是由刘邦乾纲独断,认为萧何功劳最大,封为侯。然而,即便是对这样一位生死与共的患难之交,刘邦却仍然不能完全放心于他。

公元前204 年,楚、汉两军在荣阳长期对峙,双方相持不下。在前线带兵打仗的汉王刘邦忽然大反常态,几次派使者回去慰问留守关中的萧何。门客鲍生悄悄告诉萧何说:"现在汉王在外风餐露宿,却数次派人慰问留守后方的您,这是在怀疑丞相呀!为丞相您的安全考虑,只有将丞相家族中凡是能当兵打仗的子弟全都送到前方去,方能解除汉王的疑心。"萧何采纳了他的计策,随即派了许多本家的兄弟子侄,让他们押运粮饷前往前方效力。刘邦得知丞相不仅运来了粮饷,而且派了不少亲族子弟前来从军,心中大喜,传令亲自接见。当问到萧丞相近况时,萧家子弟齐声说:"托大王洪福,丞相一切安好,只是常常担心大王栉风沐雨,驰骋沙场,恨不能亲来相随,分担劳苦。现派遣臣等前来投军,愿大王收用。"刘邦非常高兴地说道:"丞相为国忘家,真是忠诚可嘉!"

时间早已到了汉十一年(公元前196年),那一年,刘邦的心腹陈豨起兵造反,刘邦御驾亲征。战事正在紧张进行,淮阴侯韩信谋反关中,吕后采用萧何之计,诛杀韩信。刘邦听说韩信被诛,立即派使者拜萧何为相国,加封5000户,下领增加500人作为相国卫队,并令一个都尉率领。朝中文武皆来祝贺,庆祝萧何高升。

萧何一个叫做召平的食客看出了刘邦的用心所在,忙去给萧何出主意。

这位召平,是原秦国的东陵侯,秦国灭亡之后,沦落为一个平民百姓,生活无着落,只得在长安城东种瓜为生。召平很会种瓜,人们把他种的瓜誉之为"东陵瓜"。萧何听说他是贤才,便授以掾属之职,实际上是一位幕僚。

召平在一片赞歌声中,忙私见萧何。

萧何问:"足下何事?"

召平说:"丞相可知大祸将要临头?"

"你怎么突然说起此事?"

"丞相怎么不细细思量斗,皇上御驾亲征,顶风雨,冒严寒,时刻都有生命之虞;而丞相镇守关中,可以说是过清闲日子,无刀箭之险,无严寒之苦。而皇上还加封您为相国,增加您的卫队,加封您的食邑,这是为什么呢?"

"这是为什么呢?"萧何来不及多想。

召平说:"淮阴侯韩信新近在都中谋反,因此皇上对您也产生了疑心。皇上赏赐卫队,名义上是对您的宠爱,而实际上是为了防范您。希望丞相推辞不受,赶快拿出自己的家产去充军费,这样或许可以转祸为福,取悦皇上之心。"

萧何觉得召平的话很有道理,急忙上表辞封,拿出家产充当军费。刘邦果然大喜。

汉十二年(公元前195年)秋，英布被刘邦吓反，刘邦不得不带病亲征。刘邦数次派使者询问萧何，镇守关中准备做些什么。萧何上表回奏，声称就像刘邦平定陈豨时一样，安抚百姓，稳定关中，搞好后勤供给。

刘邦自从杀了韩信之后，接着又杀了彭越，而今又去征讨英布，心中是十分恐慌的。韩信、彭越、英布，号称汉初三大将，刘邦最怕他们造反，所以设计诬杀了韩信和彭越。这两人都是束手就擒，刘邦是有惊无险。但是如今英布拥兵造反，他怎么不忧心忡忡？

史书明文记载：连生病在家的张良也亲自赶到灞上送行，并且告诫刘邦千万小心。

刘邦紧握张良之手，恳请张良为太子少傅，协助叔孙通辅佐太子。刘邦又采纳张良建议，给太子刘盈配备了一支强大的卫队。

刘邦的这些举动，又被萧何手下食客看出了其中微妙。

食客对萧何说："相国知道吗？您已经离灭族不远了！"

萧何本来忠心耿耿，忙说："这又是为什么呢？"

食客说："您身为相国，名列功臣首位，皇上还能够加封您吗？"

"不可能了，我已经位极人臣了！"

"相国自从入关以来，十几年来深得民心。这种情况随着皇上杀功臣，屡征服伐而有增无减，关中之民尽皆归附相国。皇上这次带病亲征，对手是英布这样的劲敌，连留侯张良这样的人物都感到形势十分严峻，带病出来辅佐太子。皇上屡次派使者询问相国，就是怕您深得民心，功高震主，一旦有甚异举，关中必然倾动。臣下为相国计议良久，相国最好侵民自污，压价多购强购百姓土地，用这方法失去民心，皇上心中才会感到后方安稳，才会消去疑心！"

萧何越想越怕，万不得已，依计而行。刘邦听到萧何侵民，果然十分高兴。

刘邦平定英布之后，驾返长安。刘邦还在路上，关中百姓挡路拦道告御状，纷纷控诉萧何强行压价和强占他们的土地。刘邦乐滋滋地回到宫中，萧何立即去拜谒。

刘邦喜上眉梢,说:"如今相国这样替我镇抚关中百姓?"说着把百姓状纸递给萧何说:"你自己去向百姓交代!"

萧何叩头请罪,回到相府,立即召来百姓,愿卖的立即补足余钱,不愿卖的,如数退还土地。关中百姓三呼万岁,盛赞皇帝英明。刘邦听说此事,欣喜欲狂。萧何本来不愿意如此行事,但是为了消除刘邦疑心,不得不吞下这杯苦酒,不得不自己毁坏自己的名声。

谋略点评:

俗话说:"功高震主"。这也是古代君王为稳固皇位而大杀功臣的一个重要原因,历史上许多功臣就是死在自己曾经死心塌地追随的主子刀下。因此许多明智之人在功成名就之时反而更加处世谨慎,以免遭猜忌,引来杀身之祸。萧何一直是刘邦的一块心病,刘邦表面上给萧何加官进爵、封赏土地,但内心里又时时处处防着他。萧何为取得刘邦的信任,一是尽遣本家子弟随刘邦到前线效力,把自己家族的身家性命全都绑在刘邦的战车上;二是身居高位而多买田地、广置钱财,表明自己只关心吃喝玩乐而别无他求,不惜自损名节来打消刘邦对自己的怀疑,可谓用心良苦。正是由于萧何处处小心谨慎,夹起尾巴做人,才得以消灾免祸,既大有作为,又独善其身,真正称得上是一代贤相。

因势利导,陈平放浪避吕后

陈平曾以谋略协助刘邦建立西汉王朝,因此被刘邦封为曲逆侯。汉惠帝刘盈死后,吕太后上台,开始专权。

陈平这时虽然担任丞相,但内心对吕后肆意专权十分不满。他知道吕后忌恨有才能的大臣,而自己的文武才能远在其他大臣之上,应该躲避吕后的锋芒,保住丞相地位,等待时机削弱吕氏的权力。

从此,陈平假装放浪形骸,整天沉溺在美酒女人之中。到上朝的时候,他唯唯诺诺,从不明确发表意见,表现出一副痴愚的样子,以免引起吕后讨厌。虽然位高权重,却百事不管。

后来,吕后打算将吕姓的人立为王,征求陈平等人的意见。生性直爽的王陵回答说:"高祖曾经杀白马订立盟约,规定凡是不姓刘的人当王时,天下人应联合起来讨伐。现在立吕姓的人为王,是违背先帝的誓约。"吕后大怒。

陈平的回答却令吕后喜笑颜开:"以前高祖平定天下之后,便拥立姓刘的子弟为王。现在是太后当政,想立姓吕的子弟为王,没有什么不可以的。"

吕后对王陵的话怀恨在心,剥夺了他的丞相大权,降职为太傅。王陵于是请求返回故乡,以生病为由辞去官职,在家里闭门不出,直到死在家中。

陈平受到吕后重用,吕后的妹妹吕媭对此十分不满,不断在吕后面前诋毁陈平,说他"当丞相不管事,白天喝好酒,晚上玩女人。"

陈平知道此事后,心中暗喜自己表演得不错。而吕后越发对陈平没有戒心,竟对他说:"俗话说女人小孩的话千万听不得,我们这样的关系,完全不要害怕吕媭的谗言。"陈平继续表演下去,吕后日益欣赏他的"忠厚",又是封王又是封侯,以表示恩宠。

然而,吕后一死,陈平便与周勃共同策划,铲除吕氏势力,诛杀吕产、吕禄等人,平定了诸吕叛乱。陈平和周勃拥立汉文帝刘恒,恢复了刘氏天下,他们两人任丞相。

西汉众多大臣中,最为足智多谋者,当数陈平。当年辅佐高祖刘邦时,频出奇计;后来大权在握,又能审时度势,不仅不滥用权力,而且设法制止了权力被非分之徒篡夺。其中原因,正在于陈平悟透了"因势利导"四个字。

谋略点评：

纵观陈平的一生，可以发现陈平尤为善于自我保护，也许这就是其人生观，即首先求得自我的存活。此外，也体现出陈平洞察世事的敏锐能力以及他高超的处世谋略。

政治的巅峰充满了辉煌，却也布满了险恶，稍有不慎，即可能坠入万劫不复之地，陈平无疑是此中高手。

如何运用权力，大有文章可做。根据实际需要和不同的利害情况，灵活地运用权力，便叫做"因利制权"。它所依据的是有利无利的原则。有利，则及时适当地加以运用，如陈平与周勃共除吕氏势力；无利，则暂时回避，以图东山再起，卷土重来，如陈平佯装放浪痴愚。

陈平不仅能够顺势而为地合理利用权力，更能够在权力的倾轧下保全自己，不可谓不是一种大智慧。

谨慎淳厚，公孙弘官拜相位

公孙弘年轻时，曾任过薛县的狱吏，因无学识，常发生过失，故犯罪免职。为此，他立志在麓台（望留镇麓台村）读书，苦读到 40 岁，建元元年（公元前 140 年），汉武帝即位，便下诏访求为人贤良通文学之人。当时，公孙弘年已 60，他以贤良的名分去应征，被任命为博士。建元三年（公元前 138 年），皇帝派他出使匈奴，归来后陈述的情况不合帝意，武帝认为他无能，再被免职。于是，公孙弘便称病辞官，在家赋闲。汉元光五年，信奉儒家学说的汉武帝征召天下有才能的读书人。年已七十多岁的川人公孙弘的策文被汉武帝欣赏，提名为对策第一。这次他荣幸地获得恩准重新进入京都大门，就思量着要吸取上次教训，凡事必须保持低调些才好。

公孙弘由于晚年致力学习，所以广见博识。平时，善于辩论，通晓文书、法律，又能以儒家的学说，对法律进行解积阐述，汉武帝非常赏识他。公孙弘常说："人主的毛病，一般在于器量不够宏大；而人臣的毛病，一般在于生活不够节俭。"于是，他在家中，能身体力行，"夜寝为布被"，"食一肉脱粟之饭。"后母去世，他视为亲生，服丧三年。在朝廷议事，他常提出要点，陈明情况，供皇帝自己取舍，从不固执己见和违逆圣意。汉武帝非常喜欢他这种驯良守礼之德，认为他品行敦厚，善于言辞，有文采，熟悉法令与各种公务，便升任他为左内史（京畿地方长官，掌治京师）。

公孙弘在任，所奏朝事，都一一符合帝意，起因是他巧用心计。有一次，他和主爵都尉汲黯商议，为一事二人分别上奏。面见帝君，他等汲黯上奏完后，摸清了汉武帝的意思，根据汉武帝的意思再决定自己的立场态度，然后才上奏章。因此，他奏对之事，深合帝意，凡奏陈条，也都采纳。他这种表里不一、前后矛盾的做法，遭到一些王公大臣的非议。主爵都尉汲黯，尤其反感。有一次，汲黯当庭诘责公孙弘："齐人多诈而无情实，公孙弘一开始与臣等建此议，现在却又出尔反尔，是对君王不忠。"汉武帝随即问公孙弘，弘回答说："了解臣的人肯定会认为臣是忠臣，只有不了解臣的人才会认为臣不忠。"皇帝听后，认为公孙弘说得有理，更加"益厚遇之"。元朔三年（公元前 126 年），皇帝任命公孙弘为御史大夫。

有一次，主爵都尉汲黯听说公孙弘生活节俭，晚上睡觉盖的是布被，便入宫向汉武帝进言说："公孙弘居于三公之位，俸禄这么多，但是他睡觉盖布被，这是假装节俭，这样做岂不是为了欺世盗名吗？"

汉武帝马上召见公孙弘，问他说："有没有盖布被之事？"公孙弘谢罪说："有此事。现在汲黯是九卿之中与臣最友好的朋友，然而他今日当廷责备我，这正好说中了我的要害。我位居三公而盖布被，诚然是用欺诈手段来沽名钓誉。臣听说管仲担任齐国丞相时，市租都归于国库，齐国由此而称霸；晏婴任齐景公的丞相时从来不吃肉，妾不穿丝帛做的衣服，齐国得到治理。今日臣虽然身居御史大夫之位,但睡觉却盖布被,这无非是说臣与小官吏没什么两样。怪不得汲黯颇有微议,说臣沽名钓誉。况且陛下若不遇到汲黯,还听不到这样的议论呢!"

汉武帝听公孙弘满口认错,更加觉得他是个凡事退让的谦谦君子,因此更加信任他。元狩五年,汉武帝免去薛泽的丞相之位,由公孙弘继任。汉朝通常都是列侯才能拜为丞相,而公孙弘却没有爵位,于是,皇上又下诏封他为平津侯。

公孙弘拜为丞相后,名重一时。当时,汉武帝正想建功立业,多次征召贤良之士。公孙弘便在丞相府开办了各种客馆,开放东阁迎接各地来的贤人。每次会见宾客,他都格外谦让恭敬。

有一次,他的老朋友高贺前来进谒,公孙弘接待了他,而且留他在丞相府邸住宿。不过每顿饭只吃一种肉菜,饭也比较粗糙,睡觉只让他盖布被。高贺还以为公孙弘故意怠慢他,到侍者那里一打听,原来公孙弘自己的饮食服饰同样如此简朴。公孙弘的俸禄很多,但由于许多宾客朋友的衣食都仰仗于他,因此家里并没有多余的财产。

公孙弘活到80岁,在丞相位上去世。之后李蔡、严青翟、赵周、石庆、公孙贺、刘屈氂相继成为丞相。从李蔡到石庆,丞相府的客馆都形同虚设,到公孙贺、刘屈氂任丞相时,原来的客馆都被人误认为是马厩车库了。这些人中只有石庆在丞相位上去世,其他人都遭到了诛杀。

看来,公孙弘不肯廷争,取容当世也是一种不得已的处世方法。而他身居相位,能做到厉行节约、布被粗饭,却也并不是一件容易的事。

谋略点评:

公孙弘身行俭约,言行举止从不招摇,深得皇上的器重。他之所以能够在丞相的重位上有所作为,并善始善终,完全是因为他善懂得圆融,善于藏拙。

由此可见,一个人在言行上趾高气扬、放荡不羁是处世的大忌,而谨慎淳厚正好可以收敛自己的过分言行。为官者,一定要摒弃那种趾高气扬、盛气凌人、指手画脚的行为。

淡泊名利，王导雅量为社稷

王导是东晋的丞相，同时也是一位著名的政治家。王导在少年时代就很有识量，陈留高士张公曾对他的从兄王敦说："此儿容貌志气，将相之器也。"

西晋末年，中原经过"八王之乱"和永嘉之祸后，北方大片土地落入胡人之手。北方士家大族十之六七纷纷举家南迁，史称"衣冠渡江"。西晋灭亡后，王导主动出谋献策，联合南北士族，拥立司马睿为帝，是为晋元帝，建立东晋政权。王导历三朝为宰辅，保持了东晋的安定局面。

当时江南的顾、陆、朱、张、沈、周等地方士族，轻视避难南下的"伧父"(南人对北人的戏称)。司马睿因为是晋皇室疏属，声望不高，江南的一些大士族地主嫌他地位低，不怎么看得起他，也不来拜见他。为了这个，司马睿心里不踏实，要王导想个办法。

王导意识到这个问题的严重性，正好王敦来朝，王导对他说："琅琊王仁德虽厚，名威尚轻，你的威风已振，应该有所匡助。"于是安排在三月初三上巳那天，让司马睿肩舆出巡，王敦、王导以及北方名士骑马随从。隆重的仪仗，威严的行列，使南方士族体会到司马睿可能就是北方士族拥戴出来的江东之主。于是"江南之望"的顾荣、纪瞻等都很惊惧，相率拜于道左。

王导趁此对司马睿说："古来想要成王霸之业的，莫不礼敬故老，虚心求教，以招揽贤俊。何况当前天下变乱，大业草创，更加急需人才！顾荣、贺循是南方士族的首领，如果这两人招来了，其余的人自然没有不来的。"司马睿使王导亲自去招顾、贺，二人应命来见，被分别任命为军司马和吴国内史。

司马睿有一次对顾荣说："寄人国土，时常怀惭。"顾荣跪对说："王者以天下为家，殷商从耿迁亳，东周由镐及洛，古来如此，愿陛下勿以迁都为念。"从两人的问答语中可以窥知，双方已有某些合作的默契。从此，南方士族归附，成为东晋政权的一个构成部分。

王导又劝说司马睿把北方的士族中有名望的人都纳收到王府来。司马睿在建康站稳了脚跟，心里十分感激王导。他对王导说："你真是我的萧何啊！"朝野上下也称呼他为"仲父"，可见其地位之高。但是王导并不居功自傲，蔑视皇上，而是忠于国事，不争名夺利，非常谦虚，这在他的行为中都有所表现。

晋元帝登基那天，王导和文武官员都进宫来朝见。晋元帝见到王导，从御座站了起来，把王导拉住，要他一起坐在御座上接受百官朝拜。这个意外的举动，使王导大为吃惊。他忙不迭推辞说："这怎么行，臣何德何能能够享有这样的荣耀呢？臣不敢与太阳争辉。"因而再三地拒绝。晋元帝不再勉强。但是他总认为他能够得到这个皇位，全靠王导、王敦兄弟的力量，所以，对他们特别尊重，王家的子弟中，很多人都被封了重要官职。当时，民间流传着一句话，叫做"王与马共天下"，意思就是王氏同皇族司马氏共同掌握了东晋的大权。

南渡后的北方士人，虽一时安定下来，却经常心怀故国。每逢闲暇他们便相约到城外长江边的新亭饮宴。名士周岂叹道："风景不殊，举目有江河之异。"在座众人感怀中原落入夷手，一时家国无望，纷纷落泪。为首的王导立时变色，厉声道："当共戮力王室，克复神州，何至作楚囚相对泣邪！"众人听王导这么说，十分惭愧，立即振作起来。王导为晋室忠心耿耿，其堂兄王敦有夺取政权的野心，在他坚决反对和制止下，其阴谋没有得逞。

王导历仕元、明、成三帝，明帝死后，王导和庾亮同受遗诏，共辅幼主成帝。当时庾亮出镇于外，有人向王导进谗，以离间二人关系，说庾亮可能举兵内向，劝他密为之防。王导坦然说："吾与庾亮休戚与共，悠悠之说，宜绝智者之口。则如庾亮若来，吾便角巾还第，复何惊哉！"可见王导淡泊名利，不计进退，正如其中宽和忍让，故能调和南北士族矛盾，基本上做到和睦共处，这对于稳定东晋的统治起到了重要作用。

谋略点评：

　　只有不被名利所诱惑,凭借自己的力量埋头苦干,打下成功的基础,才能使未来的成功之路走得坚实可靠。同时,对待名利采取不争的态度,才能赢得他人的尊重,为自己争取荣誉,让自己处在有利位置。心怀宽广,有雅量,不争名利,对朋友诚心诚意,是一个人所必须拥有的处世准则之一。在现实生活中,一个人对待名利的态度也从一个侧面反映了他自身修养的完善程度。

年少轻狂苏,东坡被贬黄州

　　苏东坡是宋代有名的文人,年轻的时候,他仗着自己聪明,就颇有点恃才傲物、锋芒凌人的架势,只是王安石惜才,才仅仅给他一点小小的惩罚。

　　有一天,王安石与苏东坡在一起讨论王安石的著作《守说》。这本书把一个字从字面上解释成一种意思。

　　当他们讨论到"坡"字时,王安石说:"'坡'字从土,从皮,'坡'就是土的皮。"

　　苏东坡笑道:"这么说,'滑'字就是水的骨喽。"王安石又说:"'鲵'字从鱼,从儿,合起来就是鱼儿。四匹马叫做'驷',天虫写作'蚕'。古时候的人造字,是有它的含义的。"

　　苏东坡故意说:"'鸠'字是九鸟,你知道其中的原因吗?"王安石不知道苏东坡是开玩笑,连忙虚心向他请教。苏东坡笑着说:"《毛诗》说'鸠鸠在桑,其子七兮'。加上他们的爹妈,一共是九个。"

　　王安石一听,不说话了,心中暗暗觉得苏东坡虽然有才,但不免轻狂了些。

　　过了不久,苏东坡由翰林学士遭到贬谪,削级降职,被皇帝派往湖州做刺史;三年期满,又回到京城。苏东坡在回来的路上便想:当年得罪这位老太师,也不知他生气了没有,回去得马上拜访他。所以,他还来不及安好家,便骑马往王丞相府奔来。

苏东坡到相府门口，立刻被门前的一些听事的小官吏引入门房。守门官说："您在门房里稍稍坐一下，老爷正在睡觉，还没醒呢！"苏东坡点点头，便在门房内坐下了。

守门官走后，苏东坡一个人等得无聊，便四下打量起来，看到砚下一叠整整齐齐的素笺，上面写着两句没有完成的诗稿，题着《咏菊》。他看了看笔迹，认得是王安石的，不由得笑了起来："士别三日当刮目相看。两年前我看这老头儿下笔几千言，不用思索；两年后怎么江郎才尽，连两句诗都写不完！"于是取过诗稿念了一遍：

西风昨夜过园林，

吹落黄花满地金。

念完之后他连连摇头："这两句诗都是胡说八道。"为什么呢？原来一年四季的风都有名称：春天为和风，夏天为熏风，秋天为金风，冬天为朔风。这首诗开头说"西风"。西方属金，这应该是说的秋季；可是第二句说的"黄花"正是菊花，它开于深秋，最能和寒风搏击，而且即便是焦干枯烂了，也不会落花瓣。所以说，"吹落黄花满地金"，不是错误的吗？

苏东坡为自己发现了这个谬误而得意万分，兴之所至，他忍不住举笔蘸墨，依韵续了两句诗：

秋花不比春花落，

说与诗人仔细吟。

写完，他又觉得有些不妥，暗想：如果老太师出门款待我，见我这样当面抢白他，恐怕脸面上过不去。可是已经写了，想把它藏起来吧，万一要是王安石出来寻诗不见，又要责怪他的家人。

想来想去，终于他还是把诗原样放好，自己走出门来对守门官说："一会儿老太师出堂，你便禀告他，说苏某在这里等候多时。只因初到京城，一些事没有办妥，明天来拜见。"

过了不多久,王安石出堂,心内惦记着自己一首菊花诗还没有完韵,便径自往门房走来。坐定后,他一看诗稿,马上皱起眉头:"刚才谁到过这里?"

下人们忙禀告:"湖州府苏老爷曾来过。"王安石也从笔迹上认出了苏东坡的字,嘴里不说什么,心下却直犯嘀咕。"这个苏轼,遭贬三年仍不改轻薄之性,不看看自己才疏学浅,敢来讥讽老夫!明天早朝,待我奏明皇帝,给他来个削职为民。"但转念一想,"他不曾去过黄州,见不到那里菊花落瓣,也难怪他不知道。"于是他细看了一下黄州府缺官名单,那里单缺一个团练副使。于是第二天便奏明皇上,把苏东坡派到那里去了。

苏东坡也知道是自己改诗触犯了王安石,他在公报私仇呢。无奈自己没办法,只得领命。一直到黄州菊花开的时候,一日苏轼无意间到花园看菊,一阵秋风吹过,菊花落了一地,苏轼才知道,原来菊花真的是会落瓣的。

谋略点评:

苏轼虽然才华横溢,但一生经历却非常坎坷,这跟他恃才傲物、锋芒太露的性格非常有关。古人云:"木秀于林,风必摧之。"这是自然界的规律,也是人性丛林的法则。一些才华横溢、锋芒太露的人,虽然容易受到重用提拔,可是也容易遭人暗算。只有深谙韬光养晦之道,适时地收敛锋芒,才能在施展才华时躲过明枪暗箭,才能得到退一步后的海阔天空。人生就是这样,当你得意时,切不可趾高气扬,目空一切,适度地收敛起自己的锋芒,掩饰起你的才华,才能顺利地走好你的人生之路。

假痴不癫,朱棣佯疯守王位

明成祖朱棣精明干练,是太祖朱元璋的第四个儿子,朱元璋在世时,他被封为燕王,镇守北平。朱元璋死后,由于长子早死,便立长孙朱允炆为帝,即建文帝。

建文帝害怕他在各地当藩王的叔叔们不听他的,尤其是四叔朱棣,能征善战,一直也没把他这个侄子放在眼里。建文帝就找两个亲信大臣黄子澄和齐泰来商量,这两人给他出了个"削藩"的主意,就是把各个藩王的权力减少或者取消。

建文帝采纳了他们的主意,先后找各种理由撤了5个藩王,其中湘王还被逼自杀了。接下来建文帝又开始抽调燕王朱棣的部队。这下朱棣有点着急了,因为部队被抽走后,他自己再有本事也没用了,建文帝就会很容易地把他也"削"掉。于是朱棣暗自留心,开始防范自己的这个侄子。

建文帝也知道朱棣对没有当上皇帝耿耿于怀,于是暗中派人监视朱棣的举动。不久,朱棣的护卫官倪谅到南京向建文帝告密,说朱棣的手下于谅和周锋等人谋反。建文帝于是下令将两人抓到南京斩首,并下诏书责怪朱棣。

朱棣知道建文帝这是对他起了杀心了,在建文帝的动作尚未开展的时候,他就开始装疯。先是让自己的手下们散布自己疯了的言论,在大街上学狗到处爬,他的谋士将麻糖捏成狗屎状扔在地上,他捡起来就往嘴里塞,百姓们看了都觉得可惜。

朱棣怕建文帝不相信自己真的疯了,在后来的很长一段时间中都在装疯卖癫的日子中度过。他经常在闹市中大叫奔跑,抢别人的酒食,口中胡言乱语,有时睡在地上整天不醒。建文帝派去监视他的人去看他,他在大热天围着火炉打战说:"冷极了!"他在宫廷中还口中含煤到处游逛,见到他的人都以为他真疯了。

然而,天有不测风云。长史葛诚是建文帝的心腹,他向监视朱棣的张昺、谢贵告密说:"燕王根本没有病,你们千万别懈怠。"于是当朱棣派人去朝廷办事时,兵部尚书齐泰逮捕了使者，使者供出了朱棣准备发动政变的消息。

齐泰马上下令逮捕朱棣手下的官员，让谢贵等人伺机杀掉朱棣，要葛诚等人作为内应，并密令一直受朱棣信任的张信将朱棣活捉。

张信得到命令后犹豫再三，最后决定挽救朱棣，于是去燕王府告诉他真相。开始时，朱棣假装中风，不能说话，后来知道事情真相，才觉得非同小可，立刻向张信下拜说："是您救了我一家人啊！"

朱棣立即着手准备起兵。这时，削夺朱棣爵位、逮捕官员的命令传到，谢贵、张昺派兵包围了燕王府，准备抓人。

第二天，朱棣宣布病愈，让官员们前来朝贺。他设下伏兵，派人去请谢贵、张昺前来。等到所有人都到齐了，朱棣以掷瓜为信号，伏兵冲出来逮捕了谢贵、张昺等人。朱棣站起来说："我哪里有病，全是你们这帮奸臣逼出来的！"然后下令将谢贵等人斩首示众。

接着朱棣打着"清君侧"的勤王口号，以征讨齐泰等人为名，率大军直奔南京。

朱棣初起兵时，燕军只占据北平一隅之地，势小力弱，朝廷则在各方面都占压倒性优势。所以战争初期，朝廷拟以优势兵力，分进合击，将燕军围歼于北平。朱棣采取内线作战，迅速即攻取了北平以北的居庸关、怀柔、密云和以东的蓟州、遵化、永平等州县，扫平了北平的外围，排除了后顾之忧，便于从容对付朝廷的问罪之师。

在即位第四年的时候，建文帝终于不敌自己的皇叔，在混乱中不知所踪。朱棣随即登上皇帝的宝座。

谋略点评：

装疯卖傻是常见的伪装手段之一，也最容易掩人耳目。朱棣能做到满大街打滚、在大热天烤火并浑身发抖，可见是十分具有表演天赋的。且不管朱棣这个人怎么样，单单他这一韬光养晦、伺机而起的谋略就足以让人佩服。

知足为诫，张廷玉代子谦让

　　张廷玉是清朝有名的重臣，雍正初晋大学士，后兼任军机大臣。张廷玉虽然身居高官，却从来不为自己的家人子女谋福利。他秉承其父张英的教诲，要求子女们以"知足为诫"，其代子谦让一事即为突出的例子。

　　张廷玉的长子张若霭在经过乡试、会试之后，于雍正十一年三月参加了殿试。诸大臣阅卷后，将密封的试卷进呈雍正帝亲览定夺。雍正帝在阅至第五本时，立即被那端正的字体所吸引，再看策内论"公忠体国"一条，有"善则相劝，过则相规，无诈无虞，必诚必信，则同官一体也，内外亦一体也"数语，更使他精神为之一振。

　　雍正帝认为此论言辞恳切，"颇得古大臣之风"，于是将这个考生拔至一甲三名，即探花。后拆开卷子，才知道这个人是大学士张廷玉之子张若霭。雍正帝十分欣慰，他说："大臣子弟能知忠君爱国之心，异日必能为国家抒诚宣力。大学士张廷玉立朝数十年，清忠和厚，始终不渝。张廷玉朝夕在朕左右，勤劳翊赞，时时以尧舜期朕，朕亦以皋、夔期之。张若霭秉承家教，兼之世德所钟，故能若此。"并指出，此事"非独家瑞，亦国之庆也"。为了让张廷玉尽快得到这个喜讯，雍正帝立即派人告知了张廷玉。

　　自从科举制度兴起之后，金榜题名便成了读书应试者的奋斗目标。按照常理，得到儿子考中一甲的喜讯，作为父亲没有不为之高兴的。然而，张廷玉却不然。他想的是自己的儿子还年轻，一举成名并非好事，应该让儿子继续努力奋进。于是，他没有将喜讯通知家人，而是作了另一种安排。

　　很快地，张廷玉进宫要求面见雍正帝。获准进殿后，他恳切地向雍正帝表示自己身为朝廷大臣，儿子又登一甲三名，实有不妥。没容张廷玉多讲，雍正帝即说:"朕实出至公,非以大臣之子而有意甄拔。"张廷玉听罢,再三恳辞,他说:"天下人才众多,三年大比,莫不望为鼎甲。臣蒙恩现居官府,而犬子张若霭登一甲三名,占寒士之先,于心实有不安。倘蒙皇恩,名列二甲,已为荣幸。"

按照清代的科举制度,殿试后按三甲取士,一甲只有三人,即状元、榜眼、探花,称进士及第;二甲若干人,称进士出身;三甲若干人,称同进士出身。凡选中一、二、三甲者,可统称为进士,但是一、二、三甲的待遇是不同的。一甲三人可立即授官,成为翰林院的修撰或编修,这是将来高升的重要台阶;而二、三甲则需选庶吉士,数年后方能授官。也有二、三甲立即授官者,但只是做州县等官。张廷玉是深知一、二甲这一差别的,但是为了给儿子留个上进的机会,他还是提出了改为二甲的要求。

雍正帝以为张廷玉只是一般的谦让,便对他说:"伊家忠尽积德,有此佳子弟,中一鼎甲,亦人所共服,何必逊让?"张廷玉见雍正帝没有接受自己的意见,于是跪在皇帝面前,再次恳求:"皇上至公,以臣子一日之长,蒙拔鼎甲,使臣家已备沐恩荣。臣愿让与天下寒士,求皇上怜臣愚忠。若君恩祖德,保佑臣子,留其福分,以为将来上进之阶,更为美事。"张廷玉"陈奏之时,情词恳至",雍正帝"不得不勉从其请",将张若霭改为二甲一名。不久,在张榜的同时,雍正帝为此事特颁谕旨,表彰张廷玉代子谦让的美德,并让普天下之士子共知之。

张若霭十分理解父亲的做法,而且不负父亲的厚望,在学业上不断进取,后来在南书房、军机处任职时,尽职尽责,颇有其父之风。

谋略点评:

张廷玉代子谦让,不仅是为了给儿子留个上进的机会,更重要的是谦让是一种有效的自我保护策略。一个懂得谦逊的人是一个真正懂得积蓄力量的人,谦逊能够避免给别人造成太张扬的印象,这样才有利于一个人韬光养晦,积累力量,免受祸患。

【九】
明察善断——断案谋略

古人断案和现代人不同，现在我们可以借助高科技的力量查明真相，但古人只能用他们自己的智慧去听讼断狱。古人断案要想做到不枉不漏，就要对涉及全案的每一个细节都思考进去，准确把握涉案人的心理特点，只有这样方能去伪存真。之所以产生乱判，不是断案人无德，就是少才。无德指的是受利益驱使不能公正行事；少才则是指察情不细、推理不详、虑事不周，以疑似为真实，凭想象作结论。因此，断案者明察案件真伪岂止需要才高，更需要德馨。

断案最需要的是明察的智慧。事实没有查明，就不可能看到事物的本来面貌，而断案经验和本领则来自于实践。断案天才不是生来就有的，而是日积月累，通过不断地总结经验、细心揣摩而来的。"大胆假设，小心求证"，不放过任何蛛丝马迹，方能知晓案件本来面目。

古人在刑侦破案时的硬件技术，虽然不是很发达，但却能以高超的智慧明辨案件之真伪，其手段之高明，也足以令人敬佩。

洞察秋毫，子产明察辨真凶

子产，春秋后期政治家，郑国执政，郑穆公之孙，名侨，也称公孙侨，青年时即表现出了远见卓识。他曾经创立按"丘"征"赋"的制度，铸"刑书"于鼎，不毁乡校，以听取"国人"意见；还着意整顿田地疆界和沟壑，发展农业生产，给郑国的社会经济带来了新的气象。

不仅如此，子产还是一个明察秋毫，见微知著的断狱能手。他精明强干、善于观察，任何细微之事他都能观察得到，因此在判断事物是非曲直方面常常有自己独到的见解。

有一天早晨，子产坐着车子出门，经过一户人家时，听到里面有女人哭的声音。子产忙令车夫停下来，仔细听了听。车夫听到院中女人的哭声，忙说："哎呀，这个妇人的哭声好凄惨啊，是不是家里人出了什么事情了？"

子产说："你进去看一看，到底是怎么回事。"车夫忙下车，推开门，只见床上躺着一个男人的尸体，那个男人显然是被人毒死的。只见他的脸已经扭曲，口角还有未擦干净的血迹，脸色也不正常，浑身一种青紫色。一个妇人正趴在床前不住地哭号。她的哭声是那么的凄惨，以至于车夫和其他来看的人都被感染了，也禁不住落下泪来。看着那个妇人伤心的样子，车夫也动了恻隐之心，忙劝她不要悲伤，赶快去报官，还说自己家主人子产，就是当地的地方官，一定会为她申冤的。

妇人听了车夫的话，哭得更加伤心了。她边哭边说："我和我男人，一起开了个包子铺，日子虽然不十分富裕，但是也还过得去，不至于饿肚子。我男人虽然长相不太好，但是勤劳能干，我们两个的日子过得挺好。我男人的父母早死，就剩下他和他兄弟，他兄弟小的时候就送给了别人。可是前些日子我那小叔子回来了，说是他养父母已经死了,自己没有亲人了,就回来投靠我们。我们待他很好,让他在我们的包子铺帮忙。可是……可是……他竟然……竟然不满意,呜呜……"

那妇人说着又哭了起来。车夫忙安慰她,她继续说道:"我那小叔子嫌我们不给他钱出去喝酒,就和我男人起了争执,而且吵了好几次。最后,他竟然拿我们辛辛苦苦存的钱跑了,还在我男人喝的酒里面下了毒。呜呜……呜呜……"那妇人越说越伤心,以至再也说不下去了。

车夫已经基本上了解了案情,就回来向子产报告,重复了一遍刚才那妇人的话。子产只是点点头,并不说话。

到了府中,那妇人前来报官。子产命人把那妇人带到堂前,让她陈述案情。那妇人又连哭带说地陈述了一遍,一副十分难过的样子。

子产听完,大声喝道:"大胆刁妇,还敢说谎,毒死你男人的不是别人,就是你!你的小叔子是不是也被你毒死了?"

那妇人被子产的话惊呆了,她顿了一下,连忙说:"大人,冤枉啊,我怎么会杀死我的丈夫和小叔子呢?您明察啊!"说着又哭了起来。

子产厉声喝道:"好歹毒的妇人,你若再不说实话,就大刑伺候!"

那妇人听说用刑就大喊:"冤枉啊!冤枉啊!"

子产身边的侍卫看那妇人好像真的是受委屈的样子,就对子产说:"大人,您看那妇人哭得那么伤心,您有什么根据怀疑那个妇人就是杀人凶手呢?"

子产说道:"好吧,我现在就拿出证据,让你们心服口服。"

子产冲着那妇人说:"大胆刁妇,今天早上我经过你家门前时,听到了你的哭声。旁人听起来觉得你哭得很伤心,可是,我仔细听了一下,发现你的哭声中带着非常强烈的恐惧情绪。大凡一个人对其所亲所爱的人,见其病而忧,其临死而惧,其已死而哀。如今,你的丈夫已经死了,你不是悲哀,而是恐惧,这当然是不符合常规的。"

子产身边的侍卫都点头称是,而那妇人也被说得哑口无言,再也不敢有什么争辩,只好老实交代了自己的杀人罪行。

谋略点评：

古话说"明察秋毫之末"。这"秋毫之末"，比针尖还细，却能一眼看到，这就说明了其明察之能。而有许多事情的根本，都存于这秋毫之末。

在审理案件时，所面临的情况往往很复杂，虚实相间，真假难辨，这就需要审理者能做到"先知"。所谓"先知"就是要多进行调查，了解案情。子产是个心思细密的人，他从对方的哭声中来分辨对方的内心境界，得知这个妇女哭泣伤心是假的，她的内心深处肯定还有别的秘密。他在这方面加以逼问，结果就迅速地破了此案。

对症下药，龚遂妙法巧治盗贼

汉宣帝是西汉时期比较开明的君主，在统治期间他继续推行汉高祖的治国方略，同时勤政爱民，赢得了广大百姓的爱戴。这一年，渤海郡和周边的几个郡县闹了饥荒，人民没有吃的，就到处逃荒、要饭、吃树皮、草根。于是，就有人开始明目张胆地抢劫，还有的竟然纠结在一起，形成了一窝一窝的盗贼。虽然他们也是出于无奈，为了填饱肚子，才落草为寇，但是他们经常骚扰周边的乡邻，搞得周边地区的人民怨声载道。更让人无法容忍的是，当地官员对这些盗贼一点办法也没有，就只好听凭这些盗贼胡作非为。

很快，渤海郡盗贼猖獗的消息就传到了皇帝的耳朵里。汉宣帝一向自称爱民，如今渤海郡盗贼四起，却得不到有利的治理，汉宣帝心中不免着急。于是，他就召集群臣在朝堂议事，商议对付渤海郡盗贼的事。大臣们都分析说，如今盗贼四起，原因就是当地的官员办事不力，如果派一名得力的官吏去治理渤海郡，一定能够解决问题。汉宣帝问群臣哪个官员可以胜任，丞相、御史都推荐当时任地方太守的龚遂，并说："此人才高八斗、机智聪颖，是个不可多得的人才。"皇帝听了他们的话,就召龚遂进朝。

当时,龚遂已经是 70 岁的老人,虽然身体很好,精神也不错,但他身材矮小,相貌平平,也看不出有什么特别之处。当他拜见汉宣帝时,汉宣帝看他那副样子,觉得是丞相和御史夸大其词,把这个干瘪老头说得太好了,心中不免对龚遂有点轻视。便斜着眼睛,轻蔑地问道:"龚太守,你到了渤海郡打算采取什么措施来制止混乱啊?"龚遂叩首低头答道:"陛下,渤海郡濒临大海,远离京都,没有濡染圣人的教化。那里的老百姓饥寒交迫,而当地的官吏却不会体恤他们。所以,才使得陛下的子民沦为强盗。他们好像是陛下的士兵拿着武器在浅水池里戏耍一样,不足为虑。"汉宣帝听到这里,对龚遂的态度顿时改变了许多,再也不敢不正视他了,于是恭恭敬敬地问:"您有什么好的治理办法呢?"龚遂继续说:"陛下,现在您是打算命令微臣去战胜他们,还是安抚他们呢?"汉宣帝和蔼地说:"朕选用贤良的臣子,当然是希望去安抚百姓了!"龚遂又叩首请求道:"陛下,臣听说治理乱民就好像是清理乱丝一样,不能急躁。臣恳请丞相、御史不要用朝廷的法律条文来约束下臣,请允许我上任后见机行事。"汉宣帝点头表示同意,说:"渤海郡的问题就交给你了,我一定尽全力支持你。我在这里等你的好消息啊!"于是,皇帝派人快马加鞭去渤海郡,宣任龚遂为渤海郡太守。

渤海郡的官吏听说新的太守即将到来,恐怕路上发生意外,赶忙派出一支军队前来迎接。而与此同时,那些盗贼们也听说新任太守就要来了。他们心想这些当官的没有一个好东西,正摩拳擦掌,打算打劫新任太守,给他点颜色看看。

渤海郡派来的军队,很快就迎上了龚遂的队伍,而那些盗贼也悄悄地跟着军队,神不知鬼不觉地来到了龚遂身边。龚遂见到迎接他的军队,并不热情,而是训斥了他们一顿,让他们马上回去。而且还颁布了第一道公文,撤换全部正在追捕盗贼的官吏。凡是手持锄钩等农具的人,都是良民百姓,官吏一律不得过问;而凡是拿兵器者,则是盗贼。这一消息一时间在渤海郡炸开了锅。那些盗贼都是因为饥荒而沦为盗匪的,其实,他们并不想过盗匪的日子,整天提心吊胆。一方面担心自己被官府的人抓住;另一方面也担心自己的妻子儿女将来要当一辈子盗贼,永远无法过正常人的生活。而今新太守的政令宣布，只要是拿着农具的人就是良民，也就是说以前干过盗匪的，只要现在重新做良民就不再追究。听到这个消息后，这些可怜的人再也按捺不住内心的激动，纷纷放下武器，回家拿起了锄具，开始了正常人的生活。

谋略点评：

其实，盗贼本身也不想沦为盗贼，只是因饥荒而被迫沦为盗贼，他们也想过上正常人的生活。而龚遂正是明白这些人内心的苦楚，看到了这一点，才颁布了政令：只要是拿锄具的人都是良民，拿武器的人为盗贼。这就是在告诉他们：以往的事他可以不再追究，只要你们能够重新拿起农具，就是良民。

在当今生活中，也会有许多难以解决的问题，只要能够抓住事情的关键和根本，对症下药，就能以最快的速度将问题解决。

攻心为上，周纡辨尸破假案

东汉章帝的时候，以治人严苛著名的周纡被任命为召陵侯相。郡中的属官早就听说周纡的严猛大名，都非常惧怕他。

周纡是下邳徐县人，他平时为人刻薄少恩，喜好韩非子法家之术，曾担任过廷尉史、南行唐县长、博平县令等职。他的最大的优点就是嫉恶如仇，对于狡猾奸诈的恶人定会杀之。很多时候，即使有的犯人的赦令到了，他也不放人，而是先把赦令藏起来，把犯人处决了，然后再宣读大赦诏书。

因而，他的严酷之名在当时是人人皆知的。凡是不小心落人他手里的犯人，只有叫苦的份，老百姓对他的嫉恶如仇也表示敬畏。他所控制的地区在他的严厉管辖下，其犯罪率很低。

有个任廷掾之职的人想压一压周纡的威风，便想了个办法来整他。一天这人趁天还没亮，去城外的乱坟岗找了一具刚刚被人扔了的死尸，将其手脚砍断，立在周纡的官署门边。

天亮以后，周纡官署的侍卫们刚打开大门，那具尸体就倒进了门里，吓得他们慌忙跑去通知周纡。周纡刚刚上任，就出现这样大的案子，他丝毫不敢怠慢，赶忙来到大门口看个究竟。他来到死尸旁边，反复察看。然后他告诉属官们，说要和死尸谈谈，让大家远远地看着，谁也不许靠近他。只见周纡站在死尸面前，比比画画的，一会儿说几句，一会儿又凝神静听，一会儿点点头，一会儿又摆摆手，好像与这个死尸谈得很投机的样子。属官们因为站得很远，谁也听不清他在说什么。

其实，周纡什么也没有说，只不过是装模作样地比画一番而已。他在与死尸"谈话"的时候，又对死尸进行了仔细的观察，发现死尸的嘴角、眼角等低凹处有一些稻芒。他心想在城里很少有稻芒的啊，只有城外种庄稼的人家才可能有啊。再看看死者的手脚被砍断的地方，似乎不像是活着的时候被人砍断的，种种的疑问在周纡脑中盘旋。

"谈话"结束后，周纡秘密地把看守城门的人叫来，问他今天早上有没有赶稻草车的人进城。看门的人说："只有廷掾一大早拉着一车稻草进城。"

周纡又问属下，当他与死人"谈话"的时候，有没有人对他与死人的谈话怀有疑心。属下说："好像只有廷掾知道您和死人谈话时非常不安。"

于是，周纡立即叫人把廷掾押来审问。廷掾果然承认是他出城去乱坟岗找来死尸搞的恶作剧。

谋略点评：

掌握分析的方法，实施攻心战术，抓住对方的犯罪的心理弱点猛攻，这在审案过程中，不仅是重要的，也是必需的。罪犯大多都很狡诈，善于伪装自己。而且，他们所采用的犯罪手段也十分隐蔽，不给他们设置一些心理陷阱，让他们自我"曝光"，就很难将其制伏。周纡与尸体"谈话"的假象，就是利用犯罪心理的一般规律,巧妙地制造与死人谈话来迷惑人,加剧作案者的异常心理表现,使其自我暴露。

故布疑云,陆云智断无头奸杀案

陆云(公元262—303年),字士龙,祖父陆逊为三国名将,父陆抗曾任东吴大司马,是陆机的胞弟。陆云从小好学,才思十分敏捷,5岁就能读懂《论语》、《诗经》,6岁就能写文章,后与其兄陆机齐名,人称"二陆"。因此,在他16岁时就被举荐为贤良。吴灭亡后,与其兄陆机隐退故里,闭门苦读勤学。晋太康十年(公元289年),随其哥哥陆机来到了洛阳,被刺史周浚召为从事。周浚和他相处一段时间后,对他说:"陆士龙(陆云字士龙)是当今的颜回啊!"对他赞赏极高。

不久,陆云被推荐到太子府里做事,颇得太子赏识,后又出补浚仪县令。浚仪这个地方地理位置很重要,社会情况复杂,很难治理,以前的很多位县令都因为治理不力而被革了职。

现在陆云来做了浚仪的县令,大臣们看陆云只不过是个文弱的书生,而且年纪又不大,阅历肯定不够,要治理好浚仪岂不是难事?但是陆云上任后,把浚仪管理得很有条理,百姓之间互相欺诈的事情少了,做买卖也能够公平交易。

有一天,浚仪地区发生了一件谋杀案,男户主莫名而死,作案者没有留下丝毫线索。陆云亲自去死者家里勘查,依然找不出线索。但他发现死者家里没有丢失任何东西,就断定此案不是因财而起。他又发现死者的妻子神色恍惚,言辞支吾,就凭直觉感到这个女人不善,有奸杀死者的可能性。不过这些仅仅是猜测,并没有证据可以证明。

于是,他心生一计,命人把死者的妻子带回县衙拘禁。奇怪的是,陆云并不急于审问她,而是把她关在牢房里,关了十几天,每天按时送吃送喝,招待得很好,丝毫不像是坐牢。

一天，陆云来到牢房对她说："经过这十多天的调查取证，我们已经破了你丈夫被杀的案子了。这件事情和你没有丝毫关系，你明天就可以回家了。"同时，陆云还让手下人把这个消息放出去，让全县的人都知道。

第二天一早，陆云就命人放死者的妻子出狱。同时，陆云秘密地让几个差役紧随其后，对他们说："这个女子走出县衙不出 10 里路，一定会有个男子等在那儿，和她说话。你们就把他们两个给抓回来。"

差役照着陆云的话，偷偷地跟在死者妻子的后面。果然不出陆云所料，走了将近 10 里路，有一个男子等着这个女人。二人一见面，就窃窃私语，喜形于色。差役们立即上前把他们抓住，带回了县衙。

陆云即刻升堂审讯，他拍着醒木厉声说："大胆刁妇，还不从实招来，你到底是如何与这个男人合谋杀了你的丈夫？"

那女人起初还嘴硬，说："大人，您搞错了吧，您不是说案子已经破了，与我无关吗？"

陆云笑笑说："大胆，竟敢狡辩。我那是在糊弄你，好引出你的奸夫。呵呵！"

这下，那女人吓得脸色苍白，那男人也吓得直打哆嗦，那男人说："大人饶命，小人一直与这个女子私通，为了做长久夫妻，便和她共谋杀死了她丈夫。自从她被抓后，我不知道情况如何，总是心神不定。昨天听说她今天要被放出来，便想问问。我怕离县衙近了，别人会识破，所以就在远处等候她。不想大人都已经算计好了。我认罪！"

最终，这个无头案真相大白，全县的人都称赞扬陆云有办法。

谋略点评：

"欲擒故纵"属于《孙子兵法》里的计谋，不仅被广泛地运用在军事等领域中，而且在断案中也是屡有借鉴。陆云正是利用了这一计谋。他通过察言观色，发现他人心里的破绽之后，采取欲擒故纵的计谋，轻而易举地就破获了这桩毫无头绪的无头案。

明鉴真伪,苻融智断贼喊捉贼案

苻融,字博休,东晋十六国时期,前秦皇帝苻坚的弟弟。据说他从小就聪慧超群,下笔成章,耳闻则诵,过目不忘,而且身体很健壮,精通骑射击刺之术,是一个文武全才。在断案这方面的能力也很强,可令奸人无所容身,因此他被苻坚委以重任,且名噪一时。

苻融在任冀州牧时,就曾破获过这样一个案子:

故事发生在前秦甘露年间,在冀州首府房子城,一天有个老妇人去女儿的婆家做客,回家时天色已经很晚了,她提着一个小包袱急匆匆赶路。包袱里藏着女儿给她的一笔私房钱和亲家送给她的一些礼物,显得沉甸甸的。老妇人知道这么晚了,身上又带那么多的钱物肯定不安全,所以一路上很担心出事。

正这么想着,突然半路间不知从哪里窜出来一个歹徒,把她手里的包袱抢走了。老妇人还没醒悟过来,那个贼早就跑出去很远了。急得老妇人大喊起来:"抓坏人啊! 抓坏人啊! 我的包袱被人抢走了。"

正好不远处有个小伙子,看见歹徒从老妇人手中抢走了包袱,听老妇人一喊,立即追了上去。歹徒拼命地逃,小伙子死劲地追,一步一步向歹徒逼近。正当小伙子一把抓住歹徒的时候,谁料歹徒反身也抓住了他,并且嚷嚷:"你这个坏蛋,你跑不了了! 竟敢在大街上抢东西! 胆子不小啊!"

小伙子没想到歹徒还有这么一手,愣了一下,但丝毫也不松手,训斥他说:"你抢了人家的东西,还要诬赖人,真是不要脸!"两人互相拽着不放,扭打在一起。这时,老妇人和街上的人也都追了上来,把他们围在中间。两人几乎同时对老妇人说:"老太太,您看看抢您东西的强盗给抓住了。"

街上的人纷纷问老妇人:"大娘,您仔细看看是谁抢了您的包袱?"老妇人看看小伙子，又看看歹徒，一样的年轻，一样的个头，事情发生得那么突然，天又快黑了，她也没有看清楚歹徒的模样，所以弄不清楚究竟谁是抢她包袱的强盗。歹徒见老妇人认不出他，就更加猖狂起来，骂小伙子不务正业、不走正道，居然抢走老妇人的东西，简直是丧尽天良。

小伙子见歹徒这么耍无赖，也更加气愤，说他是贼喊捉贼，反咬一口，真是无耻之极。大家听了他们两人的争辩，难分真假，不知如何是好，于是把他们一同送到了官府，请当时担任冀州牧的苻融断案。

苻融问清了事情经过以后，微微一笑，说："此事好办。你们这两个年轻人，一定有一个是抢包袱的歹徒，有一个是见义勇为的好汉，而且歹徒逃跑了，好汉把他追上了，是不是？"这两个年轻人和老妇人、路人都说："是啊，是啊！"

苻融接着说："那么，你们两个人现在从这儿出发，跑到前面的凤阳门，谁先跑到，谁就不是强盗。把那个后到的人，给我抓起来。"

大家一听，一下子开了窍：既然见义勇为者能抓住歹徒，他当然一定比歹徒跑得快。于是，纷纷让开一条路，让他们赛跑。

只见其中一个人，还没等苻融说开始，就抢先跑了起来。另一个人还在等号令，苻融说："你还不赶快去追！"他才快步追了上去。虽然比赛尚未结束，但苻融心中已明白先跑的那个人是强盗。

果然，先跑的那个人尽管使出浑身的劲没命地跑，后跑的人却很快追上了他，还没等跑到凤阳门，就把他抓了回来。谁好谁坏，立见分晓。

苻融对耷拉脑袋的歹徒说："你抢了别人的东西，还要诬陷好人，太可恶了，应该罪加一等！"大家都拍手称快。

谋略点评：

做贼心虚的人，在犯案后惯用的伎俩与手段就是贼喊捉贼，并借此达到嫁祸于人的目的。本文中，苻融在审理这件贼喊捉贼的案件时，能够凭借智谋断明真伪，维护正义。他先是正确分析了歹徒跑得慢才会被抓住的事实，也抓住了犯罪者做贼心虚的心理。因此,当歹徒抢先跑时,他就果断地作出了正确的评断。

所以,善于观察对方的心理,很快就能看出谁是值得交往的人,而谁又是弄虚作假、道貌岸然的伪君子。

细心求证,傅琰"审丝剖鸡"巧断案

南北朝时期,萧道成为刘宋朝廷的辅政大臣。他在任时遇到一件难事,就是当时的东土大县山阴县的诉讼案件特别多,好几任县令都治理不好这个地方。萧道成认为要治理此处还得靠傅琰,于是,他便把正在担任江夏录事参军的傅琰调回山阴任县令。

有一次,山阴县城有两个老太婆,边走边相互打骂着往县衙方向走去。其中一个怀中抱着一团丝,另一个则使劲地抢,抢不到就骂;那个抱着丝的也不甘示弱,嘴里也不住地骂。惹得路上的行人争相观看,而两个人则吵得更凶了。

原来她们为的是一团丝的归属而争吵。一个说那团丝是她的,另一个说自己才是这团丝的真正主人。两个人争得不可开交,谁也分不出那团丝到底是谁的。傅琰先是制止住二人的争吵,开始审案。"你是干什么的?"傅琰问其中的一个老太婆。

那老太婆说:"回大人,我是卖针的。"

傅琰又问另一个老太婆,"你呢?"

她回答说:"我是卖糖的。"

傅琰问到这里,顿时有了主意。他对两个老太婆说:"你们两个的话都不可信,还是让我问问这团丝吧。"

两个老太婆顿时糊涂了,她们不知道对一团丝该怎样审问。只见傅琰对那团丝问道:"你说说看,她们俩的话谁的是真的?"丝当然不能回答。傅琰就装出一副非常生气的样子,大喝道:"大胆团丝,本官问你话,你竟然敢不回答,蔑视本官?来呀,将它给我绑在柱子上,重重地鞭打。"

于是,上来了两个手拿皮鞭的威猛的侍卫,他们按照傅琰的吩咐,重重地抽打团丝。傅琰就在旁边仔细地观看,发现团丝中掉出一些金属屑,就明白了团丝到底是谁的。很明显,团丝是卖针的老太婆的。

经过审问,最后卖糖的老太太终于承认自己是冒认团丝的。

还有一次,两个老者为一只鸡的归属问题吵了起来,就来找傅琰断案。傅琰想了想,就问他们:"你们都说鸡是自己的。可是你们知道鸡的生活习惯吗?"

两个人都说知道。傅琰便把两人分开,分别向他们提出问题,而且是相同的问题"你的鸡爱吃什么?今天喂的是什么食物。"

一个人回答说:"我的鸡爱吃小米,今天喂的是小米。"而另一个则说:"我的鸡爱吃豆子,今天喂的是豆子。"

于是,傅琰命人把鸡剖开,结果发现鸡嗉子中的食物都是小米。事实摆在面前,说假话的人只得认错。傅琰不但将死鸡还给了它的主人,还罚说假话的人赔偿一只活鸡给这个人。

谋略点评:

两个人因为一件事情发生争执,双方往往会各执一词。公说公有理,婆说婆有理,将人搞得晕头转向,弄不清谁说的是真谁说的是假。面对这种情况,除了观察他人的心理活动外,还要注意取证。想让事实说话,就需要具有极高的心理分析能力,不要轻易地被假象迷住了双眼。故事中的傅琰就是这样,他细心地观察着周围的一切,巧妙地取证,用自己的智慧破获了疑案。

处处留心，张楚金识假信巧破疑案

唐朝武则天当政时期，湖州佐史江琛偶然间得到了刺史裴光写的一些书信。裴光这个人为人正直，刚正不阿，而江琛身为他的上司却贪恋钱财，收受贿赂。有好几次，快到手的钱财，都是被裴光给搅黄了，对此江琛很是不满，总想找个机会，收拾一下裴光。可是裴光平时做事小心，又清正廉明，很难找到他的破绽。

江琛很是苦恼，这次，他无意中得到裴光的亲笔书信，不禁计上心头。他想何不用这些信来做做文章呢？于是，他就小心翼翼地把裴光所写的字，一个一个地剪下来，然后按照自己的意思重新组合拼凑起来，搞了一封谋反信。心想，这次一定要让裴光这个不识抬举的家伙身败名裂。

之后，江琛就上书给武则天，说裴光企图和徐敬业勾结共同谋反朝廷，并交上了自己伪造的那封书信。

武则天听后大怒，立即派了一个御史去彻查这件案子。这个御史先是核对了裴光的字迹，得出的结论是："字无疑是裴光的，但话却不像裴光的话。"从而否定了原告。

江琛不死心，继续在武则天面前诉说裴光的"罪状"，说："裴光表面上讲的是仁义道德、效忠朝廷，暗自里却勾结反叛，想做皇帝，一心想推翻皇帝您。他还说自古以来从没有女人做皇帝的……"听到这儿，武则天大怒，她最恨别人说女人不能做皇帝了。

于是，她又派人去查这件事情。可是一连派了三个人，都没有定案。武则天是个猜疑心很重的人，她不允许别人对她有丝毫的不敬。在她看来，宁可枉杀一千，也不能放过一个对她不利的人。于是，她又派了张楚金接办此案。

张楚金曾担任秋官尚书，他接手这件案子后立即进行了调查。可是，调查的结论仍然和以往相同,根本得不出什么更新的证据证明裴光有罪。他很烦恼,觉得无法向武则天交差,搞不好自己还会因为办事不力而受罚,心中十分郁闷。

这天,他躺在靠西窗的床上休息,阳光从外面照射进来,他随意拿起那封"谋反信"对着阳光看。因为光线是从纸的背面照射过来的,他突然发现,信上的字竟然是经过修补粘贴而成的。他顿时心中一亮,立即把湖州的官员们都召集起来,又让人端了一个大水盆。然后,他喝令江琛自己把那封信放入水中,不一会儿,信上粘贴的字便一个一个地掉了下来。江琛见阴谋败露,只得低头认罪。

谋略点评:

张楚金在案子一筹莫展的情况下,却利用了一个偶然的机会就把它给破获了。也许这里面存在很多的偶然因素,但张楚金善于观察、善于思考,能抓住细微的枝节发现问题的智慧仍值得我们为之喝彩。

请君入瓮,裴子云智解养牛案

唐朝时期,卫州新乡县县令裴子云很会审案,他对一件养牛案的处理就很好地体现了他的查案智慧。

新乡县有一位叫王敬的人应征从军,要被派到边塞去驻守。此时他的父母已经早逝,自己也没有成家,家里唯一值钱的东西就是6头母牛,这是父母留给他的唯一遗产。

将要出发的时候,他来找舅舅李进,希望能够把家里的6头母牛寄养在他家里。舅舅很是高兴,表示一定好好照顾这6头牛,要他放心。其实,当时守卫边疆是一件很苦的差使,边疆地区经常有敌人骚扰,再加上边疆地区缺衣少粮,所以很多士兵都在那里死掉了。李进心想外甥王敬很可能死在边疆了,那6头母牛岂不就是自己的了。况且这母牛还可以生小牛,过不了几年,就可以有几十头牛了,那自己可就发了。李进想起这些就偷偷地乐。

5年以后,这6头母牛共生了30头小牛。李进高兴得合不拢嘴,不住地盘算着如何将这些小牛卖了,挣些钱花。可是就在此时,王敬凯旋回到了家乡,便来找舅舅要牛。

李进说:"你那母牛死了2头。"因而,只还给他4头老牛。王敬问:"我这6头母牛生的小牛呢?"李进说:"你只让我替你照顾老牛,没说要照顾小牛啊。况且当初你也没说母牛生了小牛你也要啊,这小牛都是我的。"

王敬见舅舅这么不讲道理,就多次向他索要,他都不给,还找各种理由搪塞他。王敬没有办法,就到官府去告舅舅。

县令裴子云下令把王敬收监,然后又派人捉拿盗牛贼李进。李进自知自己没理,心中不免惊慌。来到县衙,裴子云对李进大声喝道:"大胆盗贼,你的同党已经招出与你一起偷了30头小牛,把牛藏在你家里了。"

说着,便唤那个偷牛贼出来与他对质。其实,在此之前,他早已让人用布蒙住了王敬的头站在南墙下。李进刚一进门的时候就看到了这个被蒙住头的人,只不过他不知道这是王敬,还以为真的是盗牛贼。于是,就慌了神,不住地打哆嗦,就据实交代说:"我家的30头小牛是我外甥王敬寄养的6头母牛生的,并不是偷的。大人您明察啊!"

裴子云一听这话,便叫人把罩在王敬头上的布拿去。李进一看,顿时傻了眼,羞愧得恨不得找个地缝钻进去。

裴子云说:"你刚才不是已经承认是你的外甥寄养的母牛吗?现在就还给他吧。"

裴子云又对王敬说:"他毕竟是你的亲舅舅,念他5年来给你辛苦照看牛的分上,还是分给他几头吧!"

王敬、李进都点头称是。这件事传开后,人们无不佩服裴子云的公正裁决。

谋略点评：

如果裴子云直接就养牛一事审问李进，李进肯定会百般抵赖，不予承认。为了侦破养牛案，裴子云就故意吓唬李进，说他犯了偷牛罪。李进当然害怕吃官司，只得说出真话，以还自己清白。其实，这是裴子云设的计，故意引李进上钩。其实，生活中有很多事情，都可以利用人们的心理弱点将其解决。但只有那些善于明察微观的人才能洞察人心，才能真正将事情办好。

明查暗访，张希崇巧破兄弟遗产案

五代时期的后唐名臣张希崇曾在后唐明宗天成元年率众由契丹回归祖国，明宗嘉许他的义举，任命他为汝州防御使，迁灵武节度使。

张希崇是个性情温和、为人宽厚的人，可是他对奸邪之事却嫉恶如仇。他到汝州不久，就遇到了一件非常棘手的案子。有个姓郭的人状告他的弟弟独吞了父母留下的家产，要求与弟弟平分遗产。

这天，张希崇公开审理此案，到堂外旁听的百姓也很多。张希崇先让原告哥哥陈述案情。哥哥说自己本与弟弟是同胞兄弟，理应得到父母留下的遗产。可是弟弟却不承认他是其父母亲生，而是收养的养子，并且早已被父母赶出家门，遗产不能分给他。

弟弟听到这里，大声说："大人，他不是我的亲生哥哥！"

张希崇问哥哥道："你到底是不是郭氏亲生儿子？有何为证？"

哥哥十分痛苦地说："我的确是郭氏亲子。父母去世后，弟弟为了独吞家产，污蔑我非父母所生。不信您可以问问我家长辈我是否为郭氏亲子。"

张希崇立刻传了郭家的亲属数人，大家都说原告的确是郭氏亲子。而弟弟却坚决不承认，不住地叫喊："他们胡说，他们胡说！"

兄弟两个就在公堂上大吵了起来。张希崇看审理没有结果，便宣布退堂，稍后再审。回到后堂，张希崇就找来关于这件案子的案宗，发现这是一桩久拖未决的疑案。为什么这个案子迟迟都不能定案，这里面一定有什么蹊跷。张希崇想到这里，就脱了官服，换上平民百姓的衣服，带了一个随从，亲自到兄弟俩人村庄附近明察暗访，终于弄清楚了事情的真相。

原来，原告的确是郭氏所收养的义子。原告本是个无家可归的孤儿，郭氏夫妇将他从小抚养成人，像对待亲生儿子一样疼爱他。但是他却生性顽劣，刚愎暴戾，惹了不少的麻烦。郭氏夫妇实在忍无可忍，就把他逐出了家门，从此与他断绝关系。

从此以后，他就更加肆无忌惮，横行乡里。自己也不做工、种地，就靠着纠结了几个小混混到处混吃混喝，甚至还明偷暗抢。乡里人见了他都像见到瘟神一样，唯恐避之不及。

后来，郭氏夫妇相继去世，而郭氏的亲生儿子也已经长大成人，顺理成章地继承了父母留下的遗产。横行的哥哥看到父母留下了那么多的田产给弟弟，就想趁机攫取。于是，他就买通了郭氏的亲属，要状告弟弟。郭氏亲属都惧怕他的强横，或者贪图其财贿，都相继作了伪证，证明他是郭氏的亲生儿子。张希崇前任的几个官员不能明察，于是这个案子就成了疑案遗留下来。

案情搞清楚之后，张希崇又开堂审理。他宣判说："告状人郭某，本为郭氏养子。父母在世时即与其脱离关系，父母去世时连吊唁都没有来参加。如此不孝之人，如果称为养子，则辜负了父母20年养育之恩；如果还要说是亲生儿子，那就犯了悖逆之罪。原告不忠不孝、横行乡里、串通作伪、欺瞒官府、败坏风俗，竟然妄图索田产，真是岂有此理！判郭氏田地财产为其亲子所有，原告与朋比为奸者全都交法官按律定刑。"在场旁听的人听到案子的审理结果，都十分敬佩张希崇的明察。

谋略点评:

在许多情况下,众口一词也不一定就是正确的,因为真理有时也掌握在少数人的手里。张希崇之所以能够明断兄弟遗产相争的疑案,就是因为他细心体察案情,不偏听偏信,而是根据事实推翻伪证。他心里明白:证据在断案中固然重要,但证据也是由人提供的。断案者是要注重证据,但不能偏信伪证。因此,我们对于别人所说的话,或者是别人所传的话,都不要轻易的相信,自己要有分辨是非的能力,只有亲自实践得出的认识才是真的、可靠的。

巧识谎言,程戡唬破弑母嫁祸案

北宋时期,任处州知府的程戡是一个很能断案的人。当地老百姓中有陈、李两家积怨很深,已经到了水火不容的地步,两家时常因为一点小事而吵闹到官府,官府总是为他们的事费尽了口舌也无济于事。因而官府都对这两家人毫无办法,甚至官府中有的人简直都怕他们了。

这两家人中,东街李家的几个儿子报复心很强,总是想找机会搞垮和他们有仇的西街陈家,便天天想方设法要找对方的麻烦,简直到了疯狂的地步。

这天晚上,李家兄弟几个在一起喝酒,又谈起了报仇的事情。他们一个个恨得咬牙切齿,恨不得将对方碎尸万段,就想了很多主意。但是,最后经过论证都觉得不可行。正当兄弟几个无计可施的时候,他们突然听到了躺在床上的老母亲的咳嗽声。老太太已经七十多岁了,身体越来越差,最近又生病在床,儿子媳妇们都厌烦了,因为总是需要人伺候这老太太。

几个儿子听到母亲的咳嗽声,不禁计上心头。他们不约而同地说出了利用母亲的性命,为他们报仇的想法。兄弟几个不谋而合,于是就一起来到床前,对母亲说:"母亲大人,您年纪也大了,身体又不好,恐怕是活不了多久了。与其天天躺在床上受罪，不如让我们借您老人家的身体，来为我们报仇吧！"

老太太听到几个儿子竟然这么没有人性，为了报仇竟要自己的老命，心里伤心极了。想着这么多年，辛辛苦苦将他们养大，最后竟然要被儿子杀死，真是可怜哪。可又一想，这也不怪别人，都怪自己和丈夫那时教育孩子们记仇，如今孩子们竟然要用自己的身体去报仇，这又能怪谁呢?想着想着，老太太不禁流下泪来。几个兄弟看母亲没有反驳，就拿起枕头，用劲地捂住母亲的嘴，让她喘不过气来，一会儿就把老太太给憋死了。

他们趁着天黑，就把老太太的尸体偷偷地扔到西街陈家门口，接着就迫不及待地跑到官府，去控告西街陈家杀了自己的母亲。对这件事情，西街陈家虽知道是仇人在栽赃陷害，却又无法辩白清楚。

程戡向李家兄弟询问了一下即奔现场，来到西街陈家门口，果见李母尸体横于台阶旁。察看一番后，程戡命将陈家所有的人带往州府，立即升堂审案。

程戡问陈家人："你们家和李家是否有仇？"陈家人答："祖上便和他家有仇，一直至今。"程戡问："近日可有争端？"陈家人支支吾吾答不出所以然。过了一会儿陈家大儿子方吞吞吐吐道："前几日，为了乡下的几亩地划界，我家弟兄几人和李家发生争执，将李家小儿子打伤了。"程戡大怒道："打伤了他家小儿子，为何又要杀他老母？"陈家因李母尸首在他家门口，有口难辩，众人皆痛哭不止。程戡命衙役先将陈家人全部收容，另择时再审。

陈家人离去后，程戡思忖了一下，问僚属们："你们对此案有何看法？"

众僚属答："证据确凿，陈家杀人事实明显，此案可断。"

程戡微微一笑，摇摇头说："不，我看并非如此。"说完又命将原告李家兄弟喊上。

程戡道："你们是何时发现母亲被杀的？"

李家人答："今天早晨。"

程戡又问："你们身上的孝服是何时所做？"

李家兄弟一时语塞，脸露惊慌之色。

程戡喝道："此案可断，你们诬告！你家老母昨夜未归，做儿子的不思寻找。今晨报老母已被害，然后立即来衙门，身上已着孝服，这不是早有准备吗？"兄弟几个听了不禁心虚，却还是一口咬定是仇人杀了自己母亲，还装模作样地哭了起来。程戡看到这儿，已经知道是几个不孝儿搞的鬼。于是就厉声地吓唬他们说："你们这般不孝的儿子，杀了母亲嫁祸他人，还在这儿哭？你们再不从实招来，我就要大刑伺候了。"说着让侍卫们拿出最严厉的刑具。

这几个家伙一听吓得不行，只好承认了自己杀母嫁祸的事实。程戡便依法重重惩治了他们。

僚属们感到惊叹。程戡道："杀了人把尸体放在自家门口，难道不可疑吗？"

谋略点评：

在这个故事中，看似简单、明了的案子，其中蕴涵了许多疑点。而最大的疑点就是，杀人者不大可能将死者放在自己门前，这无疑是此地无银三百两的做法，再傻的人也不会这么做的。程戡就是以罪犯的这种心理来推断，查出了案子的真相。因此来说，从表面看似简单的东西，其实并不是我们想象的那么简单。我们不能用单纯的眼光去看一件事情，要多懂点平常生活的常识，了解人们的平常的心理活动与习惯。只有这样，我们才能看出事情的破绽。

善恶有报，解缙救冤囚巧治盐商

解缙生活于明代洪武、建文和永乐年间，是当时的文学大家，编纂《永乐大典》的主持者。

在解缙任地方官吏时，有一年八月十五的晚上，他正聚精会神地在院子里画竹子，隐隐约约听到从县牢中传来十分悲伤的哭声。八月十五中秋佳节，家家团圆欢喜,何来如此伤心之人?他便把衙役叫来细问。

原来解缙下午出去私访时,这里的商家大丰盐号把此人押来,说此人贩卖私盐。一般犯人送来,解缙不在家是不收的。但衙门的陈典史和大丰盐号的藤老板交往密切,开后门将这人收下了。

解缙问明情况后,就立即审讯了这个犯人。得知此人叫张三,这几年连遭劫难,父亲去世不久,家中又遭大火,使本来就穷的家更是雪上加霜。半个月前,相依为命的老母又病倒床上。为了抓药救母,张三迫不得已贩了点私盐,沿村叫卖。不巧被大丰盐号的藤老板知道了,硬说张三抢了他的饭碗,把张三吊起来毒打一顿不算,还送到官府,并准备押解到莱州府治罪。

张三在监狱里想到老母亲还等他抓药回家,便伤心地痛哭起来。

解缙听了张三的诉说,眉头皱得老高,倒背着手在院子里来回踱步。本想将张三放了,可是又想:皇上有旨,贩卖私盐是违法的,如若就这样打发他回去,万一藤老板他们告到上面,查起来就不好办了;如果惩处吧,就贩了这么一点点盐,而且是为了抓药救母,岂不有点冤屈?不如先给他一点银子,派个贴身的老衙役跟他连夜回去看一下老母亲,再速回来听候处理。

张三和老衙役走了以后,解缙仔细一琢磨,陈典史收下案子居然也不禀告,葫芦里到底卖的什么药?解缙是个聪明人,他仔细琢磨了一下,便知道他们葫芦里卖的是什么药了。

第二天,解缙就把陈典史和藤老板叫来,假装同他们商量如何发落私盐贩子张三的事。藤老板诉苦道:"大人,这几年贩私盐的刁民越来越多,若不严加处置,我们卖官盐的就要关门喝西北风了。所以这个张三嘛,一定要送莱州府问罪,不然刹不住这股歪风!"

解缙哈哈笑道:"藤老板,我看你的算盘打错了。你不说贩私盐的多吗?那就是将他们都送莱州府,也不见得治本。我倒想了个主意,不用送莱州府,叫他在你大丰盐号门口挂牌示众三天,这一示众比押解莱州府还要厉害。今后,谁还敢抢你的金饭碗?"

藤老板一听连声叫好，杀一儆百，只是认为三天太少，要求多来几天。解缙爽快地说："行，15天如何？"

藤老板连忙点头同意，并一再强调："一言为定！"

第二天，解缙叫监牢的狱卒把张三颈上几十斤重的木枷拿掉，找了张芦席，在中央剜了个圆洞，套在张三的脖子上，代替木枷，分量轻多了。芦席上光光的，解缙就画了几张翠竹、兰花，写了几张条幅贴在芦席上，叫他站在大丰盐号门口示众。

不想，看热闹的人围得像铁桶，大丰盐号的店门都打不开了。一天不开门，就是一天的损失，就这样一连5天，藤老板犹如被人剜了心头肉。后来他着实受不住了，就从侧门溜出去，找解缙说情。

藤老板刚从侧门出来，就看见解大人的轿子到了大丰盐号门口。他急忙奔过去双膝朝下一跪，双手紧紧抓住轿杠不放。解缙见有人拦轿，掀帘一看，是藤老板，问道："大街上拦轿，是何道理？"

藤老板说："老爷，不示众了，不示众了！"

解缙问："为什么？你不是说要示众15天吗？现在才开始5天，只是个零头，怎么就不示众了？"

藤老板磕头作揖，哭丧着脸继续央求。

于是，解缙道："既然你说不示众了，那就叫犯人回去吧！"然后，又对张三说，"不示众了，你回去吧！这芦席上的字画，谁要买你就卖了吧，卖的银子你拿回去替你老母亲看病！"说完便上轿走了。

一眨眼的工夫，字画被人们争着抢着买走了，卖了几十两银子。藤老板望着张三手上白花花的银子，方如大梦初醒，懊恼地说："解大人这哪是惩罚张三，明明是惩罚我啊！"

谋略点评：

嫉恶如仇的才子解缙对因为母亲生病偶尔卖点私盐的张三充满了同情之

心,对不义盐商藤老板许多人则从内心非常憎恶。但藤老板抓住了张三卖私盐的事实,如果私自放走张三,势必会遭自上司的怪罪。于是智谋过人的解缙就利用藤老板贪图小便宜、恃强凌弱、欺行霸市的贪婪性格,不动声色地作弄了藤老板一把,使得藤老板偷鸡不成反倒蚀了一把米,最后不得不主动提出放了张三。而张三也因祸得福,在这个事件中因解缙的巧妙暗助得到了几十两银子。看了这个故事,我们不得不佩服解缙的聪明和智慧。

陈明厉害,吴履巧化干戈

明朝初期,吴履曾任南康县丞。这里有个叫王琼辉的人,与富豪罗玉成结了仇,有一天他抓住了罗玉成,就用鞭子痛打了他一顿,还侮辱了他。罗玉成的哥哥罗玉汝和他的儿子非常愤怒,就纠集了一千多人,手拿棍棒,浩浩荡荡来到王家,夺回了被王琼辉抓走的罗玉成,并把王琼辉绑了起来,扔在路上,用棍棒乱打了一顿。打得王琼辉鼻青脸肿,奄奄一息,他们才肯罢休。

王氏兄弟五人看到兄弟被打成这样,很心疼,于是就把罗家告到了县衙。他们在公堂上割破手指,发誓此仇不报誓不为人,定要罗玉成家全都死光。

吴履仔细询问了事情的前因后果,原来双方都有责任。如果立案的话,那么将牵连上千人,这岂不是影响太大了吗?

于是,他就叫来王氏五兄弟,问他们说:"你们告罗家,我来问你们,只有罗家一家人包围你们家吗?"

王琼辉答道:"不是,有一千多人。"

吴履又问:"那一千多人都侮辱你了吗?"

王琼辉回答说:"不是,只是有几个人罢了。"

吴履再问:"你因为恨这几个人,就连累一千多人,这样做你觉得好吗?况且众怒难犯，倘若这些人都不怕死，一怒之下把你们全家都赶尽杀绝。虽然我可以抓他们伏法，让他们一命抵一命。但是这时候你已经死了，对你还有什么好处呢？"

王琼辉兄弟立刻惊醒了，赶紧向吴履磕头谢罪，表示愿意听从他的处理意见。吴履就将用棍棒打王琼辉的那几个人抓来，当着王琼辉的面，各打了几十大板，打得他们皮开肉绽，血直流到脚后跟。随后，吴履又命令罗氏兄弟向王琼辉跪下来磕头认罪，这件事情才算了结。

谋略点评：

俗话说：冤冤相报何时了。生活中的许多怨恨，往往是因小事引起，双双互不相让，以致小怨积累成深仇大恨。其实，生活中有很多事情不必要那么较真。只要每个人都相互让一步，那么很多冲突、犯罪事件就不会发生，也不会造成那么多的人生悲剧。吴履就是让王氏兄弟认识到了事情的危害，情绪平定下来，才终使大事化小，小事化了，从而平息了一宗牵扯很大的纠纷案的。

明眸善推，周新智破疑案

明朝成祖永乐年间（公元 1403～1424 年），朝廷为了整肃纲纪，重用了一些有才干、有魄力的监察官员，其中就有担任浙江按察史的周新。周新曾任监察狱吏一职，因为敢于直言、公正无私，权贵们都很怕他，背后称他为"冷面寒铁"。他明察秋毫，不仅经常弹劾贪官污吏，还善于审狱断案。他一到浙江上任，当地百姓便欣喜异常，纷纷奔走相告，说："我们有活路了！"

一天，周新骑着马外出巡视，走到城外偏僻的地方，突然成群结队的绿头苍蝇迎面扑来，绕着马头飞来飞去，怎么赶也赶不走。周新心里一惊，马上凭着敏锐的直觉似乎嗅到了某种血腥的味道。他急忙下马，循着飞蝇的踪迹寻找，果然在榛木丛中发现了一具男尸。尸体已经腐烂，很难辨认，发出阵阵恶臭的味道。吏卒们把尸体抬走，发现尸体下面有一块木印章。

周新细细验查，印章上的字清晰可见，便暗暗记了下来。随后他叮嘱吏卒把现场保护好，不要声张此事，就打道回府了。

回到府中，周新想：这木印章是唯一的线索，要想破案，必须知道它的主人到底是谁。这印上的字……突然，他恍然大悟。原来木印章是布商用来做凭证的，从这儿可以断定，死者必定是一位贩布的商人。于是他便派人打扮成卖布人到集市上去四处打探，只要发现与死者的印章相符的布匹，就可以认定卖布人有重大嫌疑。因为这些布匹肯定是从死者那里抢劫来又拿到集市上去卖的，这样就很容易找出凶杀案的线索。

不出他所料，手下人果然在市场上找到了与这印章相符的布。经过审讯这些贩布人，所有参与杀人的盗匪，都被一一捉拿归案了。

此案发生后不久，又出了一桩离奇的事情。一天一位商人出外做生意，归家途中见天色已晚，他害怕遭人抢劫，便把赚来的金子埋藏在祠堂外草丛的石头底下，想第二天天亮了再去取。可是第二天，金子却不翼而飞了。商人心如刀绞，便到周新处来投告。周新仔细询问了他昨天埋金子及回家后的情景，便让他回去等候。

周新先派人到这商人家的四邻去打探，得知有一个陌生男人经常趁商人不在家的时候出入他家。这是一条非常重要的线索，一定与失金案有关系！周新想：商人常年在外，他的妻子独守空房，她若是个不本分的妇人，难免会惹上什么私情，二人串通一起窃取商人的金子是完全有可能的。那陌生人一定与此有重大干系。想到这里，周新马上派人提来商人的妻子。

大堂上，这妇人百般抵赖，拒不承认她参与偷金事件。当周新说出只有她一个人知道埋金地点的时候，她才招认与情夫私通的事情，但发誓与窃金无关。周新一看时机成熟，又派差役提来奸夫严刑拷问。那奸夫经不住大刑，终于说出实情。

原来,商人头天夜里回家时,他妻子正在与情夫通奸。商人突然回家,奸夫来不及逃走,只好藏在商人家中,偶然间听到商人对妻子说其藏金的事情,便起了贼心。晚上他趁商人和妻子睡熟后,就窃走了金子。案情水落石出,商人的金子失而复得,那对奸夫淫妇也得到了应有的下场。

谋略点评:

任何案件都要经过用心的推理,才能够知道它的来龙去脉。但任何推理都应该建立在周密的调查基础上,只有经过调查分析,才能证明自己的心中的假设是符合事实的准确判断。周新正是从案发现场的蛛丝马迹入手,深入调查,并进行了缜密地分析,才作出了令人信服的推理证明,从而一举将案件查了个水落石出。

不漏疑点,京师指挥破栽赃谜案

明朝时期,京城里有户人家被小偷打劫了。但小偷临走的时候似乎是在无意间丢下了一个小本子。这家的主人第二天发现了这个小本子,只见上面记载的尽是城里一些富家子弟们的名字,还写着这样的话:"某日,某人在某地邀请某某等人喝酒商量什么事情",或者"某人某日在某地聚众赌博,玩弄娼妓"等,一共有20条之多。

于是,这家的主人就把这个小本子交给了官府,希望官府能够以此为据,找到抢劫他家的人。官府按照小本子上提供的名单把这些人一一抓了起来。因为这些人都是有钱人家的公子哥,平日里总是横行霸道,不干好事,大家都相信这种打家劫舍的事,他们干得出来。

其实,这次真的是冤枉了这些小混混了。这小本子上所记载的这些少年公子哥们饮酒作乐、聚众赌博等事情,全是那真正的小偷平时在暗中观察而记录下来的,为的就是要栽赃陷害。可是,这些娇生惯养的公子哥,哪里受得了大堂上的刑具,没打几下就连哭带号,好不痛苦。最后,只得委屈地承认是他们打劫了那家。而当县官问他们把抢来的赃物放在哪里的时候,他们有的说放在西郊,有的说放在东郊,众口不一。县官很生气,就厉声说:"你们还在狡辩,快从实招来,否则我就要动大刑了。"

那几个公子哥一听动刑,不禁又害怕了起来。其中一个像是头领的公子哥就抢先说:"大人,我们说实话。其实那赃物是我埋的,在西郊的某个地方。"县官这才罢休。其实,这又是他胡乱的编造的,他们是怕再受刑法罢了。他们心想,既然自己没有偷,而胡乱说的藏金地点自然也不会有赃物,官府找不到赃物,也就会放了他们了。

可是当官府派人去挖时,竟然找到了赃物。这下人证物证均在,这些公子哥可傻了眼,不禁暗自叫苦道:"这是老天爷要咱们的命啊!"就这样,案子基本了结了,他们就等候裁决了。

但是,京师指挥对这件案子仍有怀疑。尽管一时还找不到其中的缘故,但是,他总觉得这件案子有什么不妥的地方。一天,他沉思了很久,心想:"我左右的人中,有一个留着络腮胡子的差役,他的职责是负责养马,为什么每次提审他们时,这个养马的都站在旁边呢? "

于是,他先后四次提审了这批犯人,发现那个养马的差役都要来;而他审问其他案子的时候,那个养马的差役都不来。于是,在审完那几个公子哥后,京师指挥突然叫住他,问他为什么来听审。

他推说没有什么,只是闲来无事过来看看。京师指挥又继续追问说:"那为什么我审其他的案子时,你不来听呢? "

他吞吞吐吐不知如何回答,只说:"凑巧,凑巧吧。"说着还不住地擦汗,显然是心虚所致。京师指挥立刻下令手下人拿出炮烙的刑具来,那差役一看吓得立刻瘫软在地上,这才老实交代说:"开始,奴才并不知道这案子的来龙去脉。后来小偷贿赂奴才,让奴才在您每次审理这案子的时候,必须记住您和那些公子哥所说的话,并马上向他报告。他答应事成之后给奴才100两金子做报酬。"

听了他的话,京师指挥这才明白,官府之所以能挖到那些被盗的财物,都是因为小偷事先得到了情报,而连夜赶到那里埋下的。

那差役请求指挥给他一个立功赎罪的机会,京师指挥同意了。于是,命令几个士兵换上普通百姓的衣服,跟随他一起来到一个偏僻的地方,把隐藏在那里的小偷一网打尽。这样,那些无辜的公子哥们才得以释放。

谋略点评:

我们不要小看了自己的直觉,在很多时候,一个人灵敏的直觉,完全可以帮助你觉察到事情的疑点,从而解决一些重要的问题。如故事中的京师指挥,就是凭自己的直觉。他觉得案子隐藏着不妥之处,虽然一时还想不出什么地方不妥。但是,他的直觉告诉他一定什么地方有问题。于是,他就仔细回想审案时的情景,终于想到了养马的差役,而破获了此案。

引蛇出洞,张淳智擒盗贼

明朝隆庆年间,张淳被任命为永康知县。当时永康一带世风颓败,污吏刁民不可胜数。官府还积压了很多陈案,在短短几年里,皇帝就罢黜了七任县令。张淳了解到这种情况,并没有退缩,而是下决心要把此地治理好。他日夜审阅案卷,不敢稍加怠慢,并且他料事如神,断案非常流畅迅速。据说他常常在人们做一包饭的工夫就可以断一件案子。因而百姓送了他一个"张一包"的雅号,用来称赞他断案神速。

永康出过一件盗窃库金的大案，据说是巨盗卢十八所为。但他生性狡黠，出没不定，官府十多年都没能将其拘捕。御史对张淳的办案能力有所耳闻，就让他负责查办这件案子。张淳爽快地答应了，并且还给自己限期三个月抓获案犯，并请御史亲自监督。御史索性依计而行，时常派人去催问他，故意提醒他期限将临。

张淳显得不慌不忙，似乎并不急于捉拿盗贼，而是像往常一样料理公事。当御史每次派人来问时，他都故意露出尴尬的神色，还在众人面前笑着说："盗贼逃遁很久了，一时怎么能抓到呢？"其实，张淳做这些不过是用的障眼法，借此来迷惑隐藏的盗匪。他想，如果自己兴师动众去四处搜捕，盗贼肯定会藏而不出，可能还会逃到异地。何不用个缓兵之计，引蛇出洞呢？因此，他外松内紧，暗中派出得力干将，多方查找盗贼下落。

一天，有人探知县衙门中一位小吏的妻子长期与卢十八私通，小吏却因惧怕卢十八，还不情愿地做了他的耳目，定期去通风报信。张淳听后心中暗自庆幸，但却装成一副郁郁寡欢的样子，放出话去说：自己已经黔驴技穷，破不了这案子了，过几天就去向御史大人谢罪去，并且辞去现有官职。然后又故意让家人打点行装，装出要走的样子。

这小吏果然把张淳的话转告给卢十八，卢十八长长地舒了一口气，觉得可以高枕无忧了，继续逍遥法外。张淳见此计得逞，便当机立断，借以其他罪名将小吏拘捕，然后亲自审问。他先是恐吓小吏，说通盗之罪是要被处死的，小吏非常害怕。张淳便转而又假装好心地教其所谓保全之计，即让他的妻子代为在狱中服刑，而自己出去设法用钱来赎妻子。小吏为了活命，只好托人转告妻子，让她照此办理。

小吏之妻不知如何是好，只能捎信给卢十八，求他务必来见上一面。卢十八情急之中，也来不及考虑，就急匆匆地来探视。不料，张淳早就在小吏家门附近设了埋伏，正好来个瓮中捉鳖，将其抓获。等御史接到张淳破获盗案捷报时，还不足两个月。

张淳不仅擅长断狱，整顿治安也很有办法。有一年永康大旱，粮食没收成，百姓吃不饱肚子。不法之徒就趁机打劫，并且在光天化日之下就胆敢出来抢劫，使地方上无一宁日。身为永康的父母官，张淳对这种严重骚扰治安的行径当然不能容忍，就制定了非常时期的严厉法令——抢劫者处死。

一天，有一个人因为抢了五斗米而被拘捕，罪当处死。但许多乡亲都为其求情，希望饶恕他这一回。张淳刚开始不为所动，认为法纪是对事不对人，宽恕了这个人，将来又如何能治众? 不杀一儆百，也难以刹住这股蔓延的抢劫之风。但后来又从求情者的口中得知，此人的确不是惯盗，而是因为他家中有一老母需要抚养，出于无奈才这样做的。张淳就动了恻隐之心，可是如何才能既不违反法纪，又让他保住性命呢?

第二天，张淳令人解来一名死囚，故意将其用布蒙住了脸，当众宣布以"劫米者"的罪名执行死刑，然后将其毙死杖下。大家都以为处死的是那位抢米者，其实是张淳偷梁换柱，真正的"罪犯"已经释放了。

人们知道了这件事情的内情后，无不为张淳的机智和明断是非所敬服。不法之徒也被震慑住了，因为他们惧怕严惩而不敢再行凶。于是在很短的时间内，地方上就恢复了安宁。

谋略点评:

任何事物之间，都存在着广泛的联系。在许多看似没有任何关系的事物之间，其实也存在着莫大的关系。所以，在分析问题时，要善于运用广泛联系的方法。古代善于断狱的人，就是运用了这种事物这之间广泛的关系。如果再精于推理，巧借外部有利条件，就可以很容易地侦破案件。

张淳就是这么一位善于运用谋略的高手。对于卢十八一案，他先是欲擒故纵，先麻痹对方的心理。然后，再利用小吏之妻与罪犯的情感关系，巧设机关，使卢十八自投罗网。

智取字迹，殷云霁巧破疑案

明朝武宗正德年间（公元1506—1521年），殷云霁任清江县知县。

有一天，县里有个叫朱凯的人死在了文庙的西厢房里，看样子应该是一起谋杀案，可是罪犯却没有留下丝毫的证据。殷云霁仔细查看了死者所在的文庙，并没有发现任何可疑之处。看样子，这是手段高明的人或者懂得破案的人干的。殷云霁和县衙的人都陷入了沉思，但一时又找不到破案的线索。所以，好几天过去了，案子都没有一点进展。

可是，就在殷云霁无计可施的时候，突然有人禀报说，在县衙的大门口发现了一封匿名信，送信的人已不知所向。打开匿名信一看，只见那上面写着："杀朱凯的是某某。"大家看了这封信都相信无疑，纷纷说："好几天都没有线索的案子，现在终于有证据了。大人，快去抓他吧。"说着就准备出发前去抓人。

殷云霁看着这封匿名信，并不急于让侍卫们去抓人，而是让大家等等，他自己则拿着信陷入了沉思。突然他灵机一动，对大家说："不对，这凶手是想拖延时间而采取嫁祸于人的花招。"

大家不太明白，殷云霁就解释说："大家想想，我们在凶案现场并没有发现任何线索，也没有看到什么可疑的人的脚印或者指纹等，这样我们就可以排除凶案发生时有第三者看到的情况。那么既然如此，怎么还会有人写匿名信呢？这无疑是杀人凶手干的，现在凶手终于露出马脚了。"说完就问大家，"你们知不知道平时谁和朱凯有来往？"

侍卫们说："县衙的姚立平时与他关系很好。"殷云霁就把所有县衙办事的人员召集在一起，对他们说："本官想找一个负责写书信的人，我想看看大家的书法水平。你们各自写一张字呈上来让我看看。"

大家都当殷云霁是真的想找个负责写书信的人,也就没有什么意见,纷纷拿出笔纸写了起来。等到大家写完后交给他,他发现这个姚立的字体和匿名信上的字迹很相像。

于是就厉声说:"姚立,你别走。你为什么杀朱凯?"

姚立大吃一惊,慌里慌张的说:"大……大人,我怎么可能杀朱凯呢?我们平时关系很好的。您不要胡乱猜疑啊!"

殷云霁大怒说:"大胆姚立,到这个时候你还在狡辩!我刚才让你们写了字,发现你的笔迹和匿名信的笔迹是一模一样的,你还有什么可说的?"

姚立见事情已经败露,也不敢再隐瞒,只好老实交代说:"朱凯打算到苏州去做买卖,只让我一个人去送他。我由于一时起了贪念,所以才对他下了毒手。"

谋略点评:

用匿名信的方法,揭露某些隐秘消息的方法自古就有。对此,我们不可不信,也不可全信。如果不加鉴别一味相信它,很有可能会冤枉到好人。而殷云霁的聪明之处,首先就在于他不轻信匿名信的内容,还能从中发现问题;其次是他巧妙地通过笔迹,最终将罪犯拿获,可谓是个内心透彻的人。

用鉴别笔迹的方法查找某个人,这种方法在破案的时候经常被采用。总之,不法之徒再狡猾,也会留下蛛丝马迹。只要你善于观察、勤于思考,就一定能找到罪魁祸首。

【十】
灵舌急智——说辩谋略

　　有时候，一个说客的力量可以胜过百万大军，一句巧言的力量更能胜过世间最锋利的刀剑，灵舌巧辩历来被当做是智慧的象征。中国历史上有很多闻名于天下的雄辩家，他们谈起话来旁征博引、出口成章，他们绝妙的口才、妙语如珠的佳话流传至今。我们可以通过一个个精美绝伦的雄辩故事，学习他们高深的智谋，让自己也成为一个说辩高手。

巧妙应对，知荣温言拒楚王

　　公元前 597 年，楚国发兵攻打郑国，晋国则去救助郑国，于是晋楚两国在泌一带交战。在两军混战中，晋国大夫知荣被楚军活捉。他的父亲荀首率领部下返身来救，但没有成功，只杀了楚国的连尹襄老，射伤了楚国公子，并将襄老的尸体和受伤的楚公子带回晋军军营。

　　九年后，晋国向楚国提出用楚公子和襄老的遗骨交换回知荣，楚国同意了。在送知荣回国的时候，楚王问他："你囚居在楚国多年，是不是怨恨我？"知荣回答说："两国交战，是我自己无能不胜其任，以致做了俘虏。大王不杀死我，让我回国接受惩处，这是大王对我的恩惠，我怎么能怨恨大王呢？"

　　楚王又问："这么说你应该感激寡人的恩德了？"

　　知荣说："晋、楚两国都为自己的国家考虑，以免除老百姓的苦难，并意识到以前交战是一时之愤。现在两国相互谅解了，通过交换俘虏来表示两国和好的诚意。这和我个人并不相干，我没必要感激谁。"

　　楚王本来想让知荣感激自己，好提出进一步的要求，没想到知荣却这样回答。但他仍进一步追问："你回国后，用什么来报答我呢？"

　　知荣说："我不曾有怨于大王，大王也不曾有德于我，无怨无德，不知道报答什么。"

　　楚王仍然不肯善罢甘休，继续追问："虽然这么说，你也一定要告诉我些什么吧？"

　　知荣镇静地说："托大王的福气，让我回到晋国。假使我的国君将我杀掉，我到死也不会忘记您对我的好处；如果托大王的福气，国君免我一死，把我交给父亲，父亲若家法将我处死，我至死也不会忘记大王的恩惠；如果父亲免我不死，仍让我继续担任晋军的首领职务，那么在防守边疆时，遇到楚国的将帅，我也不敢回避，我一定为晋国尽到臣子的职责。我准备用这种做法来报答大王。"

楚王听了颇有感慨，叹息说："今后不能再与晋国交战了。"于是，为知荥举行了隆重的仪式，送他回到晋国。

谋略点评：

两国交兵，必然会有外交上的交锋。而一个聪明的外交家懂得在特定的语言场合，对于敏感问题采取明智对策。比如知荥，对于楚王紧追不舍的逼问，他采取以退为进的策略，巧妙应对，不亢不卑，温言相拒。先责备自己无能，如果能被放回，只有感恩。当被问如何感恩时，他又回避正面回答，只说一切皆是国事，与个人无关，自己不知应该感激谁为借口来避免回答一些敏感的话题，终使楚王想利用他为己效力的阴谋没有得逞。

柔中带刚，吕甥献妙言救君王

春秋时期，晋惠公靠秦穆公的帮助当上了国君。当初他曾经许诺，即位后把晋国黄河以西之地割让给秦国，又派人给里克送信许愿，说只要回国做了国君，就把汾阳之邑封给里克。但回国后就反悔了，没有兑现自己的诺言。

秦穆公惠公四年(公元前 647 年)，晋国发生饥荒，请求秦国卖给晋国一些粮食。秦穆公听从了百里奚的建设，暂不计较晋惠公悔约的前嫌，派了大量的船只运载粮食，由秦都雍 (今陕西凤翔南)至晋都绛，沿渭河入黄河转汾河再转浍河。运粮的船络绎不绝，称之为"泛舟之役"。第二年，秦国发生灾荒，也请求晋国交给一些粮食。晋惠公听从一些大臣的意见，没有给秦国运粮。为这两件事，秦穆公非常恼火。晋惠公六年(公元前 645 年)，秦国度过灾荒，秦穆公率兵大举伐晋。晋惠公整军抵御，因他的所作所为不合情理，不得人心，君臣不和，士气不振。两军战于韩原，晋军大败，惠公被俘。秦穆公对晋惠公的怨恨难以平息，预备把他杀了祭祀上帝。多亏穆公夫人是晋惠公之姊，以自焚要挟穆公，秦穆公才答应和晋国讲和。于是，晋惠公派人从国内召来吕甥与秦国谈判讲和。

吕甥意识到，在战场上晋国已经失利，晋国的国君又在秦国手中，他的每一句话都将关系到国君的安危和晋国的前途，面临的是一场举足轻重的外交斗争。

秦穆公在王城会见了吕甥。主宾坐定后，秦穆公问道："晋国人近来团结吗？"

"不团结！"吕甥干脆利落地作出了令秦穆公想不到的回答。

秦穆公本急于摸对方的底，以寻找进一步挑起事端的可乘之机，没想到吕甥会这样一下就把晋国的缺点给和盘端出来。

秦穆公不由得问："为什么呢？"

吕甥答道："晋国那些小人不考虑国君的罪过，只悼念在韩原之战中死去的父兄子弟。他们不怕征税修武来拥立子圉为新君，说：'一定要报秦之仇。我们宁可事奉齐国和楚国，让齐国和楚国共同援助我们。'那些有见识的君子虽思念自己的国君，但也知道他的罪过，说：'一定要侍奉秦国，就是死也不能存二心。'因此，晋国人不团结。"

秦穆公听了很生气，但又无可奈何。便又问他："你们国内对国君的命运有些什么看法？"

吕甥自然明白秦穆公转移话题的目的是试探晋国内部对晋惠公的态度，以便度量自己手中这个筹码的分量，为勒索提供依据。吕甥深知，接下来秦穆公就会提出放还晋惠公的条件了。因此他要先堵住秦穆公的嘴，引导他作出被动选择。因而吕甥说道："小人们不知事理，只知忧愁，说国君免不了被害；君子们用自己宽恕的心思推测别人，认为国君一定会被放回来。小人们说：'我们对秦国太狠毒了，秦国怎么会放回我们的国君呢？'君子们则说：'我们已经认罪了，秦国肯定会放回我们的国君。背叛时就把他抓起来，臣服时就释放他，恩德没有比这样做更深厚了，刑罚没有比这样做更有威力了。假如过去帮助他做国君，现在又不使他的国家安定；废除了君位，又不立即使他恢复，这样就会把原来所施的恩德变成仇恨，秦国恐怕是不会这样做的。'"

秦穆公权衡利弊后只好说："这正是我的本意呀。"于是立即释放了晋惠公。

谋略点评：

说话时柔中带刚，也是一种语言上的艺术。吕甥正是先借小人的态度，表达了晋国不畏强秦誓报国仇的决心；又借君子的态度，表达晋国已知错臣服，对秦穆公放回晋惠公充满着期待。表面上看，吕甥的回答极其谦恭和奉迎，实际上柔中有刚。先把小人贬低，再把君子捧高，把秦穆公逼到了在当小人还是当君子之间作出抉择，将秦穆公置于只能有一个选择的境地。还说得振振有词、惟妙惟肖，可谓软硬兼施、柔中带刚、不卑不亢。这样一来，秦穆公还没有来得及提出勒索条件，就已被引导到吕甥所希望的处事途径上。秦穆公被吕甥逼得只能做君子，于是不得不释放了晋惠公。吕甥在此次"国际事件交涉"中所表现出的大智慧，千百年来一直为史家所称道。

归谬巧辩，蔡厨师洗脱冤屈

春秋时期，晋国公子重耳在国外流亡了19年，受尽了各种磨难。他回国当上国君以后，自然尽情享受了一番，吃穿住行无不要求排场和气派。后来什么山珍海味都吃过了，但最爱吃的却是烤肉。

有一次，晋文公点明要吃烤肉。但当烤肉端上桌来时，晋文公却发现分明有一根长长的头发缠绕在肉上，不禁大怒，于是，唤来做烤肉的蔡厨师加以问罪。

晋文公的侍从对蔡厨师说："烤肉上边有一根头发，这是你对主公的大不敬。你如此失职，该当何罪？"

蔡厨师看了看盘里的烤肉,知道有人故意缠上头发来陷害他。他知道自己是一个地位低下的厨师,在君王面前是没有申辩的权利的。但如果不将冤屈辩明,自己的小命就只得白白地丢掉了。聪明的蔡厨师连忙跪倒在晋文公面前认罪。

他说道:"臣有罪,臣该死!臣的罪有三条:臣在厨房切肉的刀快得像宝剑那样锋利,但是能割下肉却不能割断头发,这是我的第一条罪状;烤肉的时候,臣用铁锥将肉串起来不停地反复翻动,却没有发现上面有这么长的一根头发缠在上面,这是我的第二条罪状;熊熊的炉火把肉都烤熟了,然而头发竟没有被烧焦,这是我的第三条罪状。有了这样三条罪状,我就死罪难免了。在贤明的国君面前我没有什么可以申辩的,请君主治我的罪。"

晋文公听了这一番话后,就明白了这是蔡厨师的申辩,也知道这是有人故意这样做的,目的是戏弄国君或陷害厨师。于是,他下令把侍候进膳的侍从找来审问,结果真是他干的。晋文公大怒,立即下令处死了这个侍从,蔡厨师则免除了杀身之祸。

谋略点评:

蔡厨师利用归谬法,为自己弄了个绝妙的自我辩白。他把自己不小心致使烤肉上有头发作为推理的前提,得出三条自相矛盾的推理,从而让晋文公心中明白头发不是在烤肉的制作过程中留下的,因而这一切都不是自己的责任,终于为自己洗清了罪名。

归谬法是人们在某些辩论中经常利用的,它能让一些伪真理问题在简单的推理下现出原形。但运用归谬法需要保持清晰的思路,并以充足的知识储备做后盾。

攻击要害,展喜巧言退齐军

　　春秋时期,齐孝公想要继承齐桓公的霸业,便准备侵略他国以扩张领土。公元前634年,鲁国和莒国在洮地结盟,齐孝公便拿这作为借口攻打鲁国西部边境。

　　鲁僖公得到齐军要来攻打的消息,派了大夫展喜带着酒肉粮帛等去慰劳齐军。此举虽名为慰劳,实际是叫展喜说服齐孝公退兵。

　　展喜知道齐孝公之所以要攻打鲁国,目的在于继承齐桓公的霸业。而齐桓公之所以能够称霸诸侯,在武力征服的同时,总是打着"尊王"的旗号,即以尊重周王室为号召。所以,如果以周朝先王之命去说服齐孝公,定能成功。

　　展喜受命后,乘齐师没有进入鲁国边境的时候,赶先迎上齐师,很客气地向齐孝公说:"我们的国君听说君王您亲自移贵步,将要到鄙国屈辱您的贵体,派在下来犒赏您的部下。"

　　齐孝公却以挑衅的口吻问展喜:"听说齐军压境,鲁国害怕了吗?"

　　展喜说:"那些没见识的人确实害怕了,可有识之士并不害怕。"

　　齐孝公说:"你们鲁国穷得室内四壁皆空,粮食告罄,四野里连根青草都没有,凭什么不害怕?"

　　展喜回答说:"我们依仗的是周朝先王的命令。从前我祖周公和贵国的太公二人共同辅佐武王灭纣,后来又共同辅佐周成王,功勋卓著。太公被封为齐侯,周公的长子被封为鲁侯。成王慰劳他们,特赐齐鲁两国结盟。盟约中写道:'世世代代,子子孙孙都不要互相侵害。'这个盟约至今还保存着,由太史所掌管。由于有这样的历史渊源,齐桓公称霸时曾经纠合诸侯来帮助他们解决彼此的分歧,弥合他们之间的裂痕,从而将他们从战争的灾难中拯救出来。齐桓公这样做,是为了表明他正在履行太公开始的辅佐周王室的固有职责。您即位之后，诸侯都满怀希望说：'他一定能继承桓公的业绩，与各国和睦相处。'我们鲁国人也认为用不着聚集军队来防守东面的边境了。"

展喜见齐孝公在认真地听，就接着说："因此，您这次驾临，鲁国并不认为您这是来攻打我国。大家都说，难道他即位刚刚九年，就会抛弃周朝先王的遗命？就会废弃齐国固有的职责？如果这样，怎么对得住齐国的先君太公和桓公呢？我和鲁国其他人一样，认为您一定不会这样做的。我国的有识之士正是依仗这一点而不感到害怕。"

展喜的这番话软中有硬，无懈可击。齐孝公只得说："说得太好了。您回去传话给鲁侯，愿从此以后两国不断增进友好关系，不再彼此加兵。"

展喜见目的达成，就高兴地回去禀报了鲁僖公，而齐孝公也很快就班师回临淄了。

谋略点评：

与战场上看得见的浴血奋战、刀光剑影相比，谈判桌上则是更加隐秘\更加凶险。而在谈判桌上，只有能抓住对方的要害，善于攻击对方的弱点，才是让对方就范的好方法。齐军大兵压境，展喜凭着自己出色的口才就避免了两国间的战争，其关键也在于他善于利用对方的心理弱点，能抓住齐孝公表面上还不得不尊重周王室这一要害。只要巧妙地运用"攻心"策略，就能达到自己的目的。

巧驳妄言，姚贾以辩才扳倒韩非

战国末年，楚、燕、赵、齐、魏、韩等国结盟欲联合攻打秦国，秦国君臣束手无策。有个叫姚贾的臣子自动请缨出使这些国家，要破其盟约止其大军来犯。

姚贾在外出访了四年,得以"绝六国之谋,止六国之兵",成果显著。后来回到秦国,秦王十分高兴,赏赐了他千户封地,并封为上卿。

但韩非认为姚贾这人有品格上的缺陷,并且背叛过自己的国家,便在秦王面前诋毁姚贾说:"姚贾带着珍宝,南使荆、吴,北使燕、代,出访三年,并未完成秦国与四国结盟的使命,国家的珍宝却被他用光了。这是姚贾利用大王的权势、国家的宝物,在外国为自己结交诸侯,希望大王仔细考察这件事。再说姚贾是梁国看门者的儿子,他曾在梁国为盗,也做过赵臣,但结果被驱逐。我们任用世代看门者的后代、梁国的盗贼、赵国的逐臣为使者和高官,恐怕不是明智的做法。"

秦王召来姚贾质问。秦王说:"你是梁国看门人的儿子、梁国的盗贼、赵国的逐臣吗?"

姚贾回答说:"昔日的姜太公是被老妻驱逐的人,是在朝歌卖肉卖不出去的屠夫,是被子良斥逐的家臣,是棘津无人雇用的佣工,可是周文王任用他为相却统一了天下;管仲是齐国边境的商贾,是南阳被埋没的贫贱之士,是鲁国的被赦免的囚徒,可是齐桓公任用他为相却成了霸主;百里奚是虞国的乞讨者,屡次以五张羊皮被人转卖,可是秦穆公任他为相却使西戎各国来朝;晋文公能够任用中山之盗,终于在城濮大获全胜。这四位贤士,都曾遭受侮辱,大受毁谤,而贤明的君主之所以任用他们,是深知依靠他们可以建立丰功伟业。假使他们像品德高尚的卞随、务光、申屠狄等隐士那样行事,四位贤士怎么能发挥他们的才干呢?所以,贤明的君主不挑剔别人的污点,不在乎任用的人是否被人非难,只看他是不是能为自己所用。只要他能安邦定国,即使有外人诽谤,他也不盲从;否则,即使他名高一世,却不能建咫尺之功,就一律不加赏赐。这样,群臣就没有谁敢以虚名来妄求君主的奖赏了。"

秦王被姚贾的一番话说得心服口服,于是照旧任用姚贾,而杀了韩非。

谋略点评:

自己的人生是要靠自己去改变,不能因出身贫贱就觉得自卑。姚贾虽然出身卑微,但他心中并没有为此感到自卑,而是凭借自身的才能,得到了秦王的重用,可以说在心理上他是个真正的强者。他列举了姜太公、管仲、百里奚、中山之盗,四个成功人物的例子,向秦王表明:即使出身卑贱,只要有才能,一样能受到明君的赏识,作出一番大贡献。姚贾也正是凭借着这种自信与自己的智慧,成功地说服了秦王,从而免除了杀身之祸。

颜率之辩,重于九鼎之宝

战国时期,秦国兵临城下威胁东周,而且向东周君索要九鼎。九鼎,传说为大禹所铸,是王权的象征。是传国之宝,怎能轻易给了别人?周赧王为此很发愁,大臣颜率说:"君王不必忧虑,可由臣往东去齐国借兵求救。"周赧王便派他去办这件事。

颜率到了齐国,对齐宣王说:"如今秦王暴虐无道,兴强暴之师,兵临城下威胁周君,还索要九鼎。我东周君臣在宫廷内寻思对策,最终君臣一致认为:与其把九鼎送给暴秦,实在不如送给贵国。挽救面临危亡的国家必定美名传扬,赢得天下人的认同和赞誉;如果能得到九鼎这样的国之珍宝,也确实是国家的大幸。但愿大王能努力争取!"齐王一听非常高兴,立刻决定发兵五万去救周王室。秦兵一看齐国势大,便撤兵回国了。

事后,齐国向东周讨取九鼎,周赧王又为这事发愁。颜率对赧王说:"大王不要忧虑,请让我东去齐国解决这个问题。"

颜率到了齐国对齐宣王说:"东周幸亏贵国仗义,君臣父子能得到保全,所以心甘情愿献出九鼎。但是不知到贵国要从哪条路将九鼎运到齐国来?"

齐宣王说:"这你就不用操心了,我将从魏国借道。"

颜率说:"不行!魏国君臣早想得到九鼎。他们在晖台之下、沙海之上策划好些日子了,九鼎一旦进入魏国,肯定出不来。"

齐宣王又说:"我就向楚国借道吧。"

颜率说:"也不行! 楚国君臣也想得到九鼎,他们打了好长时间的主意了。如果九鼎入楚,也一定出不来!"

齐王没辙了,只好求教颜率:"我到底从哪条路能把九鼎运到齐国来呢?"

颜率说:"敝朝也为这件事私下里替大王犯愁呢。那九鼎不是醋瓶酱罐,可以怀里藏着,手里提着拿到齐国来;又不像鸟集雀飞,兔跃马奔,哗的一下子就到了齐国。从前周武王伐纣得了九鼎,一只鼎用九万人拉,九九共八十一万人。还需大量运输工具,费了九牛二虎之力,才运到了周朝的都城。现在大王就是有这么多的军士役夫,准备了那么多器械用具,又能从哪条路把鼎运出来呢? 臣私下里真为大王担忧。"

齐宣王说:"贤卿屡次来我齐国,说来说去还是不想把九鼎给寡人呀!"

颜率说:"臣怎敢欺骗贵国呢?只要大王能赶快决定从哪条路搬运,我东周君臣可迁移九鼎听候命令。"

齐宣王实在想不出有哪条路可运九鼎,此事也只好作罢了。

颜率以自己的聪明才智,不但退了秦兵,又不得罪齐国,保全了九鼎。

谋略点评:

"三寸之舌,强于百万雄兵;一人之辩,重于九鼎之宝"。此话的出处就在《战国策》开首的此篇。战国时代风云激荡、群雄逐鹿、弱肉强食,作为日渐衰落的东周的重臣颜率,为应对国难,在对人性的深刻把握基础上和对游说技能的熟练驾驭下,运用自己的智慧和口才,三言两语、轻轻松松就挽救了一个国家的尊严和利益。颜率刚开始就已谋划好了怎样收场,用夸张、铺陈的语言,渲染运九鼎之难,语言的堆砌起了强大的心理作用,使人望而生畏。他的成功在于对人性心理的深刻把握和对游说技能的熟练驾驭。

为己巧辩,陈平赢得刘邦信任

秦朝灭亡后楚汉相争,楚霸王项羽手下的都尉陈平经汉将魏无知推荐,投奔刘邦,两人纵论天下大事,十分投机。刘邦见他处事干练,是个可用之才,仍以都尉的官职任用他,并让他做自己的参乘,负责主持调节诸将关系的工作。这一下引起了将领的不满,都愤愤不平说:"我们的大王只要有楚方的人来投奔,不管阿猫阿狗,就委以重任。现在竟然让这小子来指手画脚支派我们,真是令人气愤。"

刘邦的亲信将领周勃等人也向刘邦打"小报告"说:"我听说陈平这个人在家时曾经勾搭自己的嫂子,起兵以来又先后投奔过两个主人。现在,大王刚命令他节制诸将,他就公开收受贿赂,钱给得多的就派给轻松的事务,钱给得少的就把苦差使安排给他。这种反复无常的小人,大王在任用时应该慎重啊!"

刘邦也觉得陈平有些事做得很不对,便找来明白底细的魏无知商量。魏无知说:"大王当初任用他,是着眼于他的才干,而众人所说的,是他的德行。当今正处于乱世,使用人才应着眼于他的长处,不应求全责备。不然的话,大王即使任用像尾生、孝已这样的古代著名的有德之士,对大王的事业也毫无帮助;反之,如果有建功立业的本领,即使盗嫂受贿又有什么关系呢?"

刘邦还不放心,当面召陈平来质问道:"听说你原来是帮助魏王的,后来离开魏王去帮助楚霸王,现在又来帮助我。这怎么不让别人怀疑你的信义呢?"并问他收受贿赂之事究竟有没有。

陈平不紧不慢地回答道:"同样一件有用的东西,在不同的人手里作用就不同了。我侍奉魏王,魏王不能用我,我离开他去帮助楚霸王,霸王也不信任我,所以我才来归附大王。我虽然还是我,但用我的人可不一样了。我久慕大王善于用人,所以才不远千里来投奔大王。我什么也没带,来到这儿,所以什么都没有,才接受了人家的礼物。没有钱,我就生活不了,也就办不了事。如果大王听信谗言,不起用我,那么,我收下的那些礼物还没有动用,我可以全部交出来。请大王给我一条生路,让我辞职回家,老死故乡。"

刘邦的疑虑顿消,对陈平倍增好感,并重重地赏赐一番,提升他为护军中尉,专门监督诸将。从此,陈平一心一意为刘邦"六出奇计"夺取天下,成为西汉安邦定国的著名谋臣。

谋略点评:

人们在犯了错误后,也应当勇于承认错误。陈平在为自己辩解时就是这么做的,最终也使刘邦更加地相信自己。

魏无知为陈平辩护的话也有可取之处,他直接指出陈平的缺点和长处,点明刘邦需要的是陈平的才干,而缺点对完成霸业并无太大损害,最终使刘邦明白了长处是大于缺点的。所以我们在为人辩护时也要注意弥补别人的缺点,但当缺点过于明显时,从正面辩护会遇到很大困难,不妨承认缺点突出优点,直接追求最终目的,就能取得成功。

巧言激将,鲁肃说服孙权抗曹

东汉建安十三年(公元 208 年),曹操率领大军进攻荆州。荆州地大物博、人口众多,又是连结中原、巴蜀、东吴、南粤的枢纽,地理位置十分重要,历来为兵家必争之地。

荆州牧刘表死后,他的两个儿子互相争权夺利,军队中的将领也不和睦。寄住在那里的刘备虽胸怀大志,但不被重用,真是英雄无用武之地。面对曹操大军压境,此时的荆州简直是不堪一击。如果曹操占领了荆州,那么他就可以东伐孙权,西取巴蜀、南攻五岭,这种局面无疑对东吴极其不利。孙权也为此忧心忡忡,日夜不安,急忙召开军事会议,讨论对付曹操的计策。

面对曹操百万大军,东吴上下人心惶惶,将领们都劝孙权投降曹操,只有鲁肃一言不发。孙权便问鲁肃有何看法。其实鲁肃想劝孙权抗拒曹操,但又不知孙权的真实意图是什么,于是故意说:"曹操确实是一个劲敌,最近他又消灭了袁绍,势力就更强大了,真是兵多将广英勇无敌。现在他凭着刚战胜袁绍的威势,攻打混乱的荆州就像以石击卵一样,荆州一定会被他占领。不过时间早晚而已。依我看您不如派兵去帮助他,把家属全都送到曹操的老窝邺城去。如果您不这样去做,那就危在旦夕了!"

鲁肃用的这个激将法,果然立竿见影。孙权认为鲁肃的话不仅与自己的内心想法背道而驰,而且显然是在讽刺挖苦自己,不禁勃然大怒,拔剑要杀鲁肃。

鲁肃见状,弄清了孙权的真实意图,便十分坦然地说道:"我也是主张抵抗曹操的。现在事情已经到了这等紧急关头,您就不要再优柔寡断了。荆州与我国邻接,地理形势险要、坚固,土地肥沃、广阔,人口繁多,生活富裕,如能占为己有,这是开创帝王之业的凭借。现在刘表刚死,他的两个儿子刘琦、刘琮又不和睦,军队中的那些将领,有的拥戴刘琦,有的拥戴刘琮。刘备是天下骁悍的雄杰,与曹操有仇,寄居在刘表那里,刘表妒忌他的才能而不能重用他。如果刘备和刘表的部下们同心协力、上下一致,就应当安慰他们,与他们结盟友好;如果他们离心离德,就另作打算,以成就我们的大事。请让我能够奉命去慰问刘表的两个儿子,同时慰劳军中掌权的人物,并劝说刘备安抚刘表的部下,同心一意,共同对付曹操,刘备必定高兴而听从我们的意见。如果这件事能够成功,天下大势可以决定了。现在不赶快前去,恐怕就被曹操占了先。您杀死我倒没有什么关系,不过这对您的大事又有什么好处呢?"

孙权听了鲁肃这番话大喜过望,随即派遣即刻派鲁肃前往。在鲁肃和诸葛亮的努力下孙刘结成联盟,共同抵抗曹操,后终在赤壁大败曹军。

谋略点评:

由于激将法能更好的使对方明了利害关系,激起对方的自尊心,因此,在许多时候,正面劝说的效果反而不如激将之法更为显著。

孙权召开军事会议询问群臣的意见,其实只是想试探一下大家的态度。鲁肃巧妙地采用激将法,不仅试探出孙权的真实想法,而且进一步坚定了孙权抵御曹操的信心,激起了他的斗志,终使"联刘抗曹"的主张被顺利采纳。

舌吐莲花,诸葛恪应对机智得赏识

三国时期,诸葛亮的侄儿,诸葛瑾的儿子诸葛恪自小便才思敏捷、应对迅速,在与人交谈或辩论时,他常常说出一些机警巧妙的话语。一次朝廷聚会,孙权问诸葛恪:"你的父亲与你的叔父相比,哪一个更贤明?"

当时诸葛恪的父亲诸葛瑾在吴国任大将军,他的叔父诸葛亮是蜀国丞相,大家都知道后者贤于前者。孙权的这个问题使诸葛恪陷入两难境地:照实回答则会当众使自己父亲难堪,违背事实则众人就会认为自己不诚实。

谁知诸葛恪却不假思索地回答:"我的父亲贤明。"众人吃惊地看着他。于是他接着说:"我的父亲知道侍奉英明的君主,而我的叔父却不知道。"这样的回答不仅使他摆脱了两难境地,并且巧妙地歌颂了孙权,使孙权大为高兴。

接着,孙权又叫诸葛恪向大家劝酒。因为张昭德高望重,地位又高,所以诸葛恪首先向他劝酒。但是,张昭已有几分酒意了,就不肯再饮酒,他以自己年老为理由,推辞说:"劝老年人多喝酒,不符合尊老的礼节啊!"

孙权见到这种情形,就对诸葛恪说:"如果你能说得张公哑口无言,那他就非要喝下这杯酒不可。"

诸葛恪针对张昭说自己年老,驳斥他道:"当年的姜太公已经90岁了,还亲临战场指挥军队作战，从不说自己年老。现在，行军作战时陛下让您在后方；而一旦有酒席宴会，陛下就请您坐在前面，您怎么能说是不符合尊敬老人的礼节呢？"张昭被驳得无话可说，只得喝了那杯酒。

还有一次，在招待蜀国使臣的宴会上，孙权对蜀使说："诸葛恪非常喜欢骏马，请你回去后告诉丞相，替他搜寻搜寻。"诸葛恪一听，立即走下坐席，向孙权叩头谢恩。

孙权觉得很奇怪，就问他："马还没有到，你为什么就谢恩呢？"

诸葛恪回答说："蜀国是陛下在外面的马棚，既然您下达命令，那么骏马是一定会送到的，我怎么能不谢恩呢？"诸葛恪再一次赞扬了孙权，使孙权非常欢喜。

谋略点评：

如果对方提出的问题十分尖锐的话，在回答时，首先应善于用机智对答转嫁危机，使自己摆脱困境，同时也得到别人的认可。这样既展示了自己的才学，也能得到别人的赏识。文中诸葛恪就是依靠自己的幽默机智摆脱了孙权对他的刁难，并赢得了他的赞赏。不管是巧妙地转嫁自己的危机，还是抓住机会讨得君王的赏识，诸葛恪对时机的把握可以说都是恰到好处的。

唇枪舌剑，诸葛亮阵前骂死王郎

三国后期，蜀汉丞相诸葛亮兵出祁山北伐曹魏，魏主曹睿派大将军曹真迎战。双方交战之前，魏军军师王郎对曹真夸口说："来日阵前，老夫只需用一席话，保证让那诸葛亮拱手来降。"

当时两方军队在祁山下排列成阵势。三通战鼓以后，军师王郎骑马从阵中跑出，魏兵大叫："请对阵主将答话！"只见蜀兵战旗开处，从中推出一辆四轮车，车上端坐一人,羽扇纶巾,正是丞相诸葛亮。

王郎拍马走近,拱手施礼道:"来者可是诸葛孔明? "

诸葛亮:"正是! "

王朗在马上欠身答礼,朗曰:"久闻公之大名,今日有幸相会。公既知天命、识时务,为何要兴无名之师,犯我疆界? "

诸葛亮答道:"我奉皇帝诏命讨伐叛贼,怎么会师出无名呢? "

王朗说:"天数有变,神器更易,而归有德之人,此乃自然之理也。"

诸葛亮说道:"曹贼篡汉,霸占中原,何称有德之人? "

王郎说道:"自从汉桓帝、汉灵帝以来,天下大乱。黄巾军起义纵横中原,张邈在陈留造反,袁术在寿春建国号,袁绍在邺城称王,刘表占据荆州,吕布想吞并天下,国家危机,百姓遭难。是我太祖武皇帝曹操扫平天下、席卷全国,八方百姓一心归顺,并非依仗权势取得,实在是上天的眷顾。魏文帝有文武全才,效法舜受禅于尧,取代汉献帝继承皇位,这难道不是上合天意、下顺民心吗? 今先生有才学、怀大志,常自比管仲、乐毅,为何不仿效伊尹、周公,反而故意逆天理、背人情而行事呢?难道你没听说过'顺天者昌,逆天者亡'吗?如今我魏国有大军百万,良将三千,谅以你们腐草的荧光,怎敌得过当空的明月?先生如今可以倒戈卸甲,以礼来降,还可以得到封侯的地位。这样就会国家安定,百姓免遭战乱,难道不好吗? "

阵前魏国的士兵听了,纷纷大声叫好。王郎的一番话真是令魏兵军威大振。谁料,诸葛亮却在车上哈哈大笑道:"我原以为,你身为汉朝老臣,来到阵前,面对两军将士,必有高论,没想到,竟说出如此粗鄙之语!我有一言,请诸位静听:汉朝自从桓帝、灵帝开始,汉统衰落,宦官酿祸;国家连年战乱,又遭旱、涝天灾。黄巾之后,董卓、李傕、郭汜等接踵而起,劫持汉帝,无辜百姓被杀戮,弃尸荒野。这都是因为朝廷之上,狼心狗肺之辈纷纷当道,奴颜婢膝之徒竞相掌权。值此国难之际,王司徒又有何作为? 我了解你王郎的来历,你祖居东海边,举孝廉做官。本应该辅助朝廷,治国兴邦,你却帮助盗贼,一共篡位,助纣为虐! 大逆不道、不忠不孝。你的罪恶深重,天理不容! "

王郎听了气得哆哆嗦嗦地说："你……诸葛村夫，你竟敢如此辱骂我！"

诸葛亮说："住口！你这无耻老贼！岂不知天下百姓恨不得吃你的肉！怎么还有脸敢在这里饶舌呢？今天幸好我在，辅佐刘皇叔在西川继承汉朝统治，是天意不绝我大汉王朝！我奉皇帝诏命讨伐叛贼，率领正义之师。你本是一个善于阿谀奉承的大奸贼，只配缩头藏身苟延残喘，不过为了混碗饭吃罢了，还竟敢在两军阵前大谈什么上天规律？你这叛逆老贼，死后归到九泉之下，我看你还有什么脸面去见地下的二十四位汉朝皇帝！二臣贼子！你枉活七十有六，一生未立寸功，只会摇唇舞舌，助曹为虐！一条断脊之犬，还敢在我军阵前猖猖狂吠！我从未见过如此厚颜无耻之人！！！"

诸葛亮话音刚落，王郎竟听得大叫一声，口吐鲜血，一头栽到马下，气绝身亡了。

谋略点评：

诸葛亮与王郎之间的言语，可以说都是精华，措辞方面都达到了很高的水平，双方都是言词惊人、一语命中的辩论高手。王郎在交谈开始时就以天数有变、识时务为俊杰为论据，阐述汉朝自汉桓帝、汉灵帝以来，战乱、灾荒不已，曹操平定战乱，万众归心，曹丕篡汉，是天命所归。你诸葛亮既然是有见识的人，就应该投降我魏国。他采用的就是攻心术，目的在于劝说诸葛亮投降。

而诸葛亮则以忠孝为论据，驳斥了王郎的天数有变的论据，指出国家连年战乱的原因是人为造成的。朝廷上奸臣当道以致国家危机，百姓遭难原因所在。正像你王郎原是汉朝老臣，本应匡扶汉室，却投靠曹操，成为不忠不孝的老贼。最后又表明自己是奉天讨贼，伸张正义；并以总结论说：你活着时就得背着乱臣贼子的骂名，死了也没有脸面去见汉朝先帝！其采用的也是攻心术，彻底驳倒了对方，使其急火攻心而死。

舌辩群臣，崔浩力劝武帝征柔然

东晋初年时，鲜卑拓跋部还是我国东北的一个游牧部落，相对比较落后，后来吸收了中原文化，逐步建立了封建政治制度。东晋太元十一年（公元386年），鲜卑贵族拓跋珪建立了北魏，同时任用了一大批汉族士人做他的谋士，其中最有名望和谋略的就是崔浩。

当时的柔然也是北方的一支游牧部族，他们经常南下进犯北魏，烧杀掳掠，威胁北魏边境的安全，严重干扰了北魏统一北方的计划。

公元429年，北魏太武帝拓跋焘打算讨伐柔然，但是却遭到朝廷上下一致反对，他们认为现在征伐柔然的时机还不成熟，而且会得不偿失，如果南朝借此偷袭北魏，后果将不堪设想。但是唯独谋士崔浩赞成出兵征伐柔然，并一一驳斥了那些反对的观点。

当时，崔浩在拓跋焘面前同尚书令刘洁、左仆射安原、黄门侍郎赫连昌等人展开了激烈的辩论。他们都认为柔然是没有用的地方，那里的土地不够肥沃，人民没有什么教化，即使征服了柔然也没有什么用途，是白费功夫。

针对这样的观点，崔浩驳斥道："这些观点是以前汉朝时的老生常谈了，完全和现在的形势不符合。柔然以前就从属于我们国家，所以要去征伐它，使它重新臣服我们，这是天经地义的。况且柔然所在的漠北草原水草丰茂，很适合放牧和种植，怎能说是不毛之地呢？应该是很有价值的土地。柔然是游牧民族，以前南方的汉人去攻打柔然，的确有很大的困难，当时确实也遭受过很大的损失。但是我们也是游牧民族，我们有针对他们的特有的战争策略，如果我们去攻打柔然应该没有问题的。况且，柔然多次来犯，骚扰边境，只要它一日存在，我们就一日不得安宁，而且它还严重干扰了我们统一北方的计划。因此我们应该尽全力去征讨柔然。"

又有人反驳崔浩说:"征讨柔然是很大的军事行动,如果想保守这个军事秘密是不可能的。如果不能保守秘密,让柔然知道了,他们就会向北逃跑,我们岂不是白费工夫? 况且,如果南朝乘机出兵来攻打我们,我们留下的军队可能无法抵挡。这样做是很危险的,会不会是'赔了夫人又折兵'都不好说,所以还是不要去征伐柔然了。"

崔浩微微一笑说:"恰恰相反,如果不彻底摧毁柔然就无法抵御南朝。以前刘裕曾经攻占关中,留下爱子和几万精兵镇守,却全军覆没。但是现在情况不同了,现在我国国力强盛,南朝绝对不敢主动北上来犯我边境。依我看,即使我们主动把河南给他们,他们也难以守住。何况我们攻打柔然所需要的时间很短,他们还不足以赶到这里来攻打我们。所以南朝来犯的问题根本不需要过多考虑。而柔然则不然,他们自恃处于边远地区,以为我们没有力量去讨伐他们,因此他们的防卫并不严密。只要我们乘其不备,将他们一举消灭,方能一劳永逸。"

拓跋焘听完了他们之间的辩论,下定了讨伐柔然的决心。以后事态的发展全部都在崔浩的预料之中,柔然很快被击败,而在征讨柔然的过程中,南朝的军队并没有来进攻北魏。

谋略点评:

任何事情都要以发展的眼光看待,同时还要综合分析面对的形势,做到胸有成竹。当然,还要有足够的胆略和勇气,才能作出正确的抉择。

崔浩不愧是北魏有名的智谋之士,在征伐柔然的问题上,就充分体现了其远见卓识。他以发展的眼光看问题,驳斥了众人一味守旧的心理观点,并精辟地分析了当时的形势和征伐柔然的利弊。正是他的论述具有远见而且切中肯綮,拓跋焘才力排众议,下令北击柔然。

避其锋芒，王僧虔巧言保性命

南北朝时候，王僧虔是晋代大书法家王羲之的四世孙。他的楷书不但继承了祖法，又有所创新，而且造诣极深，南齐朝内很多大臣和诗书大家都以挂他的墨宝为荣。王僧虔为人乐善好施，有穷人过不了日子找上门来，他就让人买来白扇，龙飞凤舞题上几笔，让穷人捧了去卖个好价钱。

于是，大家都议论说王僧虔的楷书不次于王羲之，乃当今天下第一！哪知这话传出去之后，就有个人不服气，这个人就是齐高帝萧道成。原来，萧道成闲来无事也爱涂鸦几笔，水平还算入流，可要跟王僧虔比，可就差一大截了。

这一天，齐高帝心血来潮，想与王僧虔一比高下，拿下这个"天下第一"的名号。于是，下了一道圣旨，传王僧虔进御花园。齐高帝捋着胡须冲王僧虔嘿嘿一笑，看着前方的亭子，大声说道："王僧虔，朕听说你的书法被称为当今天下第一，特约你来比试一下。你抬头看此亭匾额，上书'梅亭'二字。想当初你的先祖王羲之于兰亭写下一序，天下闻名，千古流芳啊。希望爱卿今朝在梅亭能梅开二度！"

王僧虔心里很不是滋味，心想，这是故意以梅对兰，侮辱先人呢。但是，他又不敢发作。在众大臣的凑热闹声中，君臣二人饱蘸浓墨，屏息敛气，开始显露各自的书法技能了。不一会儿两个人都写好了。齐高帝一会儿将头一扬，双目盯住王僧虔，笑着说："你说你我二人，谁第一，谁第二？"

王僧虔心里七上八下的，即矛盾又害怕。他告诉自己：既不能随便压低自己，辱没先祖美名，也不能得罪他，弄不好可是性命难保啊。为了镇定心情，他装做慢慢地细赏两幅楷书，心中却在暗想解决的办法。突然，他的眉头舒展开来，抬起头，恭敬而又大方地对高帝说："臣的书法，为大臣行列中的第一；陛下的书法嘛，当称皇帝中的第一！"

齐高帝听罢,先怔了一怔,尔后也无可奈何地哈哈大笑起来。齐高帝说:"卿可谓善自谋矣。"群臣也被王僧虔的说法逗乐了,心里暗暗佩服他语言的巧妙。

也正因为王僧虔能善自为谋,才使他能够在尔虞我诈、钩心斗角的官场上得以自容。

谋略点评:

如果有人一直在用尖锐问题逼问你时,你要懂得避其锋芒,换个角度沉稳地应付对方的挑衅。这样才既可以保全自己,又可以避免折损对方面子。尤其当对方是上级或者长辈的时候,这种方法很值得借鉴。王僧虔就是运用了这种方式,他急中生智地把皇帝和自己分属两个群体中,简简单单地化解了这场冲突。既没有随便贬低自己,保全了先祖的美名,又顾全了皇帝的面子,满足了他的虚荣心,从而也保住了自己的性命,真可谓是两全其美。

巧设寓意,侯白讲笑话智脱身

在隋文帝时,有个善于说笑话的人叫侯白,可谓是一位幽默大师。他讲的笑话不但好听,还往往蕴涵着一些人生哲理,于是大家都爱听他的笑话。据说就连宰相越国公杨素,也最喜欢听他说笑话了。

侯白曾经和杨素一起骑马出行,见到路傍有棵死槐树。杨素就说:"侯秀才聪明过人,能让这棵树活过来吗?"

侯白说:"可以呀。"

杨素问:"用什么办法让它活过来呢?"

侯白说:"取槐树子挂在树枝上,它立即就能活过来。"

杨素不解地问:"为什么这样它就能活过来呢?"

侯白回答说："您没听说过《论语》上说：'子在，回何敢死。'这句话吗？"杨素听了哈哈大笑，不得不佩服侯白的幽默机智。

话说这一天，侯白应邀给杨素说了许多笑话，杨素听得兴起，也就忘了时间，等到侯白离开杨府时，天已经很晚了。

谁知道刚一出府，又碰上了杨素的儿子杨玄感。这位公子和他爹一样，也非常喜欢侯白的笑话，这次遇到侯白，说什么也不肯放他回家，非要听他讲笑话。无可奈何，侯白只得站在路边给任性的杨公子讲起了笑话。

他说：从前有一只老虎，肚子饿极了，一大早就去野外找食吃。这时它看见地上躺着一只刺猬，老虎以为是块好肉，就想一口吞进肚里。不料刚要张口咬，就被刺猬的刺扎了鼻子，疼痛难忍。老虎不知碰到什么怪物，吓得纵身逃跑，一口气跑回深山老林，觉得又困乏又惊恐，便昏昏睡去。

老虎鼻子上一直带着刺猬，等老虎睡了，刺猬才放开老虎。这一下老虎不疼了，又想起自己腹内空空，从昨晚到现在还什么都没吃呢。饿得心发慌，便一跃而起又去找食。没跃出多远，便见到一棵橡树。低头一看，那橡树的果实毛茸茸的，跟小刺猬似的，便心有余悸地说："今天早上遇见了您父亲，现在又碰上了您。请让一让路，放我回家吧！我肚子里还没食呢。"

杨玄感听到这里，不禁一阵脸红，又哈哈大笑。他心想：这故事里的橡树果实不正是说我吗？这才发现自己缠着侯白讲故事耽搁人家吃晚饭了，真是不够礼貌。于是他诚恳地向侯白道了歉，放他回家了，以后再也不这样纠缠侯白了。

谋略点评：

侯白的高明之处在于能让那些笑话为他所用。因宰相府势大，侯白不可能当面忤逆杨素父子。因此，他就算是肚子饿了，也还是不能当面回绝杨公子听笑话的要求。但是他巧妙地把自己的意愿编在了故事里，以这种委婉的方式，告知杨公子自己的想法。而由于是个笑话，杨公子也不能与他计较，但又明白了自己的不近人情，乐得就着这个台阶下，于是结局皆大欢喜。

委曲求全，赵鼎巧言化解君臣矛盾

南宋初年，宋高宗赵构偏安江南，无心进取北伐中原，也不愿与金军作战，准备向金人割地称臣，签订屈辱的和约，以求得暂时的和平。

这天，宋高宗召集群臣，对他们说："金人已经答应，如果我们不再袭击金国军队，便可订立和约，并将皇太后和先帝的棺木送回。"当时抗金形势很好，宋军接连取胜，满朝文武大臣正期待着收复中原的喜讯，一听皇上说要停战议和，还要割地称臣，顿时群情激愤，议论纷纷。

张俊先后五次上书反对议和，岳飞、韩世忠等将领也拒绝休兵，还有的大臣上书说："现在群议汹汹，皆因关心'和'与'战'，陛下应深戒前车之鉴，多听取朝中懂得军事的大臣的意见，共谋长久之计。"

宋高宗见大臣们竟敢违抗旨意，十分生气，就想下旨惩治他们。时任左丞相的赵鼎虽也主张与金作战，但见高宗主意已定，为了不使君臣闹僵，以保存朝廷中主战派的实力，他只好采取疏通的办法。他对宋高宗说："臣等知道皇上与金人有不共戴天之仇，现在只是迫于形势，为了对亲人尽孝道，迫不得已才答应讲和。"听他这么一说，宋高宗的表情稍微缓和。

赵鼎见皇上的态度有了松动，马上趁热打铁："虽然大家说了一些愤懑的话，但这绝不是不尊敬皇上，相反这是在爱护皇上。希望皇上圣明，不要见怪。"接着又为宋高宗出谋划策说，"皇上可下这样一道圣谕，讲明议和其实并不是您的本意，只是因为亲人的缘故才不得不这样做。等到先帝的棺木和皇太后自金国返回以后，若是金人撕毁和约，那么现在是否签约也就无所谓了；若是金人遵守和约，那正是我们希望的，也就不必再恐惧和后悔了。"

本来就没什么主张的宋高宗马上采纳了赵鼎的意见。而深明"忠"、"孝"二字分量的众大臣也只好缄口不语了。君臣间的这场矛盾才得以缓和下来。

谋略点评:

身为宰相的赵鼎为了避免主和派把持朝政,保存主战派的实力,面对即将发生的君臣冲突,只好暂时采取委曲求全的策略,力平众议,使皇上找不到借口治罪大臣,也使大臣们提不出更充分的理由责怪皇上。虽用心良苦,却也收到了一举两得的效果。

急中生智,刘墉妙答悦帝心

清朝乾隆皇帝很爱附庸风雅,某年中秋节,他闲暇无事,就来到京效的西堤散心游玩,他身旁有许多大臣陪着,刘墉当然也在其中。那时候,西堤早已辟为御果园,沿堤种了许多果树。当时正值中秋节,是各种水果成熟的时间,果树上都结满了果子。

走在西堤上,没了俗事缠身的乾隆兴致很高,玩得很尽兴。休息的时候,他吩咐太监在昆明湖里采了一个莲蓬,亲手剥开,尝了一粒莲子,又吐出来,随口吟了一句诗:"莲子心中苦",让大臣们对诗。

大臣们都不知道皇上葫芦里卖的什么药,都在仔细琢磨。平时爱在皇帝面前讨好的和珅,急急忙忙地抢先对了一句:"母猪肚里臭。"

乾隆一听如此不雅,就不高兴了,把脸一沉,训斥他说:"今日是中秋佳节,你用这些污言秽语来杀风景! 该当何罪? "

和珅讨了个没趣,慌忙跪倒在地,说:"臣罪该万死,请皇上恕罪! "

乾隆平时就十分宠信和珅,现在看着他那可笑的样子,也没再追究。乾隆看见刘墉也在人群中,便冲他招呼说:"刘爱卿,过来。"

刘墉向前走了几步,跪在地上问:"万岁唤臣有何旨意?"

乾隆说:"刘爱卿,朕问你,刚才朕的诗想必你也听见了。平时都说你是大才子,满腹经纶,现在你可有佳句来对朕的上联啊?"

刘墉一听就知道皇上是有意要为难自己,略微沉思了一下。他从路边梨树上随手摘下来一个梨子,咬了一口又吐出来,吟出了一句:"梨儿腹内酸。"

乾隆听了,连连点头说:"好!"他掉回头来对和珅说,"你要好好读点诗文,也要学得文雅一点。"

虽说如此,但乾隆一向很嫉妒刘墉的文才,今天成心要把他难倒,让他在大臣面前出一出丑。乾隆看见路旁一棵树上挂满了青柿子,还没成熟,如果现在就吃的话是很涩的。他对刘墉说:"刚才那一联你对得很工整,朕很满意,特赏赐你一个大柿子吃。"

刘墉不慌不忙从太监手里接过一个青柿子,说:"谢主龙恩。"暗地里想:"想出我的丑,没那么容易。"他随后就从身上掏出一把小刀,把柿子切成几半,分给几个大臣,并且说:"这是皇上的恩赐,我不敢独自享用,分成几半,也请诸位分享吧!"大臣们当着皇帝的面,谁也不敢不吃,结果个个涩得吐舌咋嘴的,狼狈不堪,但是也不敢有丝毫的怨言,只能忍着。

休息完之后,乾隆带着大臣们沿着西堤,继续往前走,来到一棵梨树底下站住了。他让太监选了一个又大又黄的鸭梨,赏给刘墉吃。刘墉正好口渴得很,接过鸭梨,也不管别的,就一大口一大口地吃起来,边吃边说:"真甜!真香!"直把旁边的大臣们馋得直淌口水。

乾隆奇怪地问他:"这次为什么不分给大家吃啊?"

刘墉说:"皇上万岁!这鸭梨虽然人人想吃,但是我却不能给诸位分梨吃!今天是团圆节,若是众大臣分梨(离)了,那还怎么效忠皇上,保住大清的一统江山呢?"

乾隆听了,乐得开怀大笑,说:"刘爱卿,你可真是机敏过人,你那一颗保国的心,朕是明白了。"随后,就赏赐给刘墉三眼顶戴花翎,对他更加信任了。

还有一次,乾隆皇帝突然问刘墉一个怪问题:"京城共有多少人?"

刘墉虽说不及提防,却非常冷静,立刻回了一句:"只有两人。"

乾隆问:"此话何意?"

刘墉答道:"人再多,其实只有男女两种,岂不是只有两人?"

乾隆又问:"今年京城里有几人出生?有几人去世?"

刘墉答:"只有 1 人出生,却有 12 人去世。"

乾隆说道:"此话怎讲?"

刘墉答道:"今年出生的人再多也只有一个属相,岂不是只有一人出生?今年去世的人则 12 种属相都有,岂不是死去 12 人?"乾隆听了不禁大笑。

刘墉的回答可谓极妙。皇上发问,不回答显然不行;回答时又不能乱侃,这才急中生智,转眼间就妙答趣对皇上之问。

谋略点评:

幽默、诙谐的谈吐是一个人智慧处世的体现,它不但能使一个尴尬的场面变得轻松愉快,还可能使人在险境中绝处逢生,更是一个人的智慧与谋略的体现。如文中的刘墉无疑就是一个富有智慧的人,他以自己诙谐的心理、幽默机智的语言,巧妙地回答了皇上提出的刁难问题,赢得了皇上的赏识。

图书在版编目（CIP）数据

中国谋术全书/司马志编著.
—北京：外文出版社，2010
ISBN 978-7-119-06601-1

I. 中… II. 司… III. ①谋略－中国－通俗读物 IV.①C934—49

中国版本图书馆 CIP 数据核字（2010）第 137093 号

策　　划：裴　玲
责任编辑：钟　文
装帧设计：天下书装
印刷监制：冯　浩

中国谋术全书

司马志/编著

©2010 外文出版社
出版发行：外文出版社
地　　址：中国北京西城区百万庄大街 24 号　　邮政编码　100037
网　　址：http://www.flp.com.cn
电　　话：（010）68320579/68996067（总编室）
　　　　　（010）68995844/68995852（发行部）
　　　　　（010）68327750/68996164（版权部）
制　　版：北京中印联印务有限公司
印　　制：北京中印联印务有限公司
经　　销：新华书店／外文书店
开　　本：700mm×1000mm　1/16
印　　张：19
字　　数：230 千字
装　　别：平
版　　次：2010 年 8 月第 1 版第 1 次印刷
书　　号：ISBN 978-7-119-06601-1
定　　价：39.80 元　　　　　　　　　　　　建议上架：历史谋略